Kammerer/Krippendorff
Reisebuch Italien 2
Rotbuch 251

Frauen in Sardinien

Zu den Autoren

Peter Kammerer, geboren 1938 in Offenburg, arbeitet als freier Journalist in Rom, lehrt Volkswirtschaft an der Universität Urbino.

Ekkehart Krippendorff, Jahrgang 1934, seit 1960 Universitätskarriere, lebte von 1969 bis 1978 in Bologna und lehrt seitdem Politikwissenschaft und internationale Beziehungen an der FU Berlin.

Peter Kammerer
Ekkehart Krippendorff

Reisebuch Italien 2

Über das Lesen von Landschaften und Städten

Rotbuch Verlag Berlin

Wir danken für die Abdruckgenehmigung von Bildern: B. Agnoli (S. 137); Stefan Heiner (S. 170, 184, 187); Henning Klüver (S. 200, 205); Giuseppe Morandi (S. 2 und Umschlag); M. Schefold (S. 165); Julia Schulz-Dornburg (S. 96, 97).
Das Bild auf der Rückseite des Umschlags zeigt den Einzug der ersten italienischen Soldaten in Vittorio Veneto, 29. Oktober 1918.

11. bis 16. Tausend 1982

Umschlagbild Giuseppe Morandi
Satz und Druck DRUCKHAUS Neue PRESSE Coburg
Printed in Germany.
ISBN 3 88022 251 7

Inhalt

Vorwort

Unser Reisebuch macht vermutlich das Reisen eher anstrengender als leichter – aber, so hoffen wir, langfristig doch zugleich anregender und damit erinnerungsreicher. Je näher man Italien kennt, desto größer und komplizierter wird das Land, eine Erfahrung, die sich in diesem zweiten Band niederschlägt. Wir haben wieder Städte und Örtlichkeiten aufgesucht, die wir zu kennen glaubten. Aber erst durch den Zwang der Rechenschaftslegung, durch unser Nachlesen und Nachfragen, haben wir das längst Bekannte wirklich entdeckt und es in seinem historischen und gegenwärtigen Kontext verstanden. Das gilt für Denkmäler auf öffentlichen Plätzen so gut wie für Landschaften, Straßennamen, Gebäude oder historische Ereignisse. Insofern ist eben sinnvolles, lehrreiches Reisen anstrengend. Ohne Vorbereitung läuft man (wie es uns selbst ergangen ist) an den aufregendsten Denkmälern einer anderen Kultur und Geschichte vorbei (an denen der eigenen übrigens auch). Anschauungen ohne Begriffe, sagt Kant, sind blind.

Unsere Essays sind wieder sehr individuell geschrieben und zunächst ohne weitere Absprache entstanden. Im Ergebnis stellte sich heraus, daß wir beide spontan ganz ähnliche Fäden aufgegriffen haben, die sich anscheinend aus der Sache selbst ergaben. Diese Fäden führten uns immer wieder zum Thema Staat und zum Thema Krieg (bei der derzeitigen politischen Wetterlage sicher kein Zufall). Wir hatten beide gespürt, daß das heutige Italien nicht zu verstehen ist ohne die Geschichte des modernen Staates und der staatlichen Transformation der Gesellschaft. Auch die italienische Staatsgründung (und reden wir nicht von der Gründung zweier deutscher Reiche in den letzten 100 Jahren) ist das Ergebnis von Krieg und Gewalt, an deren Auswirkungen und »Kosten« die italienische Gesellschaft bis heute zu tragen hat. Die Bombenleger von Südtirol ebenso wie die Banditen von Sardinien sind die Rächer an der erzwungenen und ungeliebten Einheitsstaatlichkeit und der damit verbundenen ethnischen und sozialen Diskrimi-

nierung. Die Mühlen der Geschichte mahlen sehr langsam, das Unrecht der Vergangenheit rächt sich noch nach vielen Generationen.
Neben die größeren Essays sind in diesem zweiten Band auch kleinere Stücke getreten, Fragmente und »Kurzanalysen« sozusagen. Nicht immer erschien uns ein großes Kapitel angebracht und angemessen. Andererseits sind einzelne Phänomene oder Figuren schon wert, daß man ihnen nachgeht. Wir hoffen, daß es uns gelungen ist, etwas von unserer Entdeckerfreude dem Leser mitzuteilen. Überhaupt wird durch diese Form der Einzelerklärung noch einmal unterstrichen, was das Buch nicht ist: es ist kein Reiseführer und auch kein Buch zur Geschichte und Politik Italiens, sondern eine Zusammenfassung bestimmter Reise- und Lebenserfahrungen, die wir hier in Italien gemacht haben und die anderen Reisenden nützlich sein mögen. Der Gebrauchswert des Buches muß sich an der Sache selbst, im Lande zeigen – wir freuen uns darum auch weiterhin über Anregungen und Kritik, denen andere Erfahrungen zugrunde liegen.
In Goethes »Tagebuch der Italienischen Reise für Frau von Stein« fanden wir eine Stelle, die viel von dem formuliert, was wir selbst immer wieder erlebten. Die Eintragung stammt aus Vicenza, vom 25. September 1786.
»Hier will ich eine Bemerkung hersetzen, über den Punkt, in dem so manche Reisende fehlen, in dem ich auch sonst gefehlt habe.
Jeder denkt doch eigentlich für sein Geld auf der Reise zu *genießen.* Er erwartet alle die Gegenstände, von denen er so vieles hat reden hören, nicht zu finden, wie der Himmel und die Umstände wollen, sondern so rein, wie sie in seiner Imagination stehen, und fast nichts findet er so, fast nichts kann er so genießen. Hier ist etwas zerstört, hier etwas angekleckt, hier stinkt's, hier raucht's, hier ist Schmutz usw., so in den Wirtshäusern, mit den Menschen usw.
Der Genuß auf einer Reise ist, wenn man ihn rein haben will, ein abstrakter Genuß, ich muß die Unbequemlichkeiten, Widerwärtigkeiten, das, was mit mir nicht stimmt, was ich nicht erwarte, alles muß ich beiseite bringen, in dem Kunstwerk nur den Gedanken des Künstlers, die erste Ausführung, das Leben der ersten Zeit, da das Werk entstand, heraussuchen und es wieder rein in meine Seele

bringen, abgeschieden von allem, was die Zeit, der alles unterworfen ist, und der Wechsel der Dinge darauf gewirkt haben. Dann hab ich einen reinen bleibenden Genuß, und um dessentwillen bin ich gereist, nicht um des augenblicklichen Wohlseins oder Spaßes willen. Mit der Betrachtung und dem Genuß der Natur ist's eben das. Trifft's dann aber auch einmal zusammen, daß alles paßt, dann ist's ein großes Geschenk, ich habe solche Augenblicke gehabt.«
Zwar ist das, was Goethe in Italien sehr bewußt und zielstrebig suchte nicht mit dem identisch, was wir heute wissen und erfahren wollen, aber eine gute Strecke Wegs deckt es sich doch, und das Methodische an Goethes Bemerkung ist heute so aktuell wie damals.

Rom, Juni 1981, P. K. und E. K.

Südtirol

1. Das Hin- und Herschieben von Denkmälern, Gräbern und Grenzen. Eine Autofahrt von Innsbruck nach Bozen.

Von Innsbruck aus nahm ich nicht die Brennerautobahn, sondern die alte Landstraße (nicht, um die teuren Mautgebühren zu sparen, eher, um auf der langsameren Straße meine Gedanken und Eindrücke etwas zu ordnen). Viel Geröll und Findlinge aus den 50er und 60er Jahren tauchen in meiner Erinnerung auf: »Sprecht deutsch in Südtirol«, »Südtirol vor die UNO«, »Südtirol ist deutsch bis Salurn«; Sandsäcke und Maschinengewehrnester an den Bahngleisen, Soldatenfriedhöfen, Denkmälern und Elektrizitätswerken; Andreas Hofer und »Zu Mantua in Banden« mit der Strophe »Gott sei mit Euch und dem verratnen deutschen Reich und mit dem Land Tirol«. Nicht mehr dran denken oder im Kopf mal aufräumen?
Das stattliche Wirtshaus am Schupfen, wo während der Bergiselschlachten 1809 das Hauptquartier des Andreas Hofer war, ist verlassen und verkommt. Schräg gegenüber steht eine Kapelle aus dem Jubiläumsjahr 1959, der Muttergottes, der Schutzherrin Tirols von der Innsbrucker Handelskammer gewidmet. Wenige Minuten weiter, am Kilometerstein 11, die Parolen aus den 60er Jahren, »Freiheit für Südtirol«. Das Wort »Freiheit« ist mit der grün-weiß-roten Trikolore überpinselt, eine »Säuberungsaktion« italienischer Nationalisten (Faschisten?). Hoch drüber die Europabrücke der Brennerautobahn, vom politischen Kleinkram unberührt. Hätte ich doch da oben fahren sollen?
Brennergrenze, dann Gossensass. Kurz vor dem Ort ein Kriegerfriedhof mit Fahnenmast und einem Findling mit der Aufschrift »1915-1918«. In der Mitte der Anlage ein Spruch des italienischen Königs Viktor Emanuel III: »Heilig sei den Italienern der Weg, auf dem die Blüte der Jugend ging.« Zum Zeichen, daß hier, an der Nordgrenze des

italienischen Königreiches, die italienische Jugend marschiert sei, sind in die Felswand Soldatengräber angelegt. Rang, Name, Truppenzugehörigkeit, aber nicht wo geboren, wo gefallen, wie lang gelebt. Ein trauriges Kapitel. Aus den Massengräbern des Ersten Weltkrieges (siehe dazu Krippendorffs Kapitel »Veneto . . .«) hat der Faschismus ausgewählte Knochen hierhergebracht, als Saat der *Italianità,* als Beweis für Kämpfe, die hier nie stattgefunden haben. Entsprechende Friedhöfe sind im Westen und im Osten Südtirols am Reschenpaß (Malser Haide) und im Pustertal (Innichen). Die »heiligen Grenzen des Vaterlands« wurden buchstäblich mit Knochen abgesteckt. Aber nicht darüber regen sich die Südtiroler auf, sondern darüber, daß die Italiener mit ihren Knochen falsch spielen, sie vergraben, wo keine Schlachten geschlagen wurden . . . Der Gedankengang des Knochensäens ist den Nazivolkstümlern ja vertraut: »Führer, wenn wir für Deutschland sterben / sind wir Same in Deiner Hand«, schrieb einer im Bozner Tagblatt am 20. 4. 1944, natürlich einer, der zu Hause »dichtete«.

Sterzing, das erste hübsche südtiroler Städtchen. Im Mittelalter war es reich durch den Bergbau im Ridnauntal, in Pflersch und im Pfitscher Tal. Aus Deutschland wanderten zahlreiche Bergknappen ein, die wegen ihrer besonderen sozialen Lage für religiös-revolutionäres Gedankengut aufgeschlossen waren. Aus diesem Milieu kommt Michael Gaismair, »das einzige bedeutende militärische Talent unter sämtlichen Bauernchefs« (Engels), der nach der Niederlage 1526 seine schon umzingelten Bauernhaufen durch die ganzen österreichischen Alpen auf venezianisches Gebiet geführt hatte und 1527 in Padua von (vom Salzburger Erzbischof) gedungenen Banditen ermordet wurde. Der Stadtplatz von Sterzing heißt nicht nach Gaismair, sondern nach der östlichen Gottheit Mithras, und das hat folgende Bewandtnis: die Faschisten stellten hier, neben dem Eingang zum Multscher-Museum (in dem die sehenswerten Reste des 1456 in Ulm von Hans Multscher geschnitzten Altars zu sehen sind) einen von römischen Legionen bis hierher geführten Mithrasaltar auf, der 1587 gefunden und im Maulser Zollhaus eingemauert worden war. 1797 kam er nach Innsbruck und 1818 in die kaiserliche Sammlung nach Wien, 1919 wurde er von Italien zurückgefordert und war dann hier als Beweis »italienischer Vergangenheit« aufgestellt worden mit einer entsprechenden Inschrift auf dem Rücken (der Stein spricht . . .). Im Sommer 1980 wurde dieses »Ärgernis« beseitigt und der Stein im hübschen Hinterhof des Rathauses zusammen mit einem 1979 gefundenen Meilenstein (ca. 200 n. Chr., mit der Angabe der Entfernung bis Augsburg, 135 Meilen) eingemauert. Offensichtlich wird in Südtirol um jedes Namensschild, um jeden Stein, um jedes Zeichen des Deutschtums bzw. der *Italianità* Zoll für Zoll gerungen – nicht mehr so fanatisch wie in der Zeit 1918-1968, aber doch hartnäckig und unerbittlich. (Ja, wenn Benennungen eine harmlose Sache wären, hieße die Düsseldorfer Hochschule oder irgendeine andere deutsche Universität nach Heinrich Heine.)

In Bozen hat das faschistische Italien gleich über der Talferbrücke, am Scharnier zwischen der deutschen Altstadt und der neuen, italienischen Stadt, ein Siegesdenkmal errichtet, mit der provozierenden Aufschrift (in Latein), man habe den Barbaren Kunst und Gesetz gebracht. Am Gerichtsplatz in der neuen Stadt zeigt Mussolini hoch zu Roß auf einem römisch nachempfundenen Relief, wie man so etwas tut. Nach 1945 wurde das Relief abgehängt, dann wieder – wegen der *Italianità* – angebracht. Am Siegesdenkmal explodierten seit den 50er Jahren mehrmals »deutsche« Bomben, aber der Nationalstolz der italienischen Parteien hält das Ding aufrecht, und inzwischen entdeckt man auch zu schützende künstlerische Werte. Die Südtiroler Volkspartei will das Denkmal »entfernt« haben und im römischen Parlament wurde dieses »entfernt« wörtlich mit »allontanato« übersetzt, was soviel wie entfernen, wegrücken heißt, so daß die italienische Öffentlichkeit den Eindruck bekam, man wolle das Bauwerk ein paar hundert Meter weiter weg haben. So wie z. B. das 1889 mit deutsch-nationalem Pathos errichtete Denkmal des Walter von der Vogelweide vom zentralen Waltherplatz in Bozen unter dem Faschismus entfernt und in einer anderen Ecke wieder aufgestellt wurde. Jetzt soll er wieder an den alten Standort zurückkehren, der Minnesänger, der nach Süden blickt, während in Trient seit 1896 der Dante drohend nach Norden äugt.

Abreißen oder Stehenlassen? Vielleicht sollte man das Siegesdenkmal stehenlassen und mit einer Tafel versehen, die die Geschichte des Sieges und seiner Folgen und die

Geschichte der Politik, für die dieses Denkmal errichtet wurde, erläutert. Auf den Text dürfte man gespannt sein, vielleicht müßte man sogar mehrere Versionen zulassen, denn auch die Südtiroler sind sich über die letzten 50 Jahre ihrer Geschichte nur einig, solange geschwiegen wird.

2. Andreas Hofer, ein Volksheld?

Volkshelden sind Ergebnisse der Geschichtsschreibung »von unten«. Sie signalisieren den Beitrag, den das Volk zur Lösung einer bestimmten Frage geleistet hat. Als im 19. Jahrhundert die nationale Frage anstand, traten die nationalen Volkshelden in Ungarn, Griechenland und in anderen Ländern (Garibaldi z. B. in Italien) auf den Plan. Aus Tirol kam der Andreas Hofer.

Das erwachende nationale Bewußtsein in Deutschland machte aus den »napoleonischen Kriegen« Befreiungskriege gegen Napoleon. Diese wurden mehr »von unten«, vom Volk, als von den Fürsten getragen. Andreas Hofer war einer der ersten Volkshelden der Befreiungskriege. Er stand da als Mann des Widerstands gegen Fremdherrschaft, als einer, der den Verrat der Fürsten an »ihrem« Volk (viele Fürsten hatten sogar Landeskinder als Soldaten an Napoleon regelrecht verkauft) nicht mitgemacht hatte, sondern auf eigene Faust zur kleinen Kriegsführung, zum Volkskrieg übergegangen war, auch ohne Fürsten und ohne Kaiser. Wenn in der dritten Strophe des Liedes »Zu Mantua in Banden . . .« vom »verratnen deutschen Reich« die Rede war, wußte damals jeder, daß die Fürsten kapituliert hatten, daß sie die Verräter waren. Das ist der subversive Teil der Hoferschen Popularität. Deshalb war die Hoferverehrung lange Zeit in Deutschland – auch in Tirol – von den Behörden ungern gesehen, ja sogar verboten.

Als dann in der 2. Hälfte des 19. Jahrhunderts in Deutschland die nationale Frage »von oben« entschieden wurde, als undemokratische, kleindeutsche Lösung, als Ergebnis eines Krieges gegen Frankreich – nebenbei unter Niederschlagung einer proletarischen Revolution, der Pariser Kommune – konnte es keine Volkshelden geben. Das Volk hatte zu jubeln und zu marschieren und die Opposition »von unten« gegen diese Art der Staatsgründung wurde zu

»vaterlandslosen Gesellen« abgestempelt. Auch die subversive Lesart Hofers geriet in Vergessenheit. Andere Seiten der Geschehnisse und seines Charakters wurden nun völlig in den Vordergrund geschoben: sein mystisches Verhältnis zum Herzen Jesu und sein blindes Vertrauen in ein Kaiserbild, das er sich selbst zurechtgezimmert hatte. Das waren die Eigenschaften Hofers, die ihn dazu gebracht hatten, einen aussichtslosen Kampf bis ans bittere Ende zu führen, unter stolzer Mißachtung einer jeden Suche nach politischen Lösungen. Solche Helden konnte man brauchen, als es in Richtung Weltkrieg ging, und es ist bezeichnend, daß die offizielle Hoferverehrung und Denkmalspflege ab 1890 voll einsetzt (die Gedächtniskapelle am Sandhof wurde 1899 eingeweiht, später dann das Hoferdenkmal vor dem Bahnhof in Meran usw.). Dieser aller Problematik entkleidete Hofer lebt bis heute in den Gedenkreden und Schützenfeiern, wo immer wieder versichert wird, »daß man, ohne lang zu fragen, ohne wenn und aber, jederzeit zur Verteidigung des Vaterlands bereit sein müsse«. Da die Frage des »wofür eigentlich« schon viel »Heldentum« verhindert hat, soll sie am besten gar nicht erst gestellt werden. Dementsprechend wurden auch die komplexen Ursachen der Erhebung von 1809 immer mehr verdunkelt. Im heute meistverbreiteten Buch über Hofer (Karl Paulin: »Andreas Hofer«, Tyrolia Verlag) werden auf

S. 18/19 folgende Gründe aufgezählt: der ehrwürdige Name Tirols wurde von den Bayern aus der Amtssprache getilgt; die beliebte Kaiserbirne wurde in Königsbirne umgetauft; der Staat beanspruchte die Besetzung der Seelsorgerstellen und ließ den Bischöfen nur noch das Vorschlagsrecht; Aufhebung zahlreicher Pfründe und Klöster; Abschaffung der Christmette, der schönsten Gottesdienstform im Land; Verbot des dem Landwirt so vertrauten Wetterläutens und der Bittprozessionen, schließlich, als unmittelbarer Anlaß, die Aushebung junger Tiroler zum Wehrdienst für Bayern. Wenn man dieses Sammelsurium so hört, kann es einem zunächst so ergehen wie Heine, der auf seiner Reise nach Italien schrieb: »Von der Politik wissen sie nichts, als daß sie einen Kaiser haben, der einen weißen Rock und rote Hosen trägt. Das hat ihnen der alte Ohm erzählt, der es selbst in Innsbruck gehört von dem schwarzen Sepperl, der in Wien gewesen. Als nun die Patrioten zu ihnen hinaufkletterten und ihnen beredsam vorstellten, daß sie jetzt einen Fürsten bekommen, der einen blauen Rock und weiße Hosen trage, da griffen sie zu ihren Büchsen und küßten Weib und Kind und stiegen von den Bergen hinab und ließen sich totschlagen für den weißen Rock und die lieben alten roten Hosen.«

Wie vollständig die von Heine persiflierte Reduktion der eigentlichen Ursachen des Aufstands von 1809 sich durchgesetzt hatte, zeigte sich im Ersten Weltkrieg. Anscheinend widerstandslos gaben die Tiroler Schützen das seit 1511 verbriefte Recht auf, nur zur Heimatverteidigung innerhalb Tirols und nur unter von ihnen selbst gewählten Hauptleuten einberufen zu werden. Noch 1809 war die Verteidigung dieses demokratischen Privilegs wichtiger Grund des Aufstands, neben dem Protest gegen die verschlechterten Lebensverhältnisse (Hofers Fuhrpark war z. B. von früher 18 Saumtieren auf 2 zusammengeschmolzen) und neben der Verteidigung kultureller Eigenheiten, die noch nicht zur leeren Folklore heruntergekommen waren, sondern im Leben selbständiger Bauern für etwas standen und einen gewissen materiellen Sinn hatten. Ich, der ich in Südtirol schließlich fast allergisch gegen das Herz Jesu wurde, habe vergebens nach Studien gesucht, die erklären, wofür ein bestimmtes Brauchtum steht, aus welchen Bedürfnissen es entstand und welche Umstände es am Leben halten.

Wer zu früh spottet, verschließt sich den Zugang zu Tirol. In der glänzenden Formulierung Heines, »die Tiroler sind schön, heiter, ehrlich, brav und von unergründlicher Geistesbeschränktheit«, steckt der Verzicht, die eigenartige Qualität dieser Beschränktheit, die nur in ihrer offiziellen Version Dummheit ist, zu erkennen. Das dümmliche, offizielle Hoferbild läßt keine Fragen mehr zu. Der unergründlich beschränkte eigentliche Hofer stellt aber nicht wenige Probleme.

Hofer, der Sandwirt aus dem Passeiertal, war etwa 40 Jahre alt, als im Frühjahr 1809 der Aufstand losbrach. Diese erste Erhebung wurde vom österreichischen Kaiserhaus gefördert und endete nach siegreichen Gefechten in Sterzing (11. April) und vor Innsbruck mit dem Sieg der Tiroler Bauern unter A. Hofer. Am 25. und 29. Mai fanden die Gefechte am Bergisel statt, die Innsbruck befreiten (nach dem 29. Mai erneuerte Hofer das Gelübde von 1796, alljährlich das Herz-Jesu-Fest feierlich zu begehen!). Nach der Niederlage Österreichs in Wagram und dem Waffenstillstand von Znaim (12. Juli) verließen die österreichischen Truppen erneut Tirol, das auf Befehl Napoleons nun von französischen, bayerischen und sächsischen Truppen besetzt werden sollte. Aus dem Untergrund und ohne den Kaiser, aber in dessen Namen, organisierten Hofer und andere (Haspinger, Spöckbacher, Peter Mayr) den Widerstand. Sieg im Tal des Eisack in der Sachsenklemme (4. und 5. August) und am 13. August, entscheidend, der Sieg beim Bergisel. (Der Besitz der Höhen über Innsbruck garantierte die Kontrolle über die Stadt, ohne die Bauern der Überlegenheit der regulären Truppen auszusetzen). Von nun an bis zum 21. Oktober 1809 regierte der Wirt und Viehhändler Andreas Hofer von der Hofburg in Innsbruck aus das Land Tirol, immer ohne den Kaiser, aber im Namen des Kaisers. Nach dem Frieden von Schönbrunn (14. Okt.), in dem Österreich Tirol aufgibt, erhält Hofer am 29. Okt. den allerhöchsten Befehl, die Waffen niederzulegen. Hofer bittet dementsprechend die Gegner um Waffenstillstand, führt den Krieg aber trotzdem weiter. Niederlage am 1. November am Bergisel. Erneute Unterwerfung Hofers, aber wiederum Fortsetzung des Widerstands. Rückweisung von Amnestieangeboten und von Fluchtmöglichkeiten ins Ausland. Ab dem 23. November für vogelfrei erklärt, wurde Hofer auf der

Pfandleralm versteckt, am 28. Januar 1810 durch Verrat gefangen und am 20. Februar in der Festung Mantua erschossen.
Warum hat Hofer ehrenvolle Alternativen ausgeschlagen und den Widerstand fortgeführt, als er schon sinnlos war und nur noch über viele Menschen Verderben bringen konnte? »Schicksal«, sagen die offiziellen Historiker und schreiben rasch weiter, um zu erzählen, wie heroisch und gefaßt ihr Held in Mantua gestorben ist. Warum ist Hofer dem kaiserlichen Waffenstillstandsbefehl nicht gefolgt? Bäuerliches Mißtrauen und Rat schlechter Freunde, sagen die Historiker, wobei die schlechten Freunde ein paar Seiten vorher und nachher wieder als Helden bezeichnet werden. Genoß die Verteidigung der Heimat für Hofer die Priorität vor der Abmachung der Großmächte, und hat sich Hofer in seiner Heimat aus Mißachtung internationaler Kräfteverhältnisse einfach »verrannt«? Warum und auf welche Weise kämpften die Tiroler Bauern gegen die napoleonischen Reformen und gegen die Fortschrittler der damaligen Zeit? Hakte es bei den Tirolern aus, weil der Fortschritt von außen und auf Bajonetten daherkam? Autonomie gegen Entscheide auch »progressiver« Großmächte? Gab es Möglichkeiten und Ansätze in der tiroler Gesellschaft für eine progressive Entwicklung von innen heraus?
Der Besuch der wichtigsten Gedenkstätten aus dem Jahre 1809 gibt keinen Fingerzeig für eine Antwort. Überall steht der Hofer aus einem Guß und problemlos da. In der Hofkirche in Innsbruck ist er begraben, neben dem Kaiser Maximilian I und neben dem Pater Haspinger, der der fanatische Befürworter des Weiterkämpfens war. Aber auch neben dem Spöckbacher, dem klügsten Kopf unter den Tirolern. Das Schupfen-Wirtshaus ist am Verfallen. An der Jaufenpaßstraße über Sterzing in Kalch, wo das siegreiche Gefecht im April 1809 vorbereitet wurde, schauen Hotels ins Land. In der ehemaligen Wirtschaft des Andreas Hofer, bei Sankt Leonhard im Passeiertal, beim Sandwirt, ißt man gut und preiswert, und die anliegende Gedenkstätte bietet hauptsächlich Schlachtenbilder. In der Hofer-Stube in Saltaus, im Passeiertal, wurde Hofer von den eigenen Leuten durch Waffengewalt zum Weiterkämpfen »gezwungen«, eine dunkle Geschichte, die ohne eine befriedigende Inter-

pretation geblieben ist. Das Grab des in Bozen erschossenen Mitstreiters Peter Mayr, neben dem Bozner Dom, wurde erst wieder 1959 hier aufgestellt und war lange ein nationalistischer Zankapfel. Im Wirtshaus des Peter Mayr, an der Mahr hinter Brixen, sitzt man hübsch unter Bäumen. An der Sachsenklemme, zwischen Brixen und Sterzing, steht ein Obelisk, der den tapferen Tirolern, Bayern und Sachsen gewidmet ist, die sich hier in einer Art Bruderkrieg umbrachten (so deutlich wird das nicht gesagt, und von den Franzosen ist auch nicht die Rede), und am gelben Haus in der Kurve, an der nördlichen Einfahrt von Mittewald, sind Kanonenkugeln und andere Spuren der Kämpfe von 1809 eingemauert. In Mantua schließlich, an der Einfahrt im Norden, links vor der Porta Giulia, an der Erschießungsstelle steht ein Gedenkstein, wo am 20. Februar alljährlich eine Abteilung Schützen mit rührseligem Pathos ihren offiziellen Hofer feiern – ich muß sagen, unter der höflichen und respektvollen Neugier der italienischen Passanten.

3. Stichworte

Hofer und Garibaldi: Garibaldi steht für die Beteiligung »von unten« am Risorgimento, am Prozeß der italienischen Staatsgründung, Garant des Volkes gegen die Staatsgründung »von oben« durch die Cavour und Savoia. Als Perspektive sah Garibaldi den Sozialismus, »il sol dell' avvenir«, wie er sagte. Aber er akzeptierte die Monarchie und bewegte sich in ihrem Rahmen. Garibaldi ist der Vater des »historischen Kompromisses«.
Hofer ist der Garant einer regionalen Autonomie gegen die Politik der Großmächte, deren Opfer er schließlich wird. Sein Kompromiß war: ohne den Kaiser, im Namen des Kaisers. Weitere Perspektive? Keine. Das macht die Gedenkstätten letztlich so uninteressant und den Hoferkult der Schützen so steril. Es gibt keine Tiroler Denkmäler, die in die Zukunft weisen.
Dissidenten: die Tiroler Kultur in den Tälern wird immer verrammelter und konservativer – und gleichzeitig immer mehr Postkarte und scheinlebig. Nicht die Aufklärung, nur der Tourismus hat hier seine Breschen geschlagen.

Über die Geschichte der letzten Jahrzehnte wird beharrlich geschwiegen. Das hat seine Gründe. Wer sie mißachtet, weiterdenkt und weiterspricht, läuft das Risiko, geächtet zu werden. Andersdenkende werden stillschweigend aus der Gemeinschaft ausgeschlossen, werden zu isolierten Individuen reduziert, vor allem auf dem Land. »Ich bin Tiroler Dissident geworden«, schreibt Norbert C. Kaser, »und bleibe mit Mut und Zorn und Ekel meinem Tal treu«. In diesen Tälern wird ein so sensibler Intellektueller wie Kaser zur »wackeligen Existenz«, zum Kommunisten, Trinker, Spinner, zum Ärgernis. Der Kapuzinerpater, Lehrer und Schriftsteller Kaser hat das nur ausgehalten bis zum 31. Lebensjahr. 1978 starb er an einer Lungenzirrhose im Brunecker Krankenhaus.

Tiefer Friede: wir fuhren ins Passeiertal, quartierten uns in Riffian bei freundlichen Leuten ein, am Spazierweg zum Schloß Tirol, hübsch oben über der Passer. Der Fremdenverkehrsverein funktioniert, die Wanderwege sind gekennzeichnet, Unterkünfte überall zu haben, auch schönes Essen. Die Sehenswürdigkeiten sind in leicht zugänglichen Führern einzeln beschrieben. Eine Wanderkarte, »Törggelen in Südtirol«, zeigt, wo man im Herbst von Weinschenke zu Weinschenke wandern und törggelen kann. Während des Törggelens schwebt Andreas Hofer, der Held des Passeiertals, selig lächelnd über uns.

Deutschland: Freude über deutsche Gäste vor allem in den 50er Jahren, als der Gebrauch der deutschen Sprache befreiend wirkte, nach den Verboten und Schikanen der faschistischen Assimilierungspolitik (Verbot von Trachten, Deutschunterricht usw.) und nach der unterschwelligen Weiterführung dieser Politik durch die Christdemokraten in Rom. Vereinzelt dämmert inzwischen den Leuten, daß auch die touristische Verstärkung aus der Bundesrepublik ihre Schattenseiten mit sich bringt. Im gegenüberliegenden Schenna hat es anscheinend Proteste gegen Ferienhäuser und Hotels gegeben.

Zuzug »von unten«: In der Provinz Bozen (Südtirol) gab es 1910 220 000 Deutsche, 7 000 Italiener und 10 000 Ladiner. Die entsprechenden Zahlen für 1939 lauteten: 235 000 – 80 000 – 11 000. Und 1943, nur vier Jahre später, 176 000 – 105 000 – 11 000. Im Jahre 1971 erklärten ca. 260 000 Südtiroler, ihre Muttersprache sei deutsch,

140 000, ihre Muttersprache sei italienisch, 15 000, ihre Muttersprache sei ladinisch. Die Entwicklung 1939-1943 ist das Ergebnis des Mussolini-Hitler-Paktes. Die Angst, »überfremdet« zu werden, sitzt den Südtirolern noch im Nacken, wird auch eifrig geschürt und verhindert jeden weiteren Gedanken darüber, wie man als Italiener und Deutsche in Südtirol vernünftig zusammenleben könnte.

Der Ahnenpaß: ganz selbstverständlich kramt unser Wirt, Herr G., am Abend seinen Ahnenpaß hervor, in dem die Familie bis heute in die weißen Felder unter dem Hakenkreuz Geburten, Eheschließungen und Todesfälle einträgt. Die Funktion des nationalsozialistischen Ahnenpasses war gewesen, fremdrassige Menschen zu diskriminieren und schließlich zu vernichten. Der Familie G. erscheint dieses Papier aber als Schutzbrief ihrer gefährdeten Identität.

Ethnische Flurbereinigung: in der wichtigen Tiroler Kulturzeitschrift »Föhn« zeigt Claus Gatterer, daß die Entwurzelung und Verschiebung ganzer Bevölkerungen dem deutschen Nationalismus schon 1914 ein vertrauter Begriff war und als »völkische Feldbereinigung gegen Franzosen, Slawen, Juden usw.« in die Formulierungsversuche der Kriegsziele einging. Auch die italienischen Nationalisten hatten das erfunden (Wortführer Ettore Tolomei, dessen Grab in Montan ab und zu in die Luft fliegt), um in den südlichen Alpen die »unnatürliche« Bevölkerungsverteilung dem natürlichen Verlauf des Alpenkamms und der Wasserscheide anzupassen. Dieser gutbürgerliche Nationalismus von Philologen, Geographen und Turnlehrern führt schnurstracks zum Hitler-Mussolini-Pakt.

Tirol: das Tirol der habsburgischen Monarchie war bis 1918 ein mehrsprachiges Tirol mit etwa 55% deutschsprachigen und 45% italienisch- und ladinischsprachigen Bürgern. Nach der italienischen Staatsgründung 1860 wollten große Teile der italienischsprachigen Bevölkerung, vor allem der Provinz Trient, zu Italien. Solange aber Österreich die Macht hatte, wurde diese Freiheit nie gewährt. Als dann Italien 1918 zu den Siegern gehörte, verleibte sich der italienische Staat gewissermaßen im Gegenzug auch deutschsprachige Gebiete ein. Auf die vernünftige Idee, die Grenze bei der Sprachgrenze in Salurn zu ziehen, kam immer nur der jeweils Schwächere: die Italiener vor, die Österreicher nach dem Ersten Weltkrieg.

Berliner Abkommen 1939: Die Heimatvertreibungen begannen lang vor 1945. Überall sollten »Deutsche« heim ins Reich geholt werden, wobei »im Grenzlandkampf erprobtes Menschenmaterial neu zu erobernde Lebensräume im Westen oder Osten absichern sollte«. Auch die Südtiroler sollten in Galizien oder in der Normandie, später war auch die Krim im Gespräch, neues Deutschtum verbreiten. Eben: immer Kolonisierer oder Kolonisierte, eine andere Logik des Zusammenlebens gibt es anscheinend nicht. Als Preis für den Pakt mit Mussolini erkannte Hitler die Brennergrenze an, ließ Mussolini freie Hand bei der Italianisierung Südtirols und bot denen, die für Deutschland optierten (zum Stichtag 31. 12. 1939) eine geschlossene Ansiedlung im deutschen Reich an. Damit sollte die Südtirolfrage endgültig gelöst sein. Die natürlichen Grenzen kamen zu ihrem Recht, die Menschen mußten gehen.
Die Option: in der alten Heimat bleiben oder aussiedeln? Dableiber gegen Optanten. So komplex die Entscheidung, so einfach die Propaganda: Verräter die einen, Nazis die andern. Die Heimat soll dem Vaterland geopfert werden. Frau G. sagte: »Wir wollten eben zusammenbleiben, unsere Sprache erhalten, den Schikanen entgehen. Außerdem hatten wir keine Wahl, wer bleibt, sollte nach Sizilien oder an den Po umgesiedelt werden« (ein Gerücht, das später offiziell dementiert wurde, aber wer glaubte schon offiziellen Dementis?). Etwa 86% der deutschsprachigen Bevölkerung optierten 1939 »für Deutschland«.
Gesindel: wie ernst die völkische Bereinigungsidee genommen wurde, zeigt die Tatsache, daß 1939-1943 etwa 70 000 Südtiroler ihre Heimat verließen, die provisorisch im deutschen Reich, größtenteils in Österreich aufgenommen wurden. Zuerst wurden natürlich diejenigen ausgesiedelt, die durch keinen Besitz gebunden waren. 30 000 von ihnen kamen nach dem Krieg zurück; da hieß es von vielen Seiten, »jetzt kommt das Gesindel wieder«. Aus dem Süden und Nordosten Italiens waren inzwischen italienische Bauern und Arbeiter nachgezogen. Auch diese durch den Faschismus entwurzelten Menschen werden oft als Gesindel bezeichnet, denn »der gute Italiener blieb zu Hause«, sagen die »guten« Südtiroler.
Verrat: Zu den hartnäckigen Dolchstoßlegenden gehört auch die vom ständigen Verrat der Italiener. Im Südtiroler

Klima blüht sie besonders üppig. Was heißt hier Verrat? Soll ein Volk einen aussichtslosen Krieg nur aus »Treue« weiterführen? Die italienische Bevölkerung stellte sich diese Probleme zwischen dem Juli und September 1943 und bewies damit mehr militärischen Weitblick als der ganze deutsche Generalstab. Politisch entschloß sich in jenem Sommer '43 ein Großteil der Italiener für den Frieden, auch ohne und notfalls auch gegen die Deutschen. Ich verstehe, daß so einfache Gedankengänge einem General Schwierigkeiten bereiten; aber einem einfachen Soldaten? Erschütternd, hier und da zu hören, wohin die Südtiroler Soldaten überallhin verschickt wurden, vom Eismeer bis nach Nordafrika. Welch brutale Horizonterweiterung, die aber fast nie einen politischen oder militärischen Überblick mit sich brachte.

Deutsche Freiheit: sie kam, als das Reich nach dem 8. September 1943 große Teile des südöstlichen Alpengebietes bis zur Adria hin annektierte. Im Triumph marschierte eine Infanteriedivision mit dem traditionsreichen Namen »Hoch- und Deutschmeister« (eine österreichische Einheit gleichen Namens hatte 1848 den demokratischen Aufstand in Mailand niedergeschlagen) die alte Brennerstraße nach Bozen hinunter. Mit ihnen kamen das Ende der faschistischen Assimilierungspolitik, Stopp der Aussiedlung und noch schlechtere Zeiten für die wenigen, die es fertig gebracht hatten, Deutsche, aber keine Nationalisten zu sein.

Widerstand: von den meisten Südtirolern war der Druck der italienisch-faschistischen Assimilierungspolitik genommen, was sollte da Widerstand? Viele Südtiroler wurden eingezogen und an alle Fronten geschickt. Da gab es allerdings Deserteure, vor allem im Passeiertal. Deserteure aus Heimatliebe, Karl Gufler aus St. Martin z. B., wurde wieder eingefangen, schwer mißhandelt, kam an die Ostfront, desertierte erneut und erreichte unter abenteuerlichen Umständen Anfang Mai 1945 die Heimat; dort stieß er zu den Widerständlern der Gruppe Egarter, die schon seit 1939 als »Andreas Hofer Bund« im Widerstand gearbeitet hatte. Aber zwischen dem Andreas Hofer der Gruppe Egarter und dem Andreas Hofer der Leute im Passeiertal gab es kaum einen Brückenschlag. Die Deserteure und Widerständler erfuhren nur vereinzelt Unterstützung durch die Bevölkerung, es gab Aktionen des »Südtiroler Ord-

nungsdienstes« gegen diese »Banditen«, die ihrerseits Denunzianten das Haus anzündeten und Essensvorräte mitnahmen, wo sie konnten. Für manche dieser »Banditen« gab es auch nach dem Krieg keine wirkliche Rückkehr in die Gemeinschaft des Tals. Einige, unter ihnen Gufler, kamen in den Jahren 1946-1950 unter bis heute ungeklärten Umständen bei Auseinandersetzungen mit den Carabinieri ums Leben. 1945 von den Alliierten für ihre Verdienste geehrt, kamen 1951 19 Mitglieder der »Bande« in Bozen vor Gericht (Anklage: Bandenbildung, Raub und Mord an einem deutschen Offizier). Johann Pircher, desertiert im Juni 1944, wurde unter Mordanklage 1954 zu 30 Jahren Kerker verurteilt, da er, obgleich von Egarter selbst mit wichtigen Funktionen betraut, nicht als Partisan eingestuft wurde. Der komplexe Fall Pircher ist dokumentiert in »Il caso del partigiano Pircher«, Verlag La Pietra, Mailand 1975. Pircher wurde 1975 begnadigt. Im Passeiertal redet man ungern über diese Geschichten.
Italienische Freiheit: die Regierung De Gasperi mit dem Innenminister Scelba, verantwortlich in Sizilien, Sardinien, Apulien und in der Poebene für die brutalen Polizeieinsätze gegen demonstrierende Bauern, wirkte auch in Südtirol; nur daß die Südtiroler eben meinten, es ginge ausgerechnet und nur gegen sie und ihre Ansprüche auf Autonomie. Im Pariser Abkommen von 1946 verankerte, wichtige Bestimmungen des Minderheitenschutzes blieben auf dem Papier, vor allem das Recht auf Zweisprachigkeit im Verkehr mit den Behörden und der Justiz. Es gab zwar keine brutale Assimilierungspolitik mehr, doch eine gewisse Arroganz des »italienischen Staatsvolks« gegenüber den »unaufgeklärten Tiroler Hinterwäldlern«. Deren tiefsitzende kollektive Angst, durch »Unterwanderung« die eigene kulturelle Identität zu verlieren, wurde völlig mißachtet. Von der Freiheit, gemeinsam an neuen Formen kulturellen und politischen Zusammenlebens verschiedener Volksgruppen zu arbeiten, wird bis heute wenig Gebrauch gemacht. Nach Ansicht der Südtiroler Volkspartei sollte man sich diese Freiheit auch nicht nehmen. Italiener sind anders. Aber Deutsche sind ja auch anders. Können nur Gleiche zusammenleben?
Alternativen: die Alternativen, vor die die Südtiroler Bevölkerung in den letzten 60 Jahren gestellt wurden, sind

verquickt und verquer – und vor allem keine Alternativen. Dableiben oder Weggehen, Kolonisiertwerden oder Kolonisieren, Heimat oder Vaterland, sich Abschließen in der eigenen Kultur oder sie verlieren! Zwischen solche Extremwerte wird die Bevölkerung ständig eingezwängt und so unter Druck gehalten, daß jedes politische Tasten und Abwägen unmöglich wird.

Reizworte: gern wird das Wort »völkisch« gebraucht, unbefangen und aufrichtig wird das Volkszugehörigkeitsbewußtsein – ein riesenlanges Wort – gepflegt. In der Abgeschlossenheit der eingeigelten Kultur hat sich ein nationaler – ein nationalistischer – und auch ein nationalsozialistischer Wortschatz frisch bewahrt, zumindest bei den Älteren. Wer da gleich auf diese Reizworte spöttisch oder »links« reagiert, verbaut sich das Verständnis für das, was die Leute eigentlich sagen wollen. Wer mit ermutigender Sympathie zuhört, ermutigt aber auch die dunkelste Tradition deutscher Unvernunft. Viele ältere deutsche Feriengäste spüren dieses Dilemma nicht. Im Gegenteil, sie fühlen sich auch deshalb wohl in Südtirol, weil sie hier ihren alten Gefühlen ohne sprachliche Selbstzensur freien Lauf lassen können.

Kaser: »meran. Du gutes bundesdeutsches altersheim Du feingliedrige braut des suedens & schon rentnerin mit magnolien geziert bestueckt mit florierenden hotels & auch mit nicht florierenden mit baedern zum wucherpreis einem bronzehofer vor dem klassischen bahnhof . . .« (aus *Eingeklemmt,* Edition Galerie Bloch, Innsbruck, Herzog-Friedrich-Str. 5). Der Kaser führt gut durch Südtirol und weiter, wie auch einige Nummern des »Föhn« und des »Tandem«.

Tandem: muß man sich selbst am Kiosk kaufen, wenn man durch Südtirol fährt – oder gar vorher abonnieren. Ist eine Wochenzeitung und inzwischen auch ein freier Sender. Ist der einzige Ort, wo deutschsprachige und italienischsprachige Südtiroler für eine neue Kultur des Zusammenlebens arbeiten. Die Zweisprachigkeit der Zeitung ist so konzipiert, daß zu den gleichen Themen und Inhalten in zwei Sprachen geschrieben wird; bei unterschiedlicher Länge und unterschiedlicher Akzentsetzung. Adresse: Bozen, Linkes Eisackufer 25. Drüber braust die Autobahn, daneben der Eisack; gegenüber eine AGIP-Tankstelle. Nichts, was nicht doch irgendwie eingeklemmt wäre.

4. Interview mit Alexander Langer

Unter der Jugend in den Tälern gibt es viele, die an die »Volkstumsbewahrung durch Abkapselung« glauben. Andere machen so mit. Es gibt einen »modernen« Flügel, der einfach nichts hören und wissen will von dem, was war, und es gibt einzelne Dissidenten (»ein ganz ein interessanter Mensch«, sagte Benno von einem Lehrer in Kastelruth, der wie Benno Simma auch Kaser-Gedichte vertonte). In den Städten ist das politische und kulturelle Klima völlig verschieden von dem der Täler. Hier findet die tagtägliche Konfrontation zwischen »Deutschen« und »Italienern« statt, hier wird im Grunde von beiden Seiten das Programm der Südtiroler Volkspartei praktiziert (»je besser wir uns trennen, desto besser verstehen wir uns«). Aber hier hat sich auch nach 1968 um die »Arbeiter-Singgruppe«, um das »Südtiroler Kulturzentrum«, um die »Südtiroler Volkszeitung«, der Vorgängerin des »Tandem«, und schließlich um die »Neue Linke – Nuova Sinistra«, die erhebliche Wahlerfolge erzielte, eine neue Art der Traditionspflege, der kulturellen Auseinandersetzung mit der eigenen Geschichte und der Begegnung mit der italienischen Kultur entwickeln können.
Mit Alexander Langer, der 1978 für die »Neue Linke« in den Landtag geschickt worden war, sprach ich über die aktuelle politische Situation, über die neue Autonomieregelung, das Paket genannt, und über die gegenwärtigen Spannungen zwischen den Volksgruppen im Hinblick auf die Volkszählung vom Herbst 1981.
Nach Jahren der Ruhe sind in der letzten Zeit wieder Bomben gefallen, diesmal von »italienischer Seite«, worauf die »deutsche Seite« geantwortet hat – mit ihren Bomben. Warum diese neuerliche Gefahr der Zuspitzung?
Durch die Autonomieregelung von 1972 (»das Paket«) hat sich in den letzten Jahren das Kräfteverhältnis zwischen den beiden großen Sprachgruppen verschoben, und dieser Prozeß bringt Spannungen mit sich. Grob gesagt ist die italienische Bevölkerung ihres traditionellen Rückhalts als Liebkind des Zentralstaates beraubt worden, jetzt, da dieser in Südtirol nicht mehr so viel zu sagen hat. Je mehr Macht das Land hat, in unserem Fall die Provinz Bozen, desto mehr Macht hat die Mehrheit im Land – und das ist

die deutschsprachige Mehrheit. Die Italiener fühlen sich nun zum ersten Mal wieder als Minderheit. Das erfordert von ihnen ein Umdenken. Viel hängt davon ab, wie die deutschsprachige Bevölkerung und ihre »Einheitspartei«, ihren Machtzuwachs verwenden. Die Südtiroler Volkspartei, die praktisch das Monopol der politischen Vertretung der deutschsprachigen Bevölkerung hat und mit 60 Prozent der Gesamtstimmen (der Rest entfällt zum größten Teil auf die italienischen Parteien) unangefochten regiert, scheint einen recht revanchistischen Gebrauch von dieser wiedergewonnenen Stärke machen zu wollen. Man kann sagen, daß sie heute eine Wiedergewinnungspolitik betreibt und versucht, die Italiener jetzt ratenweise die ganze Schuld des Faschismus abzahlen zu lassen (das läuft bei uns unter dem Schlagwort »Wiedergutmachung des faschistischen Unrechts«, und es gehört zu den südtiroler Eigentümlichkeiten, daß gerade die alten Nazis am lautesten diese Wiedergutmachung fordern). Man will anscheinend nicht akzeptieren, daß Südtirol dazu bestimmt ist, ein zweisprachiges Land zu sein, wenn es auch durch Tradition kulturell und sprachlich in der deutschen Kulturgeschichte verankert bleibt. Die Tendenz geht dahin, zu versuchen, das Land wieder zurückzuverdeutschen. Das ist meiner Ansicht nach unrealistisch und führt zu neuen Konflikten.

Nach den Bombenanschlägen zu Beginn der 60er Jahre und auf Grund des veränderten Klimas in der italienischen Innenpolitik wurde Südtirol eine weitreichende Autonomie zugestanden. Wie sieht dieses Autonomiepaket eigentlich aus?

Erstens: eine starke Ausweitung der Landesautonomie und dementsprechend eine Verringerung der Befugnisse der Zentralregierung bzw. der Regionalregierung in Trient. Zwar bleiben wesentliche Belange der Polizei, Justiz und der Verteidigung dem Staat vorbehalten, aber auf den Gebieten der Schul- und Kulturpolitik, der Raumordnung und Urbanistik, des sozialen Wohnungsbaus und anderer Bereiche der Sozialpolitik, der Landwirtschafts-, Verkehrs- und Arbeitsmarktpolitik usw. hat die Provinz Bozen große Zuständigkeiten und die dazugehörigen Mittel bekommen. Die Neue Linke begrüßt das, sieht aber mit Besorgnis, wie heute die Wirtschaftspolitik des Landes, grob gesagt, die deutschsprachige Bevölkerung zum Mittelstand machen will, indem man die traditionell von den Deutschen besetzten Erwerbszweige (Landwirtschaft, Handwerk, Gastgewerbe) durch eine entsprechende Subventionspolitik stützt, während man gleichzeitig versucht, die hauptsächlich in der Industrie und saisonal auch im Gastgewerbe und auf dem Bau arbeitenden Italiener zu Gastarbeitern zu machen, soweit dies geht.

Zweitens sieht das Paket eine viel stärkere tatsächliche Gleichstellung der Sprachen vor und einen gewissen Schutz für das Ladinische (die Ladiner und ihre Probleme vergißt man ja leicht, wenn man von Südtirol spricht). Auch das begrüßen wir und meinen, daß es höchste Zeit ist, alte Versprechen endlich einzulösen. Andererseits zeigt gerade der Kindergartenstreit (die experimentelle Zweisprachigkeit wurde verboten) und die rigide Sprachentrennung selbst auf Gymnasien, daß die Volkspartei eine eher engstirnige Vorstellung von Zweisprachigkeit hat.

Drittens schließlich wurde im Paket das Proporzprinzip als regulativ für das Zusammenleben der Volksgruppen verankert. Der Proporz sollte Minderheiten schützen, das ist die Grundidee. Während bis vor wenigen Jahren die Staatsstellen bis zu 85 Prozent von Italienern besetzt wurden, soll dieses Mißverhältnis langsam korrigiert werden, was natürlich Härten vor allem für die Italiener mit sich bringt, die ohnehin in »ihren« Wirtschaftszweigen, in der Industriebeschäftigung, Arbeitsmarktprobleme haben. Aber es ist richtig, daß die deutschsprachige Bevölkerung im Staatsdienst adaequat vertreten sein muß. Im Grunde ist es wünschenswert, daß kein Wirtschaftszweig die Domäne nur einer Volksgruppe ist. Aber einen starren Proporz, so wie er jetzt für die öffentlichen Stellen, Krankenhäuser, Sozialwohnungen usw. vorgesehen ist, lehnen wir ab. Nicht nur wegen der negativen Folgen, die daraus entstehen, daß die Eignung der Bewerber zur zweitrangigen Frage wird. Das sind wir von den Christdemokraten gewöhnt. Schlimmer ist noch, daß dieses Proporzprinzip, um angewandt zu werden, eine starre Trennung der Volksgruppen voraussetzt und zur Folge hat. Die ganze Südtiroler Bevölkerung wird erneut nach Deutschen, Italienern und Ladinern auseinanderdividiert. Jeder muß sich zu einer dieser drei Volksgruppen bekennen und von diesem Bekenntnis hängt dann vielfach die Chance ab, einen Arbeitsplatz zu erhalten. In der Tat ist

ein richtiger Prozeß völkischer Entflechtung in Gang gesetzt worden. Die Volkszählung vom Herbst 1981 wird der Höhepunkt sein. Da ist vorgesehen, daß nicht zu kulturpolitischen Zwecken jedermann seine Muttersprache angibt – das wäre ja nur positiv –, sondern daß jedermann in einer Art ethnischem Kataster mit Kind und Kegel erfaßt wird. Uns erinnert das an die unselige Option von 1939.
Diese ethnische Zugehörigkeitserklärung gilt für 10 Jahre und kann erst bei der nächsten Zählung geändert werden. Das fördert erneut die Blockbildung und schweißt wiederum die Volksgemeinschaft wie bei einer Rassentrennung zur Notgemeinschaft zusammen. Die ethnische Zugehörigkeit wird in vielen Bereichen ausschlaggebendes Kriterium und geht über alle religiösen, politischen und sozialen Unterschiede hinweg. Ich glaube nicht, daß ein rigider Proporz das Zusammenleben der Volksgruppen in Südtirol fördert.
Während die italienische Bevölkerung in Südtirol zunehmend durch die Krise beunruhigt wird, die sich durch die »ethnische« Spaltung des Arbeitsmarktes auf sie besonders auswirkt, wird die deutschsprachige Bevölkerung dadurch verbittert, daß die römische Regierung die Durchführungsbestimmungen für einige im Paket zugesagte Maßnahmen immer wieder verschleppt. Wenn diese Mißstimmungen in der alten, nationalistischen Weise ausbrechen sollten, wird wieder einmal eine historische Chance der Versöhnung und Begegnung vertan sein. Eine Bewahrung der kulturellen Eigenheiten hat schließlich nur Sinn, wenn die Kulturen offen und begegnungsfähig bleiben. Andernfalls wird die »deutsche Kultur« in Südtirol zwar gerettet, aber nur auf Postkarten und in Reiseprospekten.

P. K.

Staatsgründung

Die Gründung des italienischen Einheitsstaates erfolgte parallel zur deutschen Reichsgründung zwischen den napoleonischen Kriegen und 1870. Ein Vergleich, wie die Deutschen und die Italiener zu ihrem Reich oder Staat kamen, ist für beide Völker sehr aufschlußreich. Ich versuche hier lediglich, so schematisch wie möglich, die Etappen der italienischen Staatsgründung aufzuzeigen und auf die Probleme hinzuweisen, die sich bis heute aus dieser Geschichte ergeben.

Bis zum 18. Jahrhundert war Italien vorwiegend ein geographischer Begriff, an einen »italienischen Staat« dachte bis dahin kaum jemand (wenn man von ein paar Seufzern Dantes und Petrarcas und von ein paar ehrgeizigen Plänen einiger italienischer Fürsten absieht), und an einen Nationalstaat dachte erst recht niemand. Hegel konnte seine Jugendschrift »Freiheit und Schicksal oder zur Verfassung des deutschen Reiches« mit den Worten beginnen »Deutschland ist kein Staat mehr«, denn jahrhundertelang hatte es ein deutsches Reich gegeben. Italien war nie Staat und die italienische nationalistische Rhetorik mußte fast 2 000 Jahre bis auf das römische Imperium zurückgreifen, um an eine eigene staatliche Vergangenheit anknüpfen zu können.

Alessandro Manzoni, der bedeutendste Schriftsteller Italiens im 19. Jahrhundert, nannte die einheitsstiftenden Momente eines italienischen Staates folgendermaßen: »Italia è una d'arme, di lingua, d'altare, di memorie, di sangue e di cuor.« Er sah also eine militärische, sprachliche, religiöse, geschichtliche, ethnische und geistige Einheit Italiens. Diese Vorstellung war Wille, aber keine Wirklichkeit.

Wie die deutsche Hochsprache auf Luther und Goethe zurückgeht, so die italienische auf Dante und Manzoni, Noch Goldoni (1707-1793), schrieb Komödien auf venezianisch und seine Memoiren auf französisch. Die »Bühnensprache« war bis ins 19. Jahrhundert hinein überwiegend

neapolitanisch oder venezianisch. Carlo Porta (1776-1821) schrieb seine großartige Dichtung im mailändischen, Gioacchino Belli (1791-1863) im römischen Dialekt. Die italienische Kultur war entweder europäisch – die Oberschicht in den Städten bediente sich weitgehend des Französischen – oder sie war lokal: mailändisch, piemontesisch, genuesisch, toskanisch, venezianisch, römisch, neapolitanisch, sizilianisch usw. Nur eine kleine Minderheit der Bevölkerung sprach jenes Italienisch, das dann durch die Schulpflicht und später durch Rundfunk und Fernsehen dem ganzen Land aufgezwungen wurde. Heute sind diejenigen, die noch eine eigene regionale Sprache haben, eine Minderheit. Mailändisch, neapolitanisch, sizilianisch, venezianisch spielen nur noch einc gewisse Rolle im Alltag bestimmter Klassen und in einer bestimmten Kultur des Liedes und des Kabaretts, der Satire usw. Als Sprachen der Minderheiten werden heute diese Dialekte gar nicht mehr gezählt, als schutzwürdig gelten höchstens noch die »fremden« Sprachen, die in Italien meist in den Randgebieten gesprochen werden.
Sardisch sprechen im heutigen Italien noch eine Million Menschen als Muttersprache, friaulisch etwa 550 000, deutsch etwa 280 000, franco-provenzalisch etwa 100 000, okzitanisch etwa 150 000, slowenisch etwa 95 000, albanisch ebenfalls ca. 95 000, ladinisch etwa 50 000 und griechisch etwa 30 000. Daneben gibt es katalanische und kroatische Sprachinseln, es gibt die Walser und Nachkommen der Kimbern und Teutonen und anderer deutscher Stämme am Monte Rosa und in den Tälern oberhalb von Rovereto, Verona und Bassano.
Die religiöse Einheit Italiens ist nicht minder vielfältig, wenn man den alles bedeckenden Mantel der katholischen Universalität einmal lüftet. Die italienische Religiosität unterscheidet sich nach zahlreichen Riten, nach verschiedenen volkstümlichen Traditionen, in denen Aberglaube und Magie, Relikte anderer Religionen und der Sekten bis heute aufgehoben blieben.
Was das Wort von der »geschichtlichen« und »ethnischen« Einheit Italiens soll, ist schwer festzustellen. Goten, Langobarden, Hunnen, Griechen, Araber, Schwaben, Franzosen, Spanier und Österreicher haben im Lauf der Geschichte verschiedene Landesteile beherrscht, sich hier niedergelassen und sich mit der Bevölkerung vermischt, die ihrerseits

bereits aus dem Altertum griechische, afrikanische, punische und germanische Elemente aufwies.
Das Wort Manzonis und die Propaganda des Risorgimento (der italienischen Einheitsbewegung) waren also Fiktion und Programm, aber nicht Darstellung einer Realität.
Während kulturell Italien erst noch »italianisiert« werden mußte, vollzog sich die politische Einigung in mehreren Etappen. Zur Zeit der französischen Revolution gab es folgende Staaten auf der Halbinsel: das Königreich Sardinien-Piemont, das mit den Savoia, ähnlich wie Preußen mit den Hohenzollern, zum Wortführer der staatlichen Einigung Italiens wurde; das Königreich Neapel-Sizilien, der größte Staat auf italienischem Boden, der aber durch ein »Meer von Weihwasser«, nämlich durch den Kirchenstaat, vom übrigen Italien getrennt war. Im Norden des Kirchenstaates lagen die Herzogtümer Toskana, Parma, Modena, die Replublik Venedig und schließlich die österreichische Provinz Lombardei. Die Großmacht, die sich am hartnäckigsten der italienischen Einigung widersetzte, war Österreich, das zum »Erbfeind« der italienischen Einigungsbewegung wurde. Frankreich war hingegen »Verbündeter«. Es erhielt Nizza und Teile Savoyens abgetreten und unterstützte dafür die Bewegung in Oberitalien, garantierte aber gleichzeitig die Unantastbarkeit des Kirchenstaates, der durch eine französische Garnison geschützt war. Das Preußen Bismarcks sah die italienische Einigung mit Wohlwollen, schwächte sie doch den Konkurrenten Österreich.
Die napoleonischen Armeen wurden in Norditalien als Befreier, in Süditalien als Fremde angesehen. Vorherrschend unter den italienischen Patrioten – die damals so genannt wurden, weil sie eben noch keine Nationalisten waren – war die Hoffnung, Italien mit Hilfe Napoleons zu einigen. Stendhal und Mailand stehen für die glückliche Begegnung der »italienischen« und französischen Kultur.
Dann der Rückschlag 1814/15 und die Zeit der Restauration bis zum Revolutionsjahr von 1848/49! Mit der Niederlage Napoleons kehren die Österreicher in die Lombardei zurück und verleiben sich auch noch die venezianische Republik ein. Die Bourbonen regieren nun wieder Neapel und ein österreichischer Herzog die Toskana. 1820/21 und 1831 kam es überall zu Aufständen (ausgehungerte Bauern, patriotische Bürger und Handwerker, fortschrittliche Teile

des Adels gingen gegen Fremdherrschaft und Obrigkeitsstaat ein spontanes, nirgendwo politisch organisiertes Bündnis ein). Mazzini, der unbeugsame und letztlich erfolglose Republikaner, und Garibaldi, der erfolgreiche Agitator und Guerrillero, der sich als Sozialist bekannte, aber die sabaudische Monarchie in Kauf nahm um Italien zu einigen, werden für ein halbes Jahrhundert lang die Führer der nationalen Einigungsbewegung. 1848/49 wird der Papst aus Rom verjagt, Radetzky muß in Mailand kapitulieren (nach fünftägigen Kämpfen, die berühmten »Cinque Giornate di Milano«), die Österreicher müssen auch Venedig räumen. In Sizilien ist der Aufstand ebenfalls zunächst siegreich, bis die Allianz der konservativen Kräfte mit ihrem wohlorganisierten Militär den Versuch, Italien »von unten« zu einigen, niederschlägt.
Verdis Chor »va pensiero . . .« aus der Oper »Nabucco« (1842), war zur heimlichen Nationalhymne geworden, die Mailänder Scala und überhaupt die Oper zu einem Ort nationaler, erhebender Gefühle; Literatur und Kunst hatten sich in den Dienst der Einigungsbewegung gestellt, aber es waren die Kriege der damaligen Großmächte, die schließlich die italienische Einigung ermöglichten: 1859 der Krieg Piemonts und Frankreichs gegen Österreich (mit den Schlachten von Magenta und Solferino), 1866 die Niederlage Österreichs gegen Preußen, 1870 die Niederlage der Franzosen gegen Preußen und die deutschen Staaten bei Sedan. 1859/60 wurde die Lombardei befreit, der ganze Kirchenstaat außer Rom, und die mittelitalienischen Herzogtümer stimmten in einer Volksabstimmung 1860 für den Anschluß an das Königreich Piemont-Sardinien. Im gleichen Jahr landete Garibaldi mit seinen »Tausend Mann«, »I mille«, in Sizilien, und 1866 mußte Österreich Venedig räumen. Rom konnte erst »Italienisch« werden, nachdem die französischen Schutztruppen 1870 abgezogen waren. Italien war ein Einheitsstaat geworden, keine Republik, sondern ein Königreich! Aus den Patrioten wurden Nationalisten, aus dem Kampf um die eigene Unabhängigkeit wurde Großmachtstreben mit lächerlichen und tragischen kolonialen Abenteuern. Der Eintritt in den Ersten Weltkrieg, gegen Österreich, um das damals noch österreichische Trient und Triest zu »erlösen«, schloß dann mit der Annexion Südtirols 1919 die Staatswerdung ab.

Der Faschismus trieb die nationalistische, expansionistische und antidemokratische Tendenz der Monarchie auf die Spitze und träumte von der Wiederherstellung des großen römischen Mittelmeerreiches; daß das nicht nur ein »Träumen« war, zeigt der Überfall auf Äthiopien, Albanien, Griechenland. Auch die Tendenz der »Italianisierung« wurde nach innen, mit der politischen und kulturellen Unterdrückung der Minderheiten und aller lokalen Autonomien, enorm vorangetrieben. Der Klang des Wortes »Einheitsstaat« hat sich in wenigen Jahrzehnten völlig verändert: vom Ausdruck des Bedürfnisses nach Einheit wurde das Wort zum Signal militärisch-kolonialistischer Uniformierung.

Die bürgerliche innere Kolonisierung Italiens und die Aggressionen nach außen sind in ihrer faschistischen Version gescheitert. Darum können wir als Reisende auch heute noch das Außerordentliche genießen, das im Weiterleben einer jahrhundertealten Alltagskultur der »kleinen Leute« besteht. Das hohe Niveau einer zum größten Teil proletarisch-kleinbürgerlichen, stark regional verankerten Kultur macht Italien so einzigartig. Pasolini nennt dieses Italien der Bauern, der kleinen Städte und der Arbeiter »l'umile Italia«, das einfache Italien, im Gegensatz zum offiziellen Italien der bürgerlichen Kultur. Pasolini spricht auch vom Verbrechen der »Ausrottung der bäuerlichen Kultur und ihrer Träger« durch das italienische staatstragende Bürgertum. Ein so großes Wort ist nur verständlich auf dem Hintergrund dessen, was in der italienischen Kulturlandschaft (in der deutschen übrigens auch, nur ist hier selbst die Stimme des Anklägers erloschen) in den letzten hundert Jahren geschah. Nuto Revelli spricht in seinem schönen Buch vom »Italien der Besiegten«, »Il mondo dei vinti« (Einaudi 1977), das unterworfen, aber nicht assimiliert werden konnte. Die italienische Literatur und die bedeutendsten Filme der Nachkriegszeit spielen zum größten Teil in diesem »anderen« Italien. An die Intellektuellen und die Massen des »anderen Italien« appellierte Gramsci mit seinem Begriff der »cultura nazionalpopolare«, der zweierlei beinhaltet: Bewahrung, Aufwertung und Zusammenfassung der Besonderheiten in einem »blocco storico«, einer politisch handlungsfähigen Sammelbewegung und Überwindung der Partikularismen,

der Regionalismen und des Provinzialismus im Rahmen der Nation und der Nationen. Wenn sich die Völker einig werden und vereinen, muß das etwas anderes sein, als wenn die Völker in großen militärischen, wirtschaftlichen und politischen Blöcken zusammengeschweißt werden.
Die Resistenza der Jahre 1943-1945 hatte diese Themen demokratischer Staatsgründung wieder aufgegriffen. Noch einmal wurde der Versuch einer »Staatsgründung von unten« unternommen im Kampf gegen Fremdherrschaft und faschistische »Rationalität«, die das »umile Italia« uniformieren und auslöschen wollten. Noch einmal ist dieser Versuch nur teilweise gelungen, und wiederum steht das Land (und insgesamt Europa) vor Problemen, die weder der alte Nationalstaat noch die Summierung der Nationalstaaten in der Europäischen Gemeinschaft und im Militärblock der NATO gelöst haben und lösen können.

P. K.

Über Straßennamen

Seit es den Nationalstaat mit seinem Auf und Ab von Regimen, Siegen und Niederlagen gibt, gibt es auch eine Politik der Straßennamen, über die die Herrschenden sich dem Bürger vermitteln und in tägliche Erinnerung bringen wollen – das gilt für Frankreich so gut wie für Deutschland oder Italien; nur die USA kommen in ihren großen Städten, deren Straßen sie nach Nummern zählen, nicht in die Versuchung, immer wieder sozusagen alles oder vieles auf den »neuesten Stand« bringen zu müssen.

1.

Die erste und noch immer größte Welle der politischen Straßenumbenennungen fand in Italien nach der Einigung statt. Im folgenden seien einige der wichtigsten Namen kurz erläutert, die in fast keiner größeren oder mittleren Stadt fehlen und die – leider – in der Regel historisch gewachsene und oft unmittelbar noch in ihrem Sinn erkennbare Namen (wie solche, die auf Gewerbe verwiesen) ausgelöscht haben. Es handelt sich hier gewissermaßen um eine der vielen kulturpolitisch-psychologischen Anwendungen des Diktums von Cavour, dem italienischen Bismarck, der nach der erfolgreichen Nationalstaatsgründung gesagt haben soll: ›Italien ist gemacht, jetzt müssen die Italiener gemacht werden‹ – d. h. es mußte bis in die entlegensten Provinzen ein Bewußtsein davon durchgesetzt werden, sich als Italiener zu fühlen, also die piemontesische Eroberung hinter der Fassade des Nationalstaates verschwinden zu lassen. Darum so phantasielose Straßennamen wie »Italia« und »Roma«, die nirgends im Lande fehlen, zusammen mit dem

Risorgimento – wörtlich »Wiedererstehung«, d. h. jene lange Periode der kulturellen und politischen Vorbereitung der Einheitsstaatsbildung bezeichnend, von der post-napoleonischen Restauration bis 1861.

Die großen politischen Figuren des Risorgimento sind **Giuseppe Mazzini** – sein Leben lang (1805-1872) Revolutionär und Initiator zahlreicher, immer fehlgeschlagener größerer oder kleinerer Aufstände, deren Ziel die Bildung einer italienischen Republik war, weshalb er auch noch nach 1861 der Monarchie ein Dorn im Auge blieb und legal nicht zurückkehren konnte (nur die letzten zwei Jahre lebte er als halbfreier Mann in Pisa). Wegen seines schwärmerischen Nationalismus jenseits der Klassen (er darf als einer der wichtigsten Nationalismus-Ideologen gelten) hatten seine Zeitgenossen Marx und Engels nur Verachtung und Spott für ihn übrig, und sein Versuch, gegen Ende seines Lebens das Proletariat (Verbindungen auch zu Bakunin) zu entdecken, blieb notwendigerweise ein Fehlschlag. In Genua hat man sein Geburtshaus zum Museum gemacht. – Der zweite Revolutionsaktivist des Risorgimento ist

Giuseppe Garibaldi (1807-1882) – da gibt's nun wirklich so gut wie keine Stadt ohne sein Denkmal und/oder eine nach ihm benannte Straße. Wenn es einen Volkshelden des Risorgimento gibt, dann ist er es und ist es bis zu einem gewissen Grade auch bis heute geblieben. Wie Mazzini Berufsrevolutionär, aber im Unterschied zu jenem eher der Haudegen als der Theoretiker, weshalb er auch, ungeachtet aller radikal-revolutionären Rhetorik, leichter manipulierbar war durch die piemontesische Diplomatie und sich schließlich auch ohne allzu große Skrupel der Monarchie beugte, die ihn daraufhin zum Nationalhelden aber ohne Macht erhob. Sein wichtigster militärischer Beitrag zum Risorgimento war die von Piemont stillschweigend gedeckte bzw. materiell unterstützte Landung der 1 000 Freiwilligen, der

dei Mille – am 11. Mai 1860 bei Marsala in Sizilien, die nach erfolgreichen Gefechten und der Einnahme Palermos zum Sturz der Bourbonen-Monarchie des »Königreichs beider Sizilien« führte (vgl. Reisebuch I, S. 210 f.). Wer an diesem Zug der Tausend teilgenommen hatte, kam später zu Ehren, zumindest jedoch zu einer Gedenktafel in der Heimatstadt; man kann da seine eigenen Entdeckungen machen, wie überhaupt das Lesen der reichlichen Gedenktafeln an Privat- so gut wie an Rathäusern mosaikartig die italienische Geschichte erschließt. Garibaldi jedoch, der – auf der Woge seiner militärischen Erfolge und seines populären

Charismas – durchaus die Möglichkeit gehabt hätte, gegen die Piemontesen die radikalere bürgerliche Republik durchzusetzen, legte statt dessen die von ihren alten Herrschern befreiten Gebiete dem sabaudischen Königshaus in den Schoß. Der erste König des am 17. März 1861 proklamierten Königreiches Italien wurde

Vittorio Emmanuele II – der wohl häufigste Hauptstraßennamensgeber des Landes, ganz abgesehen vom Monster-Monument in Rom. Kleine Gemeinden, die es nicht zu den entsprechenden Reiter- oder anderen Standbildern gebracht haben, haben statt dessen für den Gründungskönig und für Garibaldi in der Regel links und rechts über dem Eingang zum Rathaus (Municipio) je eine Gedenktafel angebracht. Demgegenüber konnte es Emmanuels Nachfolger

Umberto I – nicht zu ganz so vielen Straßen bringen, aber trotzdem mußten noch immer eine beträchtliche Zahl von »corsi« und »piazze« dem am 29. Juli 1900 von dem Anarchisten Gaetano Bresci erschossenen zweiten König gewidmet werden. Glücklicherweise endet damit die Serie. Sein Nachfolger, Vittorio Emmanuele III., starb als für Mussolini, faschistische Machtergreifung und Krieg wesentlich Mitverantwortlicher verfemt im ägyptischen Exil (derzeit gibt es eine Kontroverse, ob sein Sarg nicht um der nationalen Versöhnung willen ins Pantheon nach Rom, wo seine Vorgänger bestattet sind, überführt werden sollte), und der Trick, durch Abdankung zugunsten seines Sohnes Umberto II. einen Monat vor dem Referendum: »Monarchie oder Republik« (2. Juni 1946) die Monarchie zu retten, verfing nicht. Letzterer, der vierte König, regierte nur ganze 24 Tage. – Die Hauptstadt des neuen Königreiches war zunächst noch Turin, dann wurde es Florenz (Palazzo Pitti), und erst am 20. September 1870, dem auch wieder in unzähligen Straßennamen von den Alpen bis nach Sizilien festgehaltenen

XX Settembre – wurde mit dem Einzug der italienischen Truppen durch die noch heute bestehende Porta Pia Rom zur Hauptstadt und die Einheitsstaatsbildung abgeschlossen. Das war militärisch und vor allem diplomatisch möglich geworden, weil Napoleon III., der wichtigste Schutzherr des Papstes und seiner territorialen Herrschaft, im August 1870 die seit 1867 (Abwehr eines ersten Versuches der Garibaldini, Rom zu nehmen) im Kirchenstaat stationierten Truppen abzog. Bekanntlich änderte das nichts an seinem Schicksal (Sedan). Das von den Faschisten errichtete große Bersaglieri-Denkmal vor der Porta Pia erinnert an jenen (leichten und unblutigen) Sieg über die übriggebliebenen Soldaten des Papstes. Aus der Zeit der Einigungskriege gibt es zumindest noch zwei Schlachten-Namen, die wir als Straßennamen landauf, landab verewigt finden:

Solferino – jene Entscheidungsschlacht von 1859, über die wir anderwärts ausführlich berichten, und den unmittelbar vorangegangenen Sieg der verbündeten Franzosen-Piemontesen bei

Magenta – in der Nähe Mailands gelegen, wo auch Garibaldi mit seinen Anhängern aktiv beteiligt war. Natürlich würde man vergeblich nach den (zahlreicheren) Ortsnamen der Niederlagen suchen, die die Piemontesen gegen die Österreicher immer wieder erlitten, ehe sie sich französische Hilfe besorgen konnten. Und von den Opfern redet, an sie erinnert ohnehin keiner gern: Schätzungen der Schlachttoten von 1859 belaufen sich auf mehr als 23 000 Italiener, die den Heldentod für die nationalstaatliche Einheit starben; sie mögen gewußt haben, wofür – ob man dasselbe sagen kann von den 59 000 toten Österreichern und den 30 000 Franzosen, das mögen andere entscheiden. Und doch war mit den Einheitskriegen erst Italien, aber es waren noch nicht »die Italiener gemacht« worden, wie sich Cavour ausgedrückt hatte. Die gewaltsame Eingliederung der süditalienischen, vor allem der ländlichen Bevölkerung in den Jahren nach der Ausrufung des Königreiches beschäftigte mehr als die Hälfte der königlichen Armee für viele Jahre und sollte mehr als das Doppelte (!) an Menschenleben kosten, wie die gesamten Einigungsschlachten zusammen; in der offiziellen Geschichtsschreibung handelte es sich hier um den Kampf gegen »Banditen« und »Briganten« und die sie unterstützende Bevölkerung – aber daran erinnert keine Straße.

2.

Nach dem Ersten Weltkrieg läßt sich ein erneuter Schub von einheitlichen Straßenbenennungen ausmachen, die sich allerdings vor allem auf zwei Namen konzentrieren:
Vittorio Veneto – hier gelang den italienischen Truppen nach der schweren Niederlage von Caporetto im Oktober 1917 und einer letzten großen österreichischen Offensive im Juni 1918 der erfolgreiche Gegenschlag im Oktober, der mit der militärischen Niederlage Österreichs endete und am 4. November 1918, dem
IV Novembre – zum Waffenstillstand zwischen Österreich und Italien, unterzeichnet in der Villa Giusti bei Padua, führte. Das offizielle Sieges-Bulletin des italienischen Oberkommandos unter General Diaz findet sich, in Erz gegossen, noch an fast jedem größeren Rathaus: nicht aus Patriotismus, sondern weil Rom es so vorschrieb.

3.

Nach dem Zweiten Weltkrieg und der Bildung der Republik kam es zu relativ wenigen Umbenennungen in den historischen Zentren: die rasche urbanistische Expansion schuf genügend Raum, um an einzelne (oft nur örtlich bedeutsame und bekannte) Partisanen, um an Antonio Gramsci oder die Schlacht von Stalingrad zu erinnern. Nicht wenige rote Kommunen widmeten auch Lenin eine Straße, aber in der Regel in der Peripherie. Nur zwei Daten machen da eine Ausnahme: am 10. Juli 1943 waren die Amerikaner in Sizilien gelandet, und es war damit allen klar, daß der Krieg verloren war. Um das Regime – die Monarchie so gut wie die eigenen Machtpositionen und Privilegien – zu retten, wurde Mussolini vom Faschistischen Großrat am 25. Juli abgesetzt und vom König am selben Tag, eben dem
XXV Luglio – als Ministerpräsident entlassen, verhaftet und nach mehreren Zwischenstationen schließlich als Gefangener auf den Gran Sasso in den Abruzzen gebracht, wo er am 12. September von einem deutschen Kommando befreit wurde. Faktisch aber war mit dem 25. Juli 1943 der Faschismus zu Ende gegangen. Dennoch durchlitt Italien – nunmehr von deutschen Truppen besetzt – noch fast zwei

Jahre lang einen erbitterten Mehrfrontenkrieg zwischen Alliierten, Deutschen, deutschverbündeten Faschisten, Partisanen und antideutschen italienischen Verbänden. Ziel der weitverzweigt operierenden, aber gut koordinierten Partisanenverbände im deutschbesetzten Norditalien war es, das Land und vor allem die Städte aus eigener Kraft und vor Eintreffen der Alliierten zu befreien. Dem diente der Aufruf zum Generalaufstand am

XXV Aprile – nachdem die letzte deutsche Verteidigungsstellung, die sog. »Gotenlinie« (sie zog sich von Massa im Westen quer über den Appenin bis nach Pesaro an der Adria) zusammengebrochen war. Die Hauptkämpfc hatten in der Gegend um Rimini stattgefunden und kosteten zwischen Juni 1944 und April 1945 allein rd. 200 000 Menschenleben. Aber daß die antifaschistischen Partisanenverbände erheblich zur Schwächung der deutschen Verteidigung bzw. zur rascheren Beendigung dieser sinnlosen, Kriegshandlungen genannten Massenschlächtereien beigetragen haben, ist kaum zu bestreiten. In den letzten Apriltagen 1945 fielen dann die meisten großen norditalienischen Städte, weshalb hier die Aprildaten der Straßen bisweilen von Stadt zu Stadt variieren (in Bologna z. B. ist es der XXI Aprile). Aber der 25. April ist bis heute als Tag der Befreiung vom Faschismus Staatsfeiertag. Der ist denn auch in der Tat wichtiger als der des Referendums vom 2. Juni 1946, mit dem die Monarchie abgeschafft wurde. Daran erinnern aber die verschiedenen (Plätze vor allem)

della Repubblica – während das »Plebiszit«, das wir nicht selten finden (**del Plebiscito**) sich nicht auf diese Volksabstimmung bezieht, sondern auf die Zustimmung der verschiedenen Regionen Italiens zur Eingliederung in das Königreich (Oktober/November 1860), ein Ereignis, an das in vielen Kommunen Gedenktafeln mit dem Abstimmungsergebnis erinnern. – Der einzige prominente Name eines Antifaschisten, der es in vielen Fällen sozusagen bis in die Stadtzentren »geschafft« hat, ist der des sozialistischen Parteiführers und Abgeordneten

Matteotti – der im Juni 1924, nachdem er (ganz ähnlich wie sein deutscher Kollege, der sozialdemokratische Abgeordnete Wels im Reichstag, März 1933) offen die Gewaltakte und Wahlfälschungen der Faschisten beim Namen genannt hatte (sie hatten ihnen im Mai 1924 65 Prozent der Stimmen gebracht), von »Unbekannten« verschleppt und später tot aufgefunden wurde. Über die Urheber dieses Mordes bestand von Anfang an keinerlei Unklarheit, nur fehlten die Beweise, und die erst zwei Jahre an der Macht befindlichen Faschisten gerieten ob der Weigerung, die Schuldigen zu benennen und zu bestrafen, in eine schwere Krise, die fast zum vorzeitigen Ende der Regierung Mussolini geführt hätte – bis dieser dann plötzlich die Flucht nach vorn antrat, sich voll und ganz zu der Tat als im Interesse des Staates notwendig bekannte. Damit wurde der erste wichtige Schritt auf dem Wege in die Diktatur gemacht (in etwa, nur dann ins Ungeheuerliche vergrößert, entsprach dieses Überschreiten des Rubikon der hitlerischen Ermordung seiner gefährlichsten Gegner im sogenannten »Röhmputsch«, wo er sich zum obersten Gerichtsherrn des deutschen Volkes als Hüter der Staatsräson erklärte). Die »Affäre Matteotti« erregte damals ungeheures Aufsehen, und da die Faschisten (im Gegensatz zu ihren deutschen extremistischen Nachahmern) ihre politischen Gegner in der Regel nicht ermordeten, sondern entweder auf Inseln verbannten oder in die Gefängnisse steckten, blieb Matteotti das einzige prominente Mordopfer in unmittelbarer Verantwortlichkeit des Regimes. In Rom erinnert nicht nur eine Brücke an ihn, sondern auch gleich neben dieser ein Denkmal in der Form einer goldenen Flamme an den Ort, wo er verschleppt wurde. –

Heute gibt es Anzeichen und Ansätze dazu, in einigen Fällen zu den alten Namen zurückzukehren, zumal einige der neuen sich nicht recht durchzusetzen vermochten – in Rom etwa heißt die Piazza della Repubblica faktisch noch immer (z. B. als Ausgangspunkt für viele politische Demonstrationen) »Piazza dell'Esedra«. Allerdings: wenn solche Rücktaufen ausgerechnet diese mit der Republik verbundenen Namen und nicht die Vittorio-Emmanueles, Umbertos, Italias etc. treffen sollten, dann hätte ein derartiger als solcher zunächst positiver Schritt doch recht bedenkliche Implikationen.

E. K.

Veneto, Friuli Venezia-Giulia:
Versuch, dem Reisenden eine Region historisch zu erschließen

Natürlich handelt es sich nicht um eine, sondern, administrativ gesehen, um zwei von insgesamt neunzehn Regionen: um Venetien (mit der Hauptstadt Venedig) und um die Region mit dem noch zu erklärenden eigenartigen Doppelnamen Friaul Julisch-Venetien (Hauptstadt Triest). Aber Verwaltungsgrenzen werden oft – und das ist hier der Fall – aus politischem Kalkül gezogen. Für unsere Zwecke wollen wir darum den italienischen Nordosten zunächst einmal als Einheit betrachten, dessen Unterschiede und Probleme sich dem Reisenden erst bei genauerem Sich-Umsehen erschließen werden. Denn was in der »mittleren« Geschichte die Funktion dieses großen Gebietes war – nämlich Durchgangsgebiet für die Donauvölker nach Italien bzw. zur Adria hin –, das haben Venetien, Friaul und Istrien-Triest durchaus gemein. Erst mit der territorialstaatlichen Konsolidierung Europas und den damit verbundenen immer rigideren Grenzziehungen (grob gesprochen: seit dem 15. Jahrhundert) wird dem Nordosten jene Bedeutung oktroyiert, die seine eigene Kultur bis heute in vielfältigster und in noch immer sichtbarer – städtebaulich, architektonisch, kulturell »lesbarer« – Weise geprägt hat: umstrittenes Grenzgebiet, blutiger Kriegsschauplatz, militärisches Spannungsgebiet der NATO, alte Städte ohne ihr natürliches Hinterland verkrüppelnd, Dorfgemeinschaften und städtische Viertel durch Grenzziehung zu jeweiligen Minderheiten gemacht. Dies hier ist nicht das Italien der Textbücher und der gängigen (z. T. ja auch nicht ganz falschen) Klischees: nicht das der Olivenhaine und der Renaissance, auch nicht das der Sehnsucht nach dem Land, »wo die Zitronen blühn«, und nicht das Land der staubigheißen Sommer und der langen, touristenfreundlichen Badestrände von Adria und Versilia. Aber es ist ein Stück Italien, das nicht minder reich, ja sogar reicher ist als viele andere Regionen an Kultur, Geschichte und politischem

Drama, an landschaftlicher Schönheit, aber auch an Gastronomie (und nicht zuletzt an erstklassigen Weinen). Dies alles macht einen intensiven Reiseaufenthalt fast obligatorisch. Wenn Goethe, wie erinnerlich, von Sizilien sagte, ohne dieses mache Italien »kein Bild in der Seele«, so gilt das in der neueren politischen Geschichte sicherlich für diese Region: hier liegt ein ganz wichtiger Schlüssel zu dem Ganzen.

1. Palmanova

Vielleicht finden wir, um im Bild zu bleiben, in der nebenstehenden Graphik ein Schlüsselloch, um uns die Region zu eröffnen.
Es handelt sich hier um den Stadtkern der venezianischen Festungsstadt **Palmanova,** deren Luftbild wir gewissermaßen als »Programm« für das Deckblatt des ersten Teiles unseres Reisebuches gewählt hatten. Hier ist nun Gelegenheit, auf Palmanova selbst etwas genauer einzugehen.
Um es vorweg zu sagen: rein tourismuskulinarisch ist diese Stadt auf den ersten Blick enttäuschend: grau bis weiß, leicht langweilig, ohne besondere Kennzeichen wie gute Hotels oder Restaurants; allerdings machen ein Spaziergang über die Festungswälle und ein Besuch im kleinen, aber gut geführten *Museum* den Abstecher dann doch lohnend, zumal das Städtchen (nicht zufällig) so zentral in seiner Landschaft liegt, daß alle Straßen dort hinzuführen scheinen. Dieser Ort hat einen (dokumentarisch bis ins einzelne belegten) Geburtstag und eine ebenso genau registrierte Geschichte. Sie beginnt am 7. Oktober 1593, als eine fünfköpfige Abordnung der venezianischen Aristokratie – begleitet von Geometern, Militärs und Architekten – das südliche Friaul bereiste, um einen Platz ausfindig zu machen, wo man eine Festungs-Garnisonsstadt für ca. 20 000 Menschen bauen könne. Im heutigen Palmanova fanden sie diesen Ort. Sie gaben der neuen Stadtgründung den Namen Palma, als Zeichen des Sieges, d. h. der Sieges-Palme. Fast einhundert Jahre vergingen bis zur Fertigstellung der Stadt (1682), und in dieser Zeit wurde sie zu einer fast unerträglichen Bürde für das gesamte Hinterland, da die Bauern erhöhte Steuern, Abgaben und Dienst-

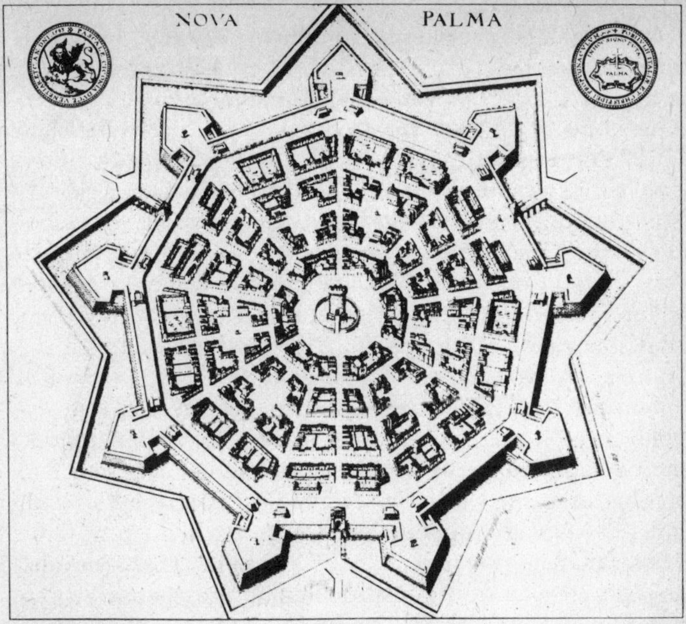

DA "NOVA ITALIAE" DI M. MARIEANE - FRANCOFORTE - 1640

leistungen aller Art erbringen mußten: 34 Dörfer der näheren und weiteren Umgebung, bis hinauf nach Bassano und Belluno, bis Padua, Vicenza und Bergamo, wurden mehrere Generationen lang für dieses Unternehmen zur Zwangsarbeit verpflichtet.

Wie war es dazu gekommen, bzw. welche politische Notwendigkeit lag diesem Projekt zugrunde?

Im 15. Jahrhundert erreichte Venedig den Höhepunkt seiner Macht. Jetzt erntete es die Früchte einer weitsichtigen strategischen Entscheidung seiner herrschenden Aristokratie, die zwischen 1350 und 1450 systematisch damit begonnen hatte, das Festland, das Hinterland der Lagunenstadt, die »terra ferma«, zu unterwerfen. Zugrunde lag dieser Grundsatzentscheidung zugunsten einer Neuorientierung der wirtschaftlichen und politischen Machtbasis Venedigs das langsame Schrumpfen des Mittelmeerhandels, auf dem bis dahin sein Reichtum und seine Macht ganz ausschließlich beruht hatten. Der Fall von Konstantinopel (1453) war nur der äußere Schlußstein jener Entwicklung, die Venedigs Handelswege nach Asien wenn nicht völlig blockierte, so doch von der Gunst der osmanischen Herrscher abhängig machte. Folglich mußte man nach Alternativen suchen. Eine davon lag im Ausbau der Handelsbeziehungen nach Norden, über die Alpen hinweg; und eine zweite Alternative bestand in der systematischen Erschließung eben der »terra ferma« nicht nur zur logistischen Absicherung jener vital wichtigen Handelswege, sondern auch zur Ausbeutung ihrer landwirtschaftlichen Ressourcen. Venedig wurde expansionistische Landmacht, es begann seine Geschichte als Eroberer: 1344 unterwerfen sich Treviso und Conegliano, 1404 Vicenza, Asiago, Feltre und Belluno, 1405 erkennen Verona und Rovigo Venedig als Schutzmacht an, 1406 Padua. Am längsten hält sich die ›Hauptstadt‹ von Friaul, **Udine,** das sich erst 1445 nach einem mehr als 20jährigen Banden- und Bürgerkrieg geschlagen gibt: niemand, der heute diese besonders schöne unter den Städten des Friaul besucht,* kann übersehen, daß er sich in einer einst von Venedig beherrschten Stadt befindet – was aber für alle hier erwähnten kleineren Städte gleichermaßen gilt, sind sie doch alle einen kürzeren oder längeren Besuch wert und enthalten überraschende Schönheiten in Architektur und Kunst.** Mit Friaul aber wurde zugleich eine Region unterworfen, die eine eigene kulturelle Identität, einschließlich einer sich vom venezianischen Italienisch unterscheidenden Sprache hatte: »la Patria del Friuli«, kurz auch »la Patria«, das Vaterland genannt, erhielt als Ersatz für den Verlust der Eigenständigkeit von Venedig die »ehrenvolle« Funktion zuerteilt, »Hüter seiner eigenen und der Grenzen Italiens«, und zwar gegen Türken wie Habsburger gleichermaßen, zu sein, wie es ein zeitgenössisches Dokument formulierte. Tatsächlich aber ging es darum, wie es in einer Erklärung des Senats von Venedig heißt: »Das, was wir ›la Patria‹ angetan haben, haben wir nur getan, um unseren (den venezianischen; *E. K.*) Staat zu sichern.« Darum also ging es: um den Staat. Denn einerseits war da zwar unzweideutig die Türkengefahr: 1472 erscheinen die osmanischen Heere erstmals am Isonzo und fallen

* Ein kleiner Tip: das Café Zecchino an der Piazza XX Settembre ist kein Café, sondern eine jener fast nur noch in dieser Region anzutreffenden Osterien oder Enoteken, in denen man die hervorragendsten lokalen, aber auch überregionalen Weine zu trinken bekommt, wobei kleinere Imbisse den Durst wachhalten.

** In *Brescia, zum Beispiel,* ist die jahrhundertelange Präsenz Venedigs ebenfalls von größter und noch immer im Stadtbild sichtbarer Bedeutung.

immer wieder, bis zu Beginn des 16. Jahrhunderts, plündernd in die Ebene ein; und Venedig, die Seemacht, hat keine adäquate Landbefestigung. Andererseits aber war der langfristig bedeutendere Gegner das sich ebenfalls staatlich konsolidierende Regime der Habsburger, mit dem Venedig zwar 1521 in Worms Frieden geschlossen und sich Friaul geteilt hatte – aber die Grenzen waren noch immer offen, nicht eindeutig festgelegt, den Machtverhältnissen vor Ort überlassen worden. Zwei benachbarte Staaten, die ihre Territorien zu organisieren, gegeneinander abzugrenzen beginnen mit immer strengerer Rigidität, immer deutlicher sich voneinander absetzend, um die ansässige Bevölkerung konkurrierend – das ist das Thema des italo-österreichischen Nordostens, das seinen tragischen Höhepunkt im Ersten Weltkrieg mit seinem Schützengrabenkampf um buchstäblich jeden Meter Bodens finden wird, und seinen frühesten Ausdruck findet in der rationalen Geometrie der Festungsstadt Palmanova, die explizit den territorialen Anspruch Venedigs als moderner Staat auf ein abgegrenztes bzw. noch abzugrenzendes Staatsgebiet manifestiert. So, wie wir knapp zwei Jahrhunderte später im großen königlichen Palast (s. Caserta) den Architektur gewordenen Ausdruck für die hierarchischen Ordnungsvorstellungen des absolutistischen Staates vor uns haben, so können wir in der Festungsbaukunst der Venezianer (Palma wurde zum vielfach reproduzierten und einschlägig studierten, wenn auch nie wieder in dieser Reinheit und Vollkommenheit erreichten Modell für modernen Festungsbau überhaupt) ein frühes Monument von Territorialstaatlichkeit sehen, dem in der Gegenwart die feste, im extremen Regelfall dann mit Stacheldraht oder auch verminten Elektrozäunen gesicherte Grenze logisch gefolgt ist.

Die »restliche« Geschichte Palmanovas ist relativ rasch berichtet, obwohl – oder weil – in der Tatsache, daß die Festungsstadt eigentlich keine wirkliche bzw. nicht die ihr ursprünglich zugedachte Funktion haben sollte, sich im Grunde das Schicksal Venedigs selbst widerspiegelt. Die Anlagen waren äußerlich kaum vollendet, da begannen die älteren z. T. schon wieder zu zerfallen. Die Festung wurde mehr eine Lagerstadt für Fahrzeuge, Waffen und Munition, als daß sie ein eigenes Leben zu führen vermochte. Obwohl Venedig vieles tat, um wenigstens einen Teil seiner Aristokratie dort ansässig zu machen (Steuervergünstigungen), obwohl es kirchliche Orden zu großzügigen Bedingungen einlud, sich hier niederzulassen, desgleichen Handwerker, schließlich sogar mit dem Gedanken spielte, Strafgefangenen hier eine Art überwachter Freiheit zurückzugeben, kam die Stadt bis zum Ende des 18. Jahrhunderts selten über eine ansässige Bevölkerung von 1 000 bis 2 000 Seelen hinaus. Palma blieb eine große Kaserne und wurde nicht die Zelle für ein Festland-Venedig, es wurde keine zweite Säule venezianischer Staatlichkeit daraus: Venedig als Territorialstaat war im Grunde ein zu großes Projekt. Ihn durchzusetzen hätte eine gesellschaftliche und politische Veränderung der venezianischen Gesellschaft selbst – die Entmachtung der alten, levantinisch-mittelmeerisch orientierten Aristokratie – zur Voraussetzung gehabt, ein Preis, den diese Gesellschaft, bei allem Weitblick und Scharfsinn für die alternative mitteleuropäische bzw. Festlandszukunft, dann schließlich doch nicht zu zahlen bereit oder in der Lage war. Als im April 1797 die Truppen der französischen Revolutionsarmee einrückten, fanden sie eine fast verlassene Stadt vor, erkannten aber sofort deren langfristige Möglichkeiten. Napoleon machte sie zum vorübergehenden Hauptquartier und unterzeichnete hier am 14. Floreal des 5. Jahres der Französischen Republik (3. Mai 1797) die Kriegserklärung gegen Venedig und damit das Todesurteil der Republik: in eben der Stadt, die den Staat einst schützen und ihm eine neue Perspektive hatte geben sollen. Und da Napoleon zugleich Anweisung gab, sämtliche an Venedig erinnernden Staatssymbole (den Markuslöwen vor allem) zu entfernen, erinnert heute auf den ersten Blick sogar relativ wenig an die Mutterstadt; hingegen finden wir im Sockel jenes Mastes im Zentrum des Großen Platzes, der einst die Flagge Venedigs geführt und während der französischen Befreiung-Besetzung zum jakobinischen Freiheitsbaum umfunktioniert wurde, noch heute die Botschaft der Revolution eingeschrieben:

»Volk hier ist Dein Souverän«

»Wer die Rückkehr der alten Sklaverei wünscht, der soll unter diesem Baum geopfert werden«

»Krieg den Tyrannen und Friede allen Völkern«

»Die Brüderlichkeit ist die wesentlichste Konsequenz der Gleichheit, der Freiheit und der Gerechtigkeit«

»Volk, erfreue Dich der Rechte aber vergiß niemals die Pflichten«
»Tue Deinem Nächsten nichts an, was Du nicht willst, daß man es Dir antue«.
Für einige wenige Jahre, nach dem Frieden von Campoformio im Oktober 1797, ging das von den Franzosen nun in ›Neu-Palma‹ umgetaufte Palmanova an Österreich; 1805 zog Napoleon aufs neue hier ein, ließ seine Ingenieure die Festung wieder instandsetzen und sogar noch einen weiteren Verteidigungskranz dazubauen. 1814 wurde es wieder habsburgisch, erlebte 1848 – wie Mailand oder wie Brescia zum Beispiel – den Aufstand seiner Bürger gegen dic österreichische Fremdherrschaft, wurde aber (im Unterschied zu anderen Städten) schlicht durch Aushungern ohne Blutvergießen zurückerobert und blieb bei Habsburg bis zum Frieden von Villafranca nach der Schlacht von Solferino, 1859. Von da an hatte Palmanova als unmittelbare Grenzstadt bis zum Ersten Weltkrieg noch einmal eine militärische Funktion: das erwähnte Museum enthält traurig-grausame Bilder von der Rückkehr der ersten Gastoten und -blinden, 1917, direkt von der nur wenige Kilometer entfernten Isonzofront. – Seit 1960 ist Palmanova »Nationaldenkmal«, d. h. es steht unter Denkmalschutz. In dem vom Präsidenten der Republik unterzeichneten Begründungstext heißt es, daß die Befestigungsanlagen ». . . den Prototyp der Festungswälle der modernen Zeit darstellen, verbunden mit den Erinnerungen an die epischen Kämpfe der Venezianischen Republik gegen Österreicher, Türken und Franzosen, und an den ersten italienischen Unabhängigkeitskrieg . . .«

2. Palladios Villen

Jener – wie die Geschichte Palmanovas zeigt, letztlich doch nur halbherzig unternommene – Versuch Venedigs, Festlandsmacht zu werden, erschöpfte sich weitgehend in der landwirtschaftlichen Nutzbarmachung des Hinterlandes einerseits, im Raubbau an den natürlichen Ressourcen (vor allem des für den Flottenbau lebenswichtigen Holzes) andererseits (vgl. dazu Johann Peter Hebel im Reisebuch I, S. 45). Auf die Bedeutung der großen venetischen Villen haben wir ebenfalls bereits früher hingewiesen (S. 32); allenfalls sei noch einmal auf das Buch von Benthmann/Müller aufmerksam gemacht – schöne Bildbände über die Villen findet man in fast jedem besseren Buchladen. Aber zwischen der »Villa als Herrschaftsarchitektur« und der Festungsstadt Palmanova gibt es einen direkten Zusammenhang: die Festung wird nämlich zu eben der Zeit begonnen, da die große Landnahme abgeschlossen und nun militärisch nach außen abgesichert werden mußte – 1593, wie erinnerlich. In die Jahrzehnte von 1550 bis 1580 hingegen gehören die in ihrer Mischung von herrschaftlicher Monumentalität und intimer Wohnlichkeit einzigartigen Villen, die u. a. der große Palladio hier im Veneto für seine aristokratische Kundschaft baute und damit ein bis in die Gegenwart wirkendes Vorbild für eine ursprünglich ökonomisch begründete Villen- bzw. Wohnungsästhetik schuf (Villa Hügel, Haus Wahnfried), während Palmanova gewissermaßen das Modell für eine militärisch begründete Planungsästhetik wurde. Zu einer Reise ins Veneto gehört darum eigentlich unverzichtbar auch die Bekanntschaft mit »der Villa« – für diejenigen des Andrea Palladio könnte diese schematische Karte hilfreich sein.

Palladio im Veneto

(1) Vicenza: Paläste, Villen, Teatro Olimpico. – (2) Caldogno: Villa Caldogno. – (3) Lonedo: Villa Godi. – (4) Maser: Villa Maser. – (5) Piombino Dese: Villa Cornaro. – (6) Mira: La Malcontenta. – (7) Venedig: Convento Carità, Kirchen S. Giorgio und Redentore. – (8) Fratta Polinese: Villa Badoer. – (9) Montagnana: Villa Pisani. – (10) Pojana M.: Villa Pojana. – (11) S. Sofia di Pedemonte: Villa Sarego. – (12) Fanzolo: Villa Emo.

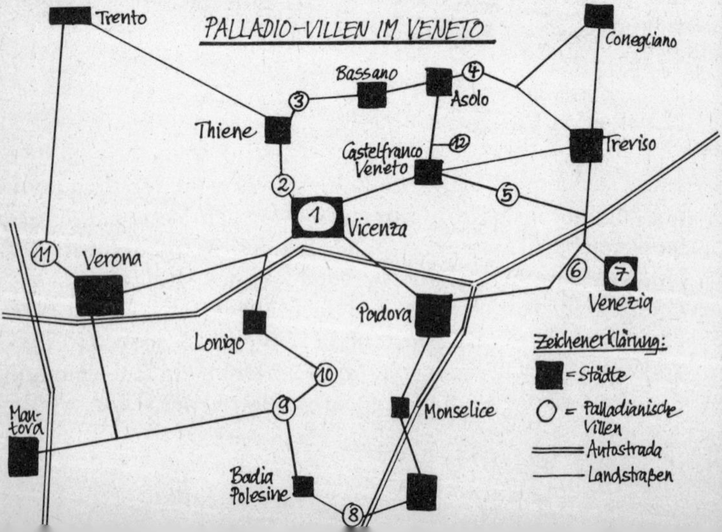

Empfehlenswert wäre ein fester Standort – z. B. Vicenza, die eigentliche Heimatstadt Palladios – von wo aus man Rundreisen unternehmen kann. Nicht alle Villen sind zu besichtigen; die meisten befinden sich in Privatbesitz und sind darum noch bewohnt und nur teilweise und zeitweise zugänglich, andere stehen leer und man muß sich nach einem *custode* erkundigen, der einen dann gegen Bezahlung einläßt.* Aber auch schon der bloße »äußere Anblick« rechtfertigt jeden Aufwand einer Reise. –

3. Antonio Canova

Eine der schönsten dieser Villen – nicht zuletzt wegen ihrer Ausmalung durch Veronese – ist die Villa Maser (gesprochen Masèr), und wenn man dort ist, befindet man sich ganz in der Nähe (eine gute halbe Autostunde) des Städtchens **Possagno.** Thematisch fällt es etwas aus der hier angedeuteten allgemeinen Problematik von »Staat und Grenze« heraus, aber es ist ein Ort, an dem sich ein Stück Kunst- bzw. Kulturgeschichte darstellt: die Heimatstadt von **Antonio Canova.** Wer nicht auf Kunstgeschichte ›spezialisiert‹ ist, dem sagt der Name vermutlich zunächst nichts – Italienern ist er eher vertraut, wenigstens als Name gehört er hier zum allgemeinen Bildungsgut. Canova war der gefragteste und vermutlich auch bestbezahlte Bildhauer der europäischen, vor allem der französischen und der italienischen Aristokratie und Großbourgeoisie zwischen Französischer Revolution, Kaiserreich und Restauration. Er wurde 1757 in Possagno geboren, erhielt seine Ausbildung in Venedig, arbeitete dann mit Erfolg in Rom** und erhielt Einladungen und Aufträge aus London, Petersburg und Wien; u. a. porträtierte er nahezu die gesamte napoleonische Sippschaft (s. auch »Die Brera«). 1815 wurde er vom Papst beauftragt, die von Napoleon geraubten Kunstschätze wie-

* Über die Besichtigungszeiten weiß das offizielle Tourismusbüro Bescheid, Ente Provinciale del Turismo, Vicenza, Piazza Duomo, Tel. 22927, oder Piazza Matteotti, Tel. 28944.

** Sein römisches Studio lag an der heutigen Via Canova, unweit der Piazza del Popolo, zwischen dem Corso und der Via Ripetta; es ist zwar kein Museum, wohl aber schon äußerlich – abgesehen von den unvermeidlichen Gedenktafeln – noch deutlich als Bildhauerwerkstatt erkennbar. Heute befindet sich dort eine private Galerie.

der zurückzuholen. In seinem Alter wurde er zunehmend religiös, entwarf, baute und finanzierte aus seinen eigenen Einkünften ab 1819 für seinen Geburtsort den dem Pantheon nachempfundenen imposanten Tempel und starb 1822 als einer der reichsten und erfolgreichsten Künstler seiner Zeit. Während er seine großen Sammlungen an Zeichnungen und Entwürfen der Stadt Bassano übermachte, überführte sein Bruder und Nachlaßverwalter alle Modelle in das zum Museum ausgebaute Geburtshaus, das – während des Ersten Weltkrieges teilweise zerstört – heute ein in seiner Art einmaliges Dokument des revolutionsklassizistischen Zeitgeistes des frühen 19. Jahrhunderts ist (sein Pendant ist das Thorvaldsen-Museum in Kopenhagen, so wie Thorvaldsen selbst eine Art geistiger Zwillingsbruder seines Zeitgenossen Canova ist; beide arbeiteten auch fast gleichzeitig in Rom). So groß war die Nachfrage nach Canovas Produkten, daß er sich nicht mehr die Zeit nahm, sie selbst in Marmor zu arbeiten, sondern vielmehr perfekte Gipsmodelle anfertigte und diese dann mit einem raffiniert einfachen Drei-Punkt-System von Mitarbeitern bzw. qualifizierten Handwerkern in Marmor ausführen ließ. Und es sind eben diese Gipsmodelle, die in der »Gipsoteca« vor allem zu besichtigen sind. Das mag hier in der kurzen Beschreibung arg gipsern klingen – macht aber im eigenen Augenschein eine ästhetisch wohl ungewöhnliche Erfahrung möglich. Außerdem ist da noch der das ganze Tal beherrschende Tempel (Canova liegt, ebenso wie sein Bruder, hier begraben) und überhaupt eine Landschaft, die in jedem Falle den Abstecher nach Possagno, wie man so sagt, »unvergeßlich« macht. Am Falle des Antonio Canova läßt sich noch ein anderes, wie es scheint »typisch italienisches« Phänomen festmachen: die Treue zur Geburts- oder Heimatstadt, und sei sie noch so klein und unbedeutend. Von den Millionen Emigranten des 19. und 20. Jahrhunderts, die – auch wenn ihn nur wenige realisieren konnten – fast alle den Wunsch hatten, eines Tages, wenn sie ihr »Glück« gemacht hatten, in die Heimat, ins »paese«, das Dorf zurückzukehren, spannt sich der Bogen bis hin zu den berühmtesten Söhnen des Landes: Verdi zum Beispiel kaufte sich, als er längst weltberühmt war, natürlich einen Landsitz in seiner Heimatgemeinde (Busseto, südlich von Cremona; heute ein Museum), ebenso Puccini, der sich zwar nur in der Nähe seines Geburtsdorfes (heute Celle Puccini bei Lucca) eine Residenz baute (am Lago Masaciuccoli bei Viareggio), aber noch als berühmter Mann mit dem Esel dort hinaufritt, um unter seinen Bauern-Nachbarn zu sein. Und so auch unser Canova, der selbst in der Zeit seiner größten Erfolge immer wieder an den Ort seiner Kindheit zurückkehrte, dessen Werke man zwar in den großen Museen Europas findet (von Leningrad über Berlin [das soeben, 1981, noch einen Canova erstand] bis nach Paris etc.), dessen Geist aber vermutlich nirgends so konzentriert und vollständig versammelt ist wie im kleinen und ohne ihn sicher ganz unbekannten Possagno. –

4. Der Erste Weltkrieg

Von hier sind es nur wenige Kilometer auf einer sehr aussichtsschönen Landstraße nach **Bassano del Grappa.** Abgesehen davon, daß dies eine besonders malerische Stadt mit einer der berühmtesten Brücken Italiens ist (sie wurde von Palladio um 1500 entworfen und seitdem immer wieder – zuletzt 1945 – nach den hier schon fast zur historischen Tagesordnung gehörenden Kriegshandlungen rekonstruiert), abgesehen davon, daß das Museum und die Kirchen der näheren Umgebung einige der schönsten Gemälde der Venetischen Malerei enthalten, interessiert für unseren Zusammenhang Bassano vor allem hinsichtlich seiner Bedeutung als Etappe und Kriegsschauplatz in zwei Weltkriegen. An den letzten erinnern zahlreiche Gedenktafeln für die von den deutschen Truppen exemplarisch hingerichteten Partisanen, die ab Herbst 1943 den wichtigen Durchgangsverkehr im Tal der Valsugana (Trento-Bassano) zu stören versuchten. An den Bäumen der Viale delle Fosse, der Viale Venezia, der Via S. Vito und der daraufhin so umgetauften heutigen Straße der Märtyrer (Viale dei Martiri) wurden im September 1944 31 auf dem Berg Monte Grappa gefangengenommene Antifaschisten aufgehängt, weitere 21 erschossen; weitere 140 wurden in den umliegenden Ortschaften gehängt, 603 fielen im Kampf oder wurden erschossen, über 1 000 wurden nach Deutschland deportiert; eine Kirche an der Straße der Märtyrer der Freiheit wurde den gefallenen Partisanen gewidmet. Auch

die Einweihung der mit besonderer Unterstützung aller italienischen Gebirgsjäger, der Alpini, wiedererrichteten Brücke (die Deutschen hatten sie im April 1945 auf dem Rückzug gesprengt) durch de Gasperi im Oktober 1948 wurde hier zu einer patriotischen Demonstration des Widerstandswillens gegen den Aggressor aus dem Norden. Im Ersten Weltkrieg war über diese Brücke der gesamte Nachschub für den Kampf um den Monte Grappa gelaufen, und ihr Bild war und ist ein fester Bestandteil der bis heute gepflegten Kriegsfolklore.
Dieser Erste Weltkrieg, dessen Spuren im Veneto und in Friaul bei genauerem Hinsehen noch immer sichtbar sind und der diese Regionen sehr tief mitgeprägt hat, soll uns hier etwas eingehender beschäftigen. Von Bassano aus findet man – dank einer gar nicht zu übersehenden Beschilderung – leicht die Straße zum **Santuario Monte Grappa** – eine Strecke von rd. 30 km, anstrengend, weil kurvenreich, steil ansteigend und eng in den Fels gehauen. Dies war die eigentliche Nachschubstraße und deshalb ständig von österreichischer Artillerie und Fliegern bedroht. Sie führt aus der idyllischen Ebene mit ihren fruchtbaren Feldern, Villen und Gärten in einer knappen Stunde in eine völlig verwandelte, rauhe und zugleich irgendwie »majestätische« Welt. Der Monte Grappa, unmittelbar oberhalb von Bassano gelegen, ist 1700 m hoch; oberhalb der Baumgrenze, bis weit ins Frühjahr hinein liegt hier noch Schnee (im Winter wird hier viel Ski gefahren, die entsprechenden Hütten und neuerdings auch Lifts sind überall zu sehen) und wird heute gekrönt von einem (1935 eingeweihten) Monumentalfriedhof für die hier und in der unmittelbaren Umgebung 1917/18 gefallenen Soldaten. Warum hier, und worin liegt die Bedeutung dieses Monte Grappa (nach dem übrigens nicht wenige Straßen* im Lande benannt wurden)? Wir müssen uns dazu eine (Nord-)Italienkarte vornehmen und etwas in die Geschichte zurückgehen. Nach den Einigungskriegen des Risorgimento war die alte »Besatzungsmacht« Österreich (in der deutschen politischen Terminologie sprach man, auf Frankreich gemünzt, bekanntlich vom

* Im toskanischen Lucca ist man sogar so weit gegangen, neben dem offiziellen Denkmal für die Gefallenen des Krieges auf einem zweiten Sockel ein Stück Felsbrocken vom Monte Grappa zu montieren (Porta Vittorio Emmanuele/Piazza Verdi).

»Erbfeind«) zwar weitgehend, aber doch nicht ganz auf die deutsche Sprachgrenze zurückgedrängt worden, die ohnehin eine eher künstliche, d. h. staatlich-militärisch gewollte, nicht aber organisch sinnvolle Institution ist. Im Norden (Trient) ebenso wie im Nordosten (Gorizia, Triest) gab es Städte und Grenzgebiete, auf die der italienische Einheitsstaat und seine nationalistischen Theoretiker (Stiller hat in einem seiner Essays über »Die Faschisten« einen von diesen sehr anschaulich dargestellt) Anspruch zu haben glaubten, die »heim ins Reich« sollten, wie das entsprechend in der deutschen Variante hieß. **Cesare Battisti** war z. B. einer jener »Irredentisten« (»irredenta« waren die zu erlösenden Gebiete), der als Italiener im Österreichischen Parlament saß und dort für die Rückkehr nach Italien agitierte; bei Kriegsausbruch begab er sich auf die Seite Italiens, wurde als Soldat gefangengenommen und als Landesverräter bzw. Fahnenflüchtiger erschossen – in Trient erinnern ein weithin sichtbares Burg-Monument und in vielen italienischen Städten Straßennamen und/oder Gedenktafeln an ihn. 1914 war Italien bekanntlich Mitglied des Dreibundes (Deutschland, Österreich-Ungarn, Italien), hielt sich aber bei Kriegsausbruch neutral – jedenfalls scheinbar. Tatsächlich versuchte die Krone (Viktor Emmanuel III.), die Situation zu nutzen, um mehrere Probleme zu lösen: zum einen war die Sabauden-Monarchie traditionell eine Militär-Monarchie; militärisch hatte sie Piemont beherrscht, militärisch Italien geeint, aus dem Militär bezog sie ihre Legitimität, folglich war der Krieg für sie gewissermaßen eine natürliche und selbstverständliche Angelegenheit. Auf welche Seite sie sich allerdings stellen sollte, das machte sie schlicht und einfach davon abhängig, wer mehr zu bieten hatte – und »mehr« hieß: mehr österreichisches Territorium. Zu einigen Konzessionen war Habsburg, um sich den Rücken freizuhalten, bereit – aber es war keine Frage, daß die Gegner Österreichs (die Alliierten: Frankreich und England), weniger Bedenken hatten, für den Fall ihres Sieges österreichisches Gebiet an Italien abzutreten. So entschied sich der König mit seinen engsten Beratern für die Alliierten und schloß (unter Ausschluß nicht nur der Öffentlichkeit, sondern auch des Parlaments und selbst eines Teils der Minister) den geheimen Vertrag von London (26. April 1915) ab, demzufolge Italien spätestens innerhalb eines Monats Österreich den Krieg erklären würde. Innenpolitisch hatte der Kriegseintritt die explizite Funktion, die Hegemonie der Konservativen und der Rechten wiederherzustellen, die durch die liberale Schaukelpolitik Giolittis gefährdet war. Diese Schaukelpolitik war auch das Resultat des Vormarsches der Linken: Im Juni 1914 war es wieder einmal zu gewalttätigen Zusammenstößen zwischen linken Demonstranten und dem Militär gekommen (die »rote Woche«); der Kriegseintritt sollte die nationale Solidarität ›jenseits der Klassen‹ im Interesse von Adel, Krone und rechter Bourgeoisie herstellen. (Der herrschaftstechnische Trick ist überall derselbe: Wilhelm II. erklärte bekanntlich bei Kriegsausbruch: »Ich kenne keine Parteien mehr, ich kenne nur noch Deutsche.«) Zu guter Letzt konnte durch die Art dieses Kriegseintritts als Akt der Geheimdiplomatie ein kleiner Staatsstreich verwirklicht werden: denn der Vertrag von London konnte von Kabinett und Parlament nur um den Preis einer Staatskrise, d. h. einer offenen Desavouierung der Monarchie zurückgewiesen werden, während die Kriegsvorbereitungen bereits voll im Gange waren. Die Geheimhaltung war aber auch deswegen nötig, weil alle Beteiligten wußten, wie unpopulär dieser Krieg im Lande war und daß die breiten Massen, die Arbeiter, Bauern und der untere Mittelstand nur durch Tricks und Propaganda in den Krieg getrieben werden konnten; man mußte vollendete Tatsachen schaffen. So schnell mußte es gehen, daß sogar der verantwortliche Oberkommandierende, der General Cadorna, selbst durchaus ein Kriegstreiber, von der kurzen Frist, innerhalb derer er die Kampfhandlungen aufnehmen mußte, überrascht war. Das hatte katastrophale Folgen: Unter anderem aufgrund der schlecht vorbereitet in den Kampf geschickten Truppen gab es sogleich enorm hohe Verluste an Toten und Verwundeten, bei nur geringfügigen Geländegewinnen, trotz des »Überraschungseffektes«, der Angreifer zu sein. Die Karte Norditaliens – als Weltkriegskarte gelesen – zeigt eine Front, die mehr oder minder der tatsächlichen Grenze von 1914 entsprach: sie lief durch das Städtchen *Monfalcone* (vor Triest gelegen, einst eine hübsche venezianische Hafenstadt mit Glockenturm und Altstadt, 1915/17 zum Trümmerhaufen zerschossen und zerkämpft, heute eine nichtssagende moderne Industrie- und Hafenstadt), westlich von Gorizia, dann den *Isonzo* entlang (heute jugoslawisch), machte dann einen Bogen quer durch die Alpen mit dem tragikomischen Alpenkrieg in den *Dolomiten* (Cortina d'Ampezzo), den Nettelbeck in seiner ganzen Makabrität beschrieben hat, und verlief dann weiter, östlich der Linie Bozen-Trient, um von da zur Schweizer Grenze umzuknicken. Die ersten Kampfhandlungen fanden an der Ostgrenze statt, im sogenannten Karst (im Dreieck Monfalcone-Gradisca d'Isonzo-Gorizia). Die Italiener blieben dort auch bald blutig stecken. Noch heute ist das Gebiet von Überresten dieser Kämpfe sichtbar geprägt (das offizielle Tourismus-Büro »Ente Provinciale per il Turismo«, Gorizia, gibt eine mehrsprachige Wanderkarte für den Karst kostenlos ab, die fast ausschließlich dem Ersten Weltkrieg gewidmet ist). Ein Mann aus Monfalcone hat sich den Beinamen »der gute Maulwurf vom Karst« dadurch verdient, daß er noch immer Überreste von Soldaten aus den Felsspalten herausklaubt und beerdigen läßt – es war ein Kampf um jeden Meter Boden, um jeden Hügel und Felsbrocken. Die hier Gefallenen wurden später zum größten Teil in einer monumentalen (1938!) Grabanlage bei *Redipuglia* bestattet: sie ist selbst von der Autobahn Palmanova–Triest her unübersehbar in einen Karsthügel hineingebaut und enthält die Überreste von 40 000 namentlich bekannten und 60 000 unbekannten Toten; aus der übergroßen Zahl der nicht mehr identifizierbar gewesenen Toten läßt sich indirekt schließen, um welche Massen-Massaker es sich bei diesen Kämpfen gehandelt hat; einzelne Fotografien aus der Zeit zeigen noch die bei den jeweiligen Sturmangriffen niedergeschossenen Menschenhaufen. Das kleine Museum von Redipuglia unterrichtet uns – in der emphatischen Sprache der Heldenehrung – über die 12 Isonzo-Schlachten. Militärisch anscheinend miserabel vorbereitet und ohne Rücksicht auf Menschenverluste gelang es dem Oberbefehlshaber Cadorna bei den ersten 11 dieser Schlachten (Mai 1915 – September 1917), seine Truppen jeweils einige hundert Meter Bodens erobern zu lassen. Noch heute spricht die offizielle Broschüren-Rhetorik emphatisch davon, Italien habe Österreich den Krieg erklärt, »um die eigene Einheit innerhalb seiner legitimen und natürlichen Grenzen zu vollenden«; der Erste Weltkrieg also als Vollendung des Risorgimento. Am Ausgang der Gedenkstätte heißt es: »Oh Ihr Lebenden, die Ihr hinausgeht, wenn für Euch der Ruhm des Vaterlandes nicht dauert und währt, dann sind wir umsonst gestorben.« Wahrscheinlich. Die 12. Isonzoschlacht ging dann unter dem Namen **Caporetto** (heute Kobarid) in die Kriegsgeschichte ein. Caporetto ist heute eine kleine, unbedeutende Ortschaft im malerischen Isonzo-Tal (mit einem »Heldenfriedhof« allerdings), das man entweder von Gorizia oder von Tarvisio aus angenehm, und fast ohne an die Grauen des Krieges erinnert zu werden, durchfahren kann (es liegt allerdings schon in Jugoslawien). Hier gelang den Österreichern (und die italienische Tourismus-Geschichte-Version betont: nur weil sie diesmal deutsche Truppen dabei hatten . . .) am 24. Oktober 1917 der Durchbruch durch die italienische Front und damit einer der größten Siege des ganzen Krieges. Innerhalb weniger Tage und Wochen brach die gesamte norditalienische Front zusammen, wurden Friaul und ein großer Teil des Veneto erobert (Cividale, Udine, Pordenone, Belluno), ehe die italienische Armee – ihrerseits nun durch einige französische und englische Einheiten sowie die ersten Amerikaner zumindest psychologisch unterstützt – den Siegeszug der Mittelmächte am

Piave endlich zum Stehen bringen und sich reorganisieren konnte. Damit brach natürlich auch die absurde Hochalpenfront in den Dolomiten zusammen bzw. mußte aufgegeben werden. Cadorna wurde abgelöst und durch den General Diaz ersetzt, dem es gelang, ein Minimum an Vertrauen in die militärische Führung wiederherzustellen – während nun zum erstenmal politisch-psychologisch das funktionierte, worauf die Kriegsbetreiber von 1915 gesetzt hatten: Italien schien tatsächlich in Gefahr, vom »Erbfeind« Österreich wieder teilweise zurückerobert zu werden. Eine nicht nur von oben produzierte Welle des Patriotismus ging durchs Land, und alle Kriegsanstrengungen konzentrierten sich nun einerseits auf die als unaufgebbar bezeichnete Piave-Grenze und andererseits, noch dramatischer und symbolkräftiger, auf den Monte Grappa. Wer von hier (bei gutem Wetter) einen Blick auf die Ebene wirft, der wird – auch bei minimalen militärischen Kenntnissen – leicht feststellen, daß dieser Berg in der Tat die letzte Bastion darstellt, ehe man in die ohne ihn schutzlose Ebene gelangt. Nach allen Zeugnissen wurde der Kampf hier mit besonderer Leidenschaft und Intensität geführt. Die trutzburgartige Monumentalität des Ehrendenkmals (von demselben Architekten wie Redipuglia entworfen) bezeugt dies ebenso wie die Pathetik der Sprache und der bis in die Schulbücher der Gegenwart fortgesponnene Mythos vom Monte Grappa als letztem Bollwerk zur Verteidigung der italienischen Freiheit. Auch hier zeigen die Zahlen, um welches anonyme Massenschlachten es sich dabei gehandelt hat: von den 12 615 bestatteten Gefallenen gelten 10 332 als unbekannt, als nicht identifizierbar – während der kommandierende General G. Giardino, 1935 friedlich gestorben, gewissermaßen überlebensgroß identifiziert sein Grab in der Mitte dieser stummen Riesenbühne hat. Im übrigen reichte selbst diese den ganzen Gipfel bedeckende Anlage (darunter liegt ein kilometerlanges, verzweigtes Tunnelsystem, von dem aus der Berg nach allen Seiten hin mit Geschützen verteidigt wurde, die »Galleria Vittorio Emanuele III«) nicht, um alle Toten dieses einen Jahres (November 1917 – Oktober 1918) aufzunehmen; in Bassano wurde noch eine weitere Kirche mit einem Gebeinhaus diesem Zwecke gewidmet. – Bei der Fahrt von Bassano auf den Grappa-Gipfel kommt man auf halber Strecke an einer antiken Säule (s. Abb.)

vorbei; sie wurde 1920 von der Stadt Rom gestiftet, um den Punkt zu markieren, bis zu dem die österreichischen Truppen während ihrer letzten Offensive im Juni 1918 am weitesten in italienisches Territorium vorgedrungen waren. Der möglicherweise ungeduldige Reisebuch-Leser mag sich fragen, warum er hier Krieg, Weltkrieg und Soldatenfriedhöfe, einschließlich einer kurzgefaßten italienischen Geschichte vorgeführt bekommt, warum er ausgerechnet auf Monte Grappa oder Redipuglia sehen oder eine Karstwanderung auf Weltkriegsspuren machen soll. Nun, abgesehen von den dabei entdeckbaren und alles in allem ungewöhnlichen, weil »untypischen« landschaftlichen Schönheiten (außerdem ißt man im Veneto vorzüglich und trinkt hervorragende Weine), sollte man beobachten, wer zu diesen Stätten der nationalen Heiligtümer wallfahrtet. Ganze Busse voller gutsituierter Bürger von weither, ehemalige Alpini (noch im reifen Alter mit ihrem Alpenhut und der Feder herumlaufend), aber auch nonnengeführte Schulkinder und individuelle Touristen in guten Autos – aber keine Ausländer, nicht der Bildungstourist mit dem üblichen TCI-Führer (italienischer Tourismus-Verband) in der Hand, auch wenig junge Leute, sicher niemand mit 2 CV, Fiat 500 oder gar per Autostop. Hier trifft sich das konservative, das nationale, das »rechte«, patriotische Italien, das es eben auch gibt und das zu diesem Lande gehört. Anders herum gesagt: Italien besteht in seiner jüngsten Geschichte nicht nur aus antifaschistischem Widerstand, sondern es hat auch seinen eigenen Patriotismus, Nationalismus, ja Militarismus, auch wenn der nicht so gesamteuropäisch relevant und zerstörerisch wurde wie der deutsche. Mehr noch, wir wissen – oder glauben zu wissen

–, daß die Italiener schlechte Soldaten seien (was in deutschen Augen offenbar ein Mangel ist); die Schlachten des Ersten Weltkrieges zeigen vielmehr ein komplexeres Bild, nämlich das einer z. T. korrupten, z. T. inkompetenten militärischen Führung, die von den Geführten vor allem darum gehaßt und verachtet wurde, so wie man auch heute der politischen Klasse (mit Recht) jedwede Schlitzohrigkeit zutraut (»piove – governo ladro«, es regnet – die Regierung stiehlt, heißt ein neapolitanisches Wort, das jeder kennt und fast jeder für richtig hält). Nach Caporetto kam es zu zahlreichen Meutereien, zur Fahnenflucht bzw. kampflosen Kapitulation ganzer Einheiten,* aber schon vorher zu Erschießungen von unbeliebten Offizieren, Befehlsverweigerungen etc. Der spätere sozialistische Abgeordnete und wichtige Repräsentant der sardischen Autonomiebewegung der 20er Jahre, Emilio Lussu, hat darüber ein eindrucksvolles, leider nicht übersetztes, dokumentarisches Buch geschrieben (»Un anno sull' Altipiano«, Einaudi). Aber es wäre wie gesagt falsch, sich ein Bild von den Italienern zu machen, das nur aus militanten Antifaschisten, aus Kriegssaboteuren und Klassenkämpfern des städtischen oder ländlichen Proletariats bestünde. Der heroisierende Appell an die »Werte« des Grabenkämpfers von 1915/18 wird bis heute noch bemüht: als ich mir im Mai 1981 die – sehr schlichte – Gedenkstelle anschaute, die vor zwei Jahren an jener Stelle errichtet worden war, wo Ernest Hemingway am 8. Juli 1918 verwundet wurde (in **Fossalta di Piave**), entdeckte ich zu meiner Überraschung gleich daneben einen Gedenkstein mit dem an zahlreichen alten Ehrenmälern wiedergegebenen Sinnspruch des General Diaz von den singend in den Kampf ziehenden und singend aus ihm zurückkehrenden Soldaten des letzten Aufgebots, Jahrgang 1899; er war aus frischestem Kalkstein gehauen, und der Zement des Sockels war noch feucht.

Apropos **Hemingway:** er hat diesen Streifen des Veneto wie wenige andere Gegenden der Welt wiederholt besucht und beschrieben. Venetien steht in seinem Werk gleichberechtigt neben Spanien, der Karibik und Afrika, und sein nur

* Der später berühmt gewordene Erwin Rommel war bei diesen Kämpfen dabei, schrieb sein erstes Buch darüber und behauptet, die Überläufer zu den deutschen Truppen mit dem Ruf »Viva Germania« seien ehemalige Gastarbeiter gewesen.

scheinbar autobiographisches Buch »In einem anderen Land« (A Farewell to Arms) hat die Niederlage und Flucht von Caporetto zum dramatischen Höhepunkt. Daß »Henry« sich durch einen Sprung in den Piave und durch Untertauchen vor der Erschießung gerettet hat, erscheint angesichts des Flusses heute höchst unglaubwürdig, denn der Piave ist nicht viel mehr als ein breites Schotterbett mit einem dünnen Flußrinnsal. Der Grund dafür sind die großen Staudämme an den Alpenausgangstälern, die in den 50er Jahren gebaut wurden: der »dem Vaterland heilige Fluß« (Il fiume sacro alla patria – so steht es u. a. an einigen Piavebrücken geschrieben) ist heute nur noch ein trauriger Rest von dem, was er einst war. Dasselbe gilt auch vom Tagliamento, wo Hemingway den größten Teil seines zweiten hier spielenden Romans (»Über den Fluß und in die Wälder«) niedergeschrieben haben soll.
Der nationalstaatliche Zynismus, mit dem der Krieg begonnen worden war (während den Leidtragenden, den Soldaten in den Schützengräben, nicht ohne Erfolg beigebracht wurde, es gehe um die Verteidigung der Heimat), hielt sich bis ans Ende. Nach dem Fehlschlag der Juni-Offensive Österreichs 1918 war es nur eine Frage der Zeit, wann es zum Waffenstillstand und zum Verhandlungsangebot kommen würde; die italienische Öffentlichkeit, vor allem die der sozialistischen Partei, aber auch liberale Journalisten und nicht zuletzt der Vatikan forderten ein Ende der sinnlosen Schlächtereien. Die Scharfmacher und alle die, die im Krieg ein Mittel zur gesellschaftlich-ideologischen, autoritären Transformation Italiens gesehen hatten, fürchteten nichts mehr als eben einen solchen Kriegsabbruch. Im August 1918 unternahm D'Annunzio mit einer Staffel seinen spektakulären Propagandaflug über Wien, um dem Krieg italienischerseits einen neuen patriotischen Auftrieb zu geben. Anfang Oktober 1918 kamen die deutschen Kapitulationsangebote, Mitte Oktober begann das Habsburger Reich auseinanderzufallen. »Wenn es zum Waffenstillstand kommt noch vor unserer Offensive, so wäre das eine Katastrophe«, erklärte Premierminister Orlando. Man wollte um jeden Preis als militärischer Sieger in die Friedensverhandlungen eintreten. Also mußte noch einmal zum Kampf gegen einen bereits strategisch geschlagenen Gegner angetreten werden: 24 700 Tote kostete allein am Monte

Grappa diese am 24. Oktober 1918 ausgelöste Offensive, die unter dem Namen des Sieges von **Vittorio Veneto** in die italienische Geschichte eingegangen ist. Das Siegesbulletin des Oberkommandos, in Erz gegossen und per Dekret an allen Rathäusern des Landes angebracht, trägt das Datum des 4. November: der ohnehin »gewonnene« Krieg wäre ohne ein solches Bulletin polit-psychologisch wenig wert gewesen, irgendwie mußte es sich doch gelohnt haben, daß von 5½ Millionen Soldaten fast 700 000 getötet wurden und 1½ Millionen als Invaliden nach Hause zurückkehrten. Vittorio Veneto, heute ein stiller, sauberer Erholungsort, führt am Stadteingang eine stilisierte Bronzefigur mit dem Profil der Nike von Samothrakis, auf dcm Rathausvorplatz jedoch finden wir eine der ganz wenigen nicht heroisierenden Denkmäler mit einer Bronzegruppe – sie stammt allerdings erst aus dem Jahre 1968.
Der Waffenstillstand wurde dann in der Villa Giusti (Mandria, zwischen Padua und Abano) geschlossen – in Padua war nach dem Fall von Udine das italienische Hauptquartier, einschließlich des Königs, untergebracht – und alljährlich findet hier am Siegestag, dem *4. November,* eine Erinnerungsfeier statt: es ist dies der einzige Tag, an dem die Besitzer der Villa ihr historisches Haus für das Publikum öffnen. Wenn ein Reisebuch-Benutzer zufällig an diesem Tage in der Nähe sein sollte . . .

5. Triest

Dem zum Hafen sich öffnenden Platz der Einheit (»Piazza dell'Unità) ist eine breite Promenadenstraße vorgelagert. Sie trägt den Namen des 3. November: an diesem Tag im Jahre 1918 machte das italienische Kriegsschiff »Audace« hier fest, empfangen von einem Freudentaumel der Bevölkerung – Triest wurde italienisch. »Italien kommt!« so schrieb ein bekannter Journalist an diesem Tage. »Es kommt in Waffen gegürtet, vom Siege gekrönt, den Ölzweig des Friedens in der starken Hand. Fast zerspringt uns das Herz bei diesem Anblick, ähnlich dem der Madonnen unserer größten Maler über den Altären, so schön erstrahlt es im göttlichen Licht. Wir werden von Deinen Söhnen die sein, die Dich am meisten lieben, so wie Du weißt, daß wir

Dich immer geliebt haben.« Das war Ende 1918. Heute, zu Beginn der achtziger Jahre, lesen wir mit Spraydosen an die Mauern geschrieben den Slogan: »Italia Vattene« – Italien hau' ab. Mit dieser und anderen ähnlich schlichten Parolen wurde 1978 die Liste »Für Triest« mit dem Symbol einer Melone (!) auf einen Schlag die stärkste Fraktion im Stadtparlament (gegen die DC vor allem, die Linke ist in Triest aus noch zu erklärenden Gründen seit jeher schwach) und stellte daraufhin den Bürgermeister. 60 Jahre liegen zwischen diesen beiden Daten. Triest repräsentiert – wenn der inflationierte Begriff gestattet ist – ein Stück tragischer Geschichte Mitteleuropas und moderner Staatlichkeit mit ihrer einer widersinnigen Logik folgenden Grenzziehung.

Es gibt in Italien mehrere sterbende Städte (und in der Geschichte noch mehr tatsächlich gestorbene); eine davon, der vermutlich traurigste Fall, ist Neapel. In der nördlichen Adria hingegen finden wir deren drei: die erste ist bereits vollständig Gegenstand der Archäologie geworden, nämlich **Aquileia.** Touristisch gesprochen gebührt ihr ein Stern in den Reiseführern. Im Römischen Reich gehörte Aquileia zu den zehn wichtigsten Städten des Imperiums (und die nur teilweise durchgeführten Ausgrabungen zeigen das eindrücklich), im 4. Jahrhundert wurde sie ein wichtiger Bischofssitz (siehe die Mosaiken in der großen, heute isoliert dastehenden Basilika), dann lief ihr das dynamische Venedig den Rang ab: für mehr als einen großen Hafen und Umschlagplatz nach Norden war hier kein Bedarf. Seit dem 18. Jahrhundert ist **Venedig** als zweite Stadt auf der Sterbeliste – allerdings gelang es den Venezianern, den ökonomischen und politischen Verfall zu kompensieren, indem sie ihre Stadt attraktiv machten für die vergnügungshungrigen Mitteleuropäer (Stichwort »Karneval«): aus den Aristokraten des 18. und den reichen nordeuropäischen Bürgern des 19. ist der Massentourist des 20. Jahrhunderts geworden, aber so hat Venedig parasitär immerhin überlebt und sich uns als kleines Wunderwerk, das es ist, trotz allem erhalten (vgl. Reisebuch 1, Venedig-Kapitel).

Die dritte dieser sterbenden Städte ist eben **Triest.** Seine lange erst römische, dann mittelalterlich-christliche, dann venezianische Geschichte wird für unser Verständnis relevant zu Beginn des 18. Jahrhunderts. Seit 1383, als sich die mächtigen Herrscherfamilien der Stadt dem Schutz der

Habsburger unterstellten (um der Unterwerfung durch Venedig zu entgehen, das damals, mit seiner Strategie der Beherrschung der »terra ferma« begonnen hatte), war Triest österreichisch. Und es war damit nicht schlecht gefahren. Zu Beginn des 18. Jahrhunderts, mit der neuen ökonomischen Politik der Territorialstaaten, genannt »Merkantilismus«, entdeckte man in Wien den spezifischen Nutzen dieser Stadt als Adria-Hafen des Habsburger Imperiums. Karl VI. erhob Triest 1719 zum Freihafen, aber es waren danach vor allem die Regierungen Maria Theresias und Josephs II., die sich aktiv für die Stadt einsetzten, Kapital anzogen und dem mittelalterlichen Stadtkern (heute am Fuße von S. Giusto noch z. T. erhalten: rechts oberhalb der Piazza Unità, wenn man mit dem Rücken zum Hafen steht, also um S. Maria Maggiore herum, Piazetta Barbacan) einen ganz neuen, rechtwinklig-modernen Stadtteil an die Seite stellten. Sie ließen Molen bauen und einen Hafenkanal (Via Rossini/Via Bellini) anlegen, gekrönt von einer klassizistischen Kuppelkirche, die sich im Hafenbecken spiegelte (später ist dieses leider zugeschüttet und zu einem funktional unsinnigen Platz geworden). Mit diesem theresianischen Viertel, das noch immer seine organische Einheit aus dem Geiste frühkapitalistischer Modernisierung, der ›Revolution von oben‹, bewahrt hat, beginnt der Aufstieg – und die spätere Tragik – der Stadt, die von 7 000 Einwohnern 1735 auf 30 000 um 1800 und auf 180 000 um 1900 anwuchs. Es war eine kosmopolitische Stadt: kulturell und »ethnisch« ganz zweifellos eine italienische Stadt, aber als mediterranes Handelszentrum, als der wichtigste Mittelmeerhafen des Habsburger Reiches, zugleich auch eine Stadt voller Minderheiten: Griechen, Juden, Österreicher und als arbeitende Bevölkerung Slawen aus dem Hinterland des Karstes lebten hier. Ihren größten wirtschaftlichen Aufschwung erlebte Triest im 19. Jahrhundert. Die schönsten Bürgerpaläste stammen aus der 1. Hälfte (Palazzo Carciotti, z. B., am Kanal, Via Bellini, 1805; die das Panorama beherrschende Kirche S. Antonio Taumaturgo, 1825-49), die großzügige Öffnung der Piazza Unità zum Hafen hin (bis 1918 »Piazza Grande«) mit ihren Regierungs-, Handels- und Versicherungspalästen aus der 2. Hälfte des vergangenen Jahrhunderts. Der tempelartig angelegte Palast der Alten Börse (Piazza della Borsa, 1806)

mit seiner kaiserlichen Widmung faßt das, was Triest für Habsburg ein Jahrhundert lang war, architektonisch symbolträchtig zusammen: eine von Wien gewollte und dessen wirtschaftlicher Expansion dienende Stadt des Kommerzes. Ohne Habsburg wäre aus Triest nicht jene Handels-, Hafen- und Kulturstadt geworden, jenes Bindeglied zwischen Mitteleuropa und Italien; auch wer nur zwanglos durch die Straßen schlendert, sich in den Cafés niederläßt, durch die Viale XX Settembre bummelt etc., kann nicht umhin, den österreichischen Charakter dieser alten Metropole wahrzunehmen.
Und doch wurden in der Begeisterung des »Anschlusses« von 1918 z. B. so gut wie alle an Österreich erinnernden Namen getilgt (aus den Molen S. Carlo und S. Teresa wurden Audace und Fratelli Bandiera [vgl. Reisebuch 1], an den Häusern wurden Gedenktafeln zur Erinnerung an die antiösterreichischen Patrioten des 19. Jahrhunderts, vor allem an die Aufstandsversuche vom März 1848, angebracht – ein Traum von der Heimkehr ins Vaterland war verwirklicht worden. Es ist bis heute ein Traum geblieben. Denn die rauhe Wirklichkeit war (und ist) die, daß Italien Triest nicht braucht: es verfügt selbst über genügend Häfen und braucht sicher keinen zusätzlichen an der Adria. Triest hatte als Stadt nur einen Sinn für Habsburg, seinen eigentlichen Schöpfer. Und die Triester wissen (oder spüren) das auch, was zu einem ganz eigentümlichen (zugegebenermaßen für den Besucher der Stadt, wenn er niemanden dort kennt, schwer festzumachenden) gespaltenen Bewußtsein geführt hat, das sich vor allem heute in historischer Nostalgie äußert: man weiß (oder spürt), daß man 1918 einen Fehler gemacht hat mit dem begeisterten Anschluß an Italien. Kulturell und sprachlich ist und bleibt die Stadt eindeutig italienisch – aber ökonomisch gehört sie nach Mitteleuropa, ist ihr z. B. München näher als Mailand, hätte sie sich nicht so leichtfertig oder arrogant vom slawischen Hinterland abtrennen sollen. Jugoslawien hat inzwischen seinen eigenen Adria-Hafen modern ausgebaut, nämlich das noch 1918 (vgl. D'Annunzio) umstrittene Fiume, heute Rijeka, und nimmt damit Triest viel Verkehr weg: Rijekas Umschlag wächst, der von Triest fällt ständig. Natürlich kann man sich fragen, ob Triest 1918 wirklich eine Alternative hatte. Österreich-Ungarn gab es nicht mehr; mögli-

cherweise hätte im neuerstehenden Königreich Jugoslawien die italienische Händlerklasse, die triestinische Bourgeoisie mit ihren internationalen Geschäftsverbindungen, eine fruchtbare Funktion übernehmen können. Aber eine solche Alternative wurde auch nicht einmal hypothetisch erwogen von einer Bevölkerung, die sich italienischer fühlte als die Italiener selbst und die auf die Slawen mit mehr oder minder offener Verachtung herabsah. Ideologie – d. h. kulturelles Selbstverständnis – und Ökonomie – d. h. die materielle Basis der eigenen Existenz – gehörten und gehören zwei durch den ›Großen Krieg‹ auseinandergerissenen Bereichen an – darum die ›gespaltene Persönlichkeit‹ von Triest, ihre Nostalgie fürs alte Österreich. Einen Punkt gibt es, wo man das noch sichtbar festmachen kann: in der Einkaufspassage eines anderen der großen frühen Bürgerpaläste, dem **Tergesteo** (1836). Hier versammelt sich nicht nur das Triest der alten, wohlhabenden Bürger zum wienerisch anmutenden Kaffee (ein Drittel der Bevölkerung besteht aus Pensionierten!), sondern wir finden da auch eine große Buchhandlung, die ein ganzes Fenster ständig der triestinisch-österreichischen Geschichte bzw. den neuesten Publikationen auf diesem Gebiet widmet: Franz Joseph, Maria Theresia, Wien, Triester Admiräle in der österreichischen Mittelmeerflotte usw. Und außerdem kann man hier Aufkleber mit dem Stadtwappen des österreichischen Triest »(1383-1918)« erstehen: der Doppeladler, bis vor 60 Jahren Symbol der Unterdrückung und Fremdherrschaft, ist hier wieder zu Ehren gekommen. Und auch in der Umgangssprache drückt sich das aus: man spricht, ganz selbstverständlich, von »den Italienern« im Unterschied zu »uns Triestern«.

Der Spaziergang durch die breiten und angenehmen Straßen und über die großen Plätze der Stadt enthüllt aber doch noch einiges mehr über diese auf ihre Art einmalige Stadt. Hilde Spiel läßt ihre schöne Erzählung von »Mirko und Franca« sehr treffend beginnen mit dem Kauf einer Jacke seitens des jugoslawischen Grenzgängers Mirko: die Hunderte von fliegenden Kleider- und Schuhständen, von Jeans- und billigen Lebensmittelläden, spezialisiert auf fest verpackten Massenkonsum, rund um die **Piazza Ponte Rosso** kann man (wochentags) gar nicht übersehen. Triest ist das bevorzugte Einkaufszentrum für Jugoslawen, die nicht nur von der anderen Seite der Grenze oder aus dem Karst, sondern mit Bussen von weither, z. T. sogar bis aus Montenegro hierher kommen. Seit die Grenze (seit fast 20 Jahren) offen ist, hat Triest in der jugoslawischen Kundschaft eine wichtige Einnahmequelle entdeckt. Persönliche Erfahrung: auf einer Parkbank liegt eine alte und zugleich altmodische Hose; mein Freund behauptet, die sei von einem Jugoslawen, der sich eine neue gekauft habe. Skeptisch mache ich beim nächsten Mal die Probe: gleich am Hafen an der **Riva Mandracchio,** dort, wo wochentags die jugoslawischen Busse ankommen, liegen unter einem Busch zwei, drei Paare alter Schuhe – ich schaue hinein und finde in der Tat slawische Herstellernamen. Aber das tatsächliche Hinterland Triests für diese Waren ist sogar noch größer: ein guter Teil Südosteuropas wird von hier – über die verschiedensten Kanäle – mit den begehrten Jeans, mit Kaffee, mit Schuhen usw. »versorgt«. Obwohl derart vom slawischen Markt abhängig, sehen die Triester in diesen Kunden nur ihre Vorurteile gegen die »primitiven Slawen« im allgemeinen und »die Kommunisten« im besonderen bestätigt.

Auch das hat seine lange und wiederum von tragischen Aspekten nicht freie Geschichte, die tief im Bewußtsein und z. T. in Gedenktafeln und Monumenten der Stadt eingegraben ist. Die Gedenktafel (im Säulengang des Rathauses, **Municipio,** an der Piazza Unità), die die Schicksalsjahre angibt, für die der Stadt 1948 und dann, erneut, 1956 die »Goldmedaille« für patriotischen Heroismus, den ›Dienst am Vaterland‹ verliehen wurde, sieht so aus: **1848-1870** (die Jahre des sich hinziehenden offenen und verdeckten Kleinkrieges zwischen der proitalienischen, liberalen Bourgeoisie und der österreichischen Regierung), **1882** (fehlgeschlagenes Attentat von Guglielmo Oberdan auf Kaiser Franz Joseph; seine Hinrichtung macht O. zum Nationalhelden – Straßen in den meisten italienischen Städten wurden nach ihm benannt), **1915-18** (die Kriegsjahre, während denen Triest unmittelbare österreichische Etappe war), dann aber vor allem **1943-47** und wiederum **1948-54:** Während des Zweiten Weltkrieges hatte Triest eine nicht unbedeutende antifaschistische und antideutsche Widerstandsbewegung. Nach der Bildung der Republik von Salò, 1943, hatte das Deutsche Reich Triest und Hinterland, einschließlich Friaul, nicht etwa Mussolini überlassen, sondern als »Adriatisches Küstenland« zu einem großdeutschen Gau mit Gauleiter (Sitz in Gorizia) gemacht; das erleichterte zweifellos den Widerstand, der folglich nicht nur ›linker‹, sondern relativ breiter, auch bürgerlich bis konservativer Widerstand war. Als deutscher Gau kam dann Triest zu der zweifelhaften Auszeichnung, daß hier als einziger Stadt auf italienischem Boden ein Konzentrations- und Vernichtungslager (wenn auch nicht in den Dimensionen von Auschwitz etc.) errichtet wurde, nämlich in einer ehemaligen Reisfabrik; die **Risiera di San Sabba** (zu finden auf dem Wege zum Stadion, dann beschildert) ist heute eine Gedenkstätte mit Museum und hat noch Mitte der siebziger Jahre zu Polemiken und 1976 zu einem verspäteten Prozeß geführt; es war der einzige italienische ›KZ-Prozeß‹.* – Im April 1945 kam es zu einem buchstäblichen Wettlauf zwischen den italienischen Partisanen und den westlichen Alliierten einerseits und den jugoslawischen Partisanenverbänden andererseits um die Befreiung Triests von den Deutschen. Verständlicherweise wollten diese sich lieber den Alliierten als den Tito-Partisanen, genannt die »Titini«, ergeben (was ihnen auch gelang), andererseits waren letztere 40 Tage lang Herren der Stadt, ehe sie sich den Abmachungen beugten und die Stadt Triest den Italienern zurückgaben. Diese Wochen sind ein dunkles Kapitel. Die italienischen Partisanen gingen faktisch wieder in den Untergrund, es kam zu zahlreichen Kämpfen zwischen ihnen und den »Titini«, welche – nicht ganz zu unrecht – in den Italienern die Verbündeten der Westmächte und in diesen wiederum erklärte zukünftige Gegner des sozialistischen Jugoslawien sahen. Das Erbe dieser Wochen ist Bitterkeit und Haß. Angeblich wurden 2–4 000 Italiener von den Jugoslawen erschossen oder deportiert ohne Wiederkehr: zwar war sicher ein guter Teil von diesen Faschisten, denen man Vergehen gegen die slawische Bevölkerung nachsagen konnte (Italien hatte bekanntlich 1941 Jugoslawien den Krieg erklärt und vor allem die Küste

* Die nationalistische Justiz von Triest wußte es zu verhindern, daß daraus auch ein Prozeß gegen die eigenen Kollaborateure wurde. Als reiner Strafprozeß führte er lediglich zu einem »Lebenslänglich« für den deutschen Kommandanten Joseph Oberhauser, der, da die italienische Regierung nicht seine Auslieferung beantragte, weiterhin ungestört in München Bier verkauft . . .

besetzt gehabt), aber wahrscheinlich sollte damit auch eine slawenfeindliche politische Klasse liquidiert werden, ehe über die Zukunft der Stadt entschieden wurde. Von hier rührt der tiefe Antikommunismus Triests (und die Schwäche der linken Parteien). Hoch über der Bucht erhebt sich ein unübersehbares, dreieckiges Monumentalgebäude: es ist ein noch 1967/68 mit Blick auf das heidnisch-kommunistische Jugoslawien als Mahnzeichen für alle dort »unerlösten« Katholiken errichtetes *Santuario,* theoretisch von der Diözese Triest, faktisch aber aus der Provinzkasse bezahlt. Als die Stadt 1947 wieder zu Italien kam, war damit die Triestfrage noch keineswegs beigelegt, denn Triest besteht nicht nur aus der Stadt selbst, sondern auch aus einem Hinterland – maximal der Halbinsel Istrien. Jenes Hinterland war – zum Zwecke späterer Regelung dieser Streitfrage – in eine engere Zone A und eine weitere Zone B geteilt worden, und beide Zonen wurden von Italien und Jugoslawien gleichermaßen beansprucht. Es bedurfte erst des Ausschlusses Jugoslawiens aus dem Ostblock und des damit verbundenen Interesses des Westens, diese Konfliktzone zu entspannen, damit man zu einer Lösung kam: da Jugoslawien nun nicht mehr Teil des Ostblocks war, hatten die USA vor allem kein Interesse mehr daran, die italienische Forderung auf beide Zonen als Waffe im Kalten Krieg zu unterstützen; umgekehrt konnte auch Jugoslawien ohne die Rückendeckung der Sowjetunion nicht mehr mit auch nur einiger Aussicht auf Erfolg seine Ansprüche auf das gesamte Hinterland bis an die unmittelbare Stadtgrenze durchsetzen. Folglich kam es zu dem – heute so ganz und gar logisch erscheinenden – Kompromiß von 1954, mit dem die Zone A zu Italien bzw. Triest kam, die Zone B jedoch bei Jugoslawien blieb, das sie ohnehin bereits de facto integriert hatte. Und mit diesem Ende des Triestkonfliktes beginnt auch die zweite Etappe des ökonomischen Niederganges der Stadt, denn nun, nachdem Triest keine Funktion mehr hatte im Machtpoker des Kalten Krieges als ein Bollwerk des Freien Westens etc., verlor der Westen und verlor Italien selbst sein Interesse an ihrem Schicksal.

Äußerlich ist der Niedergang nicht leicht wahrzunehmen, außer in der sichtbaren Überalterung der Bevölkerung. Die Jugendlichen ziehen weg, so bald sie können (Triest und Provinz schrumpfen seit mehr als zehn Jahren; derzeit

260 000 Einwohner in der Stadt, zusammen mit der Provinz knapp 300 000), das Drogenproblem ist mehr als akut, aber die große Mehrheit der Triester lebt immer noch im vorzüglich alten, relativen Wohlstand in neugebauten Villen an den zersiedelten Hängen der Bucht. Einen Teil ihres Wohlstandes bezieht die Stadt aus einem ganz besonderen ›Gewerbe‹: seit dem ersten Drittel des 19. Jahrhunderts ist Triest eine Art Hauptstadt des Versicherungswesens. Auch heute noch sind einige der größten italienischen Versicherungen (Feuer, Diebstahl, Autos etc.) hier angesiedelt, und da ihnen Stadt und Zentralregierung für diesen Standortnachteil Steuernachlässe und verschiedene Vergünstigungen gewährten, werden sie vorläufig auch hier bleiben. Ihre großen Paläste im Stil der frühen Gründerzeit (allen voran das Gebäude des **›Lloyd di Trieste‹** an der Piazza Unità) fallen jedem Spaziergänger ins Auge. Auch dies ein Erbe der Habsburger Blütezeit: die italienische Gesellschaft mit ihrer Spätindustrialisierung und -modernisierung hat sich nur sehr spät (und im Vergleich etwa mit Deutschland noch immer ›unterentwickelt‹) mit der Institution Versicherung angefreundet; man bedenke, daß die obligatorische Unfallversicherung für Autos erst wenige Jahre alt ist – und gegen schlechtes Urlaubswetter, wofür man in Deutschland ja neuerdings auch noch eine Versicherung abschließen kann, braucht man hierzulande ohnehin keine Garantien . . .
Sicher wird und muß ein Spaziergang auch zum **Colle di San Giusto** führen. Hier begegnet man allen »Schichten« der Triester Geschichte: den römischen Überresten, der mittelalterlichen Kathedrale und dem Kastell (in dem sich im April 1945 die letzten Deutschen bis zur Ankunft der neuseeländischen Truppen gegen die »Titini« verteidigten), der habsburgischen Zeit begegnet man hier weniger (die setzte sich ihr Monument in den neuen Stadtteilen), dafür aber dann den vielen Opfern von Krieg und Widerstand in der gartenbaulich gelungenen Auffahrtsstraße. Der Hügel selbst wurde vor allem in der faschistischen Zeit monumental gestaltet (Denkmal für die »Anschlußkämpfer« des Ersten Weltkrieges). Im kleinen Friedhof befindet sich das (heute leere) klassizistische Grabhaus von **Johann Joachim Winckelmann.** Er war auf der Rückkehr nach Rom von einer vorzeitig abgebrochenen Triumphreise nach Deutschland hier in Triest von einem vorbestraften Dieb und

Zuhälter, der sich ihm irgendwie angeschlossen und vertraut gemacht hatte, am 8. Juni 1768 ermordet worden. Winckelmann, 1717 in Stendal/Sachsen-Anhalt geboren, war Wahlrömer und eine der bedeutendsten Figuren der europäischen Geistesgeschichte des 18. Jahrhunderts, der erste wissenschaftliche Historiker der klassischen Kunstgeschichte. Goethe notierte in seinem Tagebuch: »Dieser ungeheure Vorfall tat eine ungeheure Wirkung; es war ein allgemeines Jammern und Wehklagen, und sein frühzeitiger Tod schärfte die Aufmerksamkeit auf den Wert seines Lebens. Ja, vielleicht wäre die Wirkung seiner Tätigkeit, wenn er sie auch bis in ein höheres Alter fortgesetzt hätte, nicht so groß gewesen, als sie jetzt werden mußte, da er, wie mehrere außerordentliche Menschen, auch noch durch ein seltsames und widerwärtiges Ende vom Schicksal ausgezeichnet worden.« Sein Mörder wurde verurteilt, »lebendig von oben bis unten gerädert zu werden, auf daß die Seele vom Körper getrennt werde, und alsdann soll Euer Kadaver auf dem Rad ausgestellt bleiben«. Das Urteil wurde auf der Piazza San Pietro vor derselben Osteria Grande vollstreckt, in der der Mord stattgefunden hatte: beide, das Hotel und der Platz, sind heute verschwunden zugunsten der jetzigen Piazza Unità. Noch eine Generation später, 1817, nahm ein anderer Italophile, Henri Beyle, aus Verehrung für Winckelmann den Namen von dessen Geburtsstadt an: Stendhal.

6. Im weiteren Umkreis von Triest

Entweder bei der Ein- oder bei der Ausfahrt sollte man die obere, die durch den Karst führende Umgehungsstraße benutzen. Nicht nur, um für eine Weile hier in diesem eigenartigen und landschaftlich reizvollen Gebiet zu verweilen, sondern auch wegen des Blickes auf die Stadt: die Altstadt zu Füßen des Festungshügels S. Giusti, die theresianische und, zur Linken der Altstadt, die josephinische Neustadt und dahinter der Neubau-Wildwuchs der 50er und 60er Jahre mit den Hochhaus-Massenquartieren für die Unterprivilegierten, das Volk, nicht wenige davon assimilierte Slawen, aber auch viele Süditaliener, eigenartigerweise vor allem aus Apulien.

Hat man die untere, die »Panoramica«-Straße an der Küste entlang gewählt, so wird man nicht umhinkommen, das weiße quasi-Märchenschloß **Miramare** zu besuchen. Berühmt ist es als Ausgangspunkt einer jener Dynastie-Tragödien, wie sie das Politikspiel der alten herrschenden Klassen nicht selten produziert hat. Hier residierte, als er nach Solferino 1859 als Generalgouverneur der Lombardei arbeitslos geworden war, der frustrierte, weil, wie er meinte, besser zum Herrscher qualifizierte jüngere Bruder des Kaisers Franz Joseph. Im Jahre 1861 ließ Napoleon III. ihm in einem geschickt aufgezogenen Gaukelspiel (als Protagonisten fungierten die Repräsentanten der mexikanischen Grundbesitzerklasse und Aristokratie) eine inexistente Kaiserkrone von Mexiko antragen. Der leichtgläubige und ruhmbedürftige Maximilian nahm sie an und schiffte sich 1864 in einer vielgemalten, theatralisch aufgezogenen Zeremonie in Miramare ein. Daß ihn in Mexiko außer einer korrupten Klasse niemand wollte, ist bekannt. Drei Jahre später ließ der große mexikanische Präsident Benito Juarez, indianischer Abstammung und sozusagen der Erbe Montezumas, diesen Nachkommen Kaiser Karls V., Auftraggeber des Montezuma-Mörders Cortez, als Rebellen standrechtlich erschießen. Seine Frau Charlotte, von ihrem Vater Leopold von Belgien jahrelang als angeblich »schönste Prinzessin Europas« zwecks guter Partie hochstilisiert, wurde daraufhin verrückt und starb schließlich 1926 vergessen irgendwo in Belgien. Die Residenz von Miramare ist voller Erinnerungen an diese für die absteigende europäische Monarchenklasse eher pathetische Geschichte. Leider wird in dem erst kürzlich eingerichteten Museum (im Sommer gibt es dazu die Story als »Son-et-Lumière«-Spektakel) nicht der Nachkriegsjahre gedacht, als hier das alliierte Oberkommando residierte und Triest für fast ein Jahrzehnt regelmäßig Kalte-Kriegs-Schlagzeilen machte.
Weiter liegt an dieser Küstenstraße ein kleines Städtchen mit einer malerischen Felsruine und einem fest verschlossenen Kastell: **Duino.** Hier war Rainer Maria Rilke zwischen 1910 und 1914 wiederholt Gast der Prinzessin Maria von Thurn und Taxis, und hier entstanden die »Duineser Elegien«. Das Kastell ist noch immer im Besitz dieser berühmten europäischen Adelsfamilie, der im übrigen auch der größte Teil des Dorfes und seines Grund und Bodens

gehört; wie es heißt, ist der gegenwärtige Hausherr extrem öffentlichkeitsscheu und vereinbart Besuche von Rilke-Verehrern nur schriftlich über seinen Privatsekretär. Hier, wie in den meisten Ortschaften rings um Triest (der einstigen Zone A) überwiegt die slowenische Minderheit, die in der gesamten Provinz etwa 13% der Bevölkerung ausmacht. Sie ist überwiegend »rot«, d. h. sie wählt PCI oder PSI. Die Orts- und Straßennamen sind zweisprachig, und zweisprachig ist auch der Gedenkstein, den die »rote« Gemeinde von Duino dem Grundherrn von Thurn und Taxis 1974 schräg gegenüber vor seine eiserne Toreinfahrt gestellt hat: zur Erinnerung an einen Bauernaufstand im Jahre 1713 und an den jahrhundertealten Kampf um Land und Recht überhaupt.

Viel Historisch-Politisches liegt noch an dieser Straße, das sich der Reisende selbst zusammenbuchstabieren kann: ein weiterer monumentaler Heldenfriedhof an der Einfallstraße nach Triest und Bronzewölfe mit Vergil-Zitat aus der faschistischen Ära zur Wiederbelebung des römischen Anspruchs auf Istrien; von Redipuglia und Monfalcone war bereits die Rede. **Ronchi** verdient noch erwähnt zu werden, denn hier begann D'Annunzio am 12. September 1919 seinen fatalen Zug zur »Befreiung« von Fiume (mit offensichtlich stillschweigender Duldung des Militärs, das in diesem Kampf- und Grenzgebiet noch immer stark präsent war); eine Gedenktafel an dem Haus, in dem er die letzte Nacht verbrachte, erinnert daran (»brennend von Fieber und heroischem Willen«).

Außerdem finden wir in Ronchi ein noch 1960 (nachdem es im Kriege gesprengt worden war) wiedererrichtetes Monument mit einer antiken Säule (s. S. 73), und Ronchi heißt seitdem und erstaunlicherweise noch immer »dei Legionari«: Was diese »Legionäre« von hier aus unternahmen, war immerhin nicht weniger als der Versuch, eine legale Regierung zu stürzen.

Faktisch wurde damit die spätere faschistische Machtergreifung vorbereitet – es war eine Art Vorspiel zum »Marsch auf Rom«, so wie der »Marsch auf die Feldherrnhalle« 1923 das Vorspiel zum Januar 1933 war. Hitler erhielt bekanntlich Festungshaft (immerhin Haft), während D'Annunzio, obwohl erst die Beschießung durch italienische Kriegsschiffe den »Kommandanten« aus Fiume vertrieb, sich in

seine Villa »Il Vittoriale« am Gardasee völlig unbehelligt und ohne vor ein Gericht gestellt zu werden, zurückziehen konnte. Kein Wunder, daß Mussolini mit so einer Regierung knapp zwei Jahre später leichtes Spiel hatte. In »Ronchi dei Legionari« begann der Faschismus, scheinbar als politische Skurrilität, aber endend im Krieg.
Neben Triest gibt es noch eine zweite Stadt, die aus diesem Krieg als logistisch verstümmelte, als amputierte Grenzstadt hervorgegangen ist: **Gorizia.** 1945 provisorisch Italien zugeschlagen, hielt Jugoslawien bis 1947/48 an seinen Ansprüchen fest. Später bestand Tito als Kompromiß darauf, zumindest die wichtige Nord-Süd-Eisenbahn auf jugoslawischem Territorium zu haben – das aber bedeutete, daß die Stadt parallel zu den Gleisen am Hauptbahnhof geteilt werden mußte. Glücklicherweise lag der Bahnhof an der Peripherie. Für viele Jahre, als die Grenze noch dicht war und dahinter »der Kommunismus« begann, war dieser Punkt in Gorizia eine Attraktion für Touristen: hier konnte man einen Blick über die Mauer, den Eisernen Vorhang werfen – ein Hotel, dem auf der jugoslawischen Seite gelegenen Bahnhof gegenüber, machte in jenen Jahren des Kalten Krieges glänzende Geschäfte. Heute hat diese Grenze etwas Melancholisch-Rührendes an sich: man kann sie geradezu ungehindert übersteigen – die »Mauer« ist zum belächelten Museumsstück überwundener Vergangenheit

geworden. Man muß nicht dieser Ex-Attraktion wegen nach Gorizia reisen. Auch die (von einem pensionierten österreichischen Offizier aufgestellte) freundliche Zwecklüge vom »österreichischen Nizza« spiegelt Falsches vor. Lohnend, in makabrer Weise, ist in Gorizia das mit Abstand größte Weltkriegsmuseum – heroisierend durch und durch, aber das Grauen des Isonzokrieges läßt sich doch nicht ganz verdrängen (und wer von der bekannten Bella-Ciao-Platte das Lied vom »Gorizia, maledetta« im Ohr hat, der wird das schon zu lesen verstehen) –, ist ein Spaziergang durch die einst umkämpfte, aber noch immer österreichisch anmutende Stadt, ist ein Blick vom Burgberg (ganz auf neu restauriert) oder auch ein Besuch der bedrückenden Monumental-Grabstätte von 57 200 Soldaten (davon 36 440 nicht identifiziert) in Oslavia. Lohnend ist aber auch ein Abstecher nach **Nuova Gorizia** auf der anderen Seite der Grenze, wo Jugoslawien eine neue, ›sozialistische‹ Stadt (Stil und Architektur der 50er-Jahre-Moderne) hat bauen müssen oder demonstrativ wollen. Und man macht erstaunliche Entdeckungen: warum wurden ausgerechnet hier, in einer kleinen Kapelle oberhalb der neuen Stadt, die letzten französischen Könige nach der endgültigen Vertreibung der Bourbonen aus Frankreich, 1830, exil-ansässig und begraben?

Aus Gorizia stammt auch (und sein Wohnhaus in unmittelbarer Nachbarschaft des restaurierten jüdischen Tempels hat die übliche Gedenktafel) der Glottologe G. A. Ascoli ein intellektuell Mitschuldiger an so vielen gewaltträchtigen Grenzproblemen.* Zu Beginn dieses Überblicks über die beiden Grenzregionen war erwähnt worden, daß der eigenartige Name **Friuli Venezia-Giulia** einer Erläuterung bedarf. Beginnen wir mit »Venezia-Giulia«. Um 1900 war Italien im Innern einigermaßen konsolidiert, die Monarchie hatte sich durchgesetzt, der neue italienische Staat schien gesichert. Aber ein Teil der ideologiebedürftigen Bourgeoisie suchte nach höheren, hehreren Zielen. Die italienische Mission sei noch nicht erfüllt: historisch einst römisches Land sei noch von Österreich zu »erlösen«: im Norden (Tirol), im Nordosten (Friaul) und an der östlichen Adria (Triest, die Halbinsel Istrien und Fiume). Das antike Rom

* Seinem historisch-politischen Geistesverwandten Tolemei hat Stiller in »Die Faschisten« einen auch auf Ascoli übertragbaren Essay gewidmet.

und vor allem die einstige venezianische Herrschaft sollten die historische Begründung liefern. So »erfand« unser Glottologe Ascoli die historische Theorie von den »drei Venetien«: das (heutige, eigentliche) Veneto, das trentinische Veneto (heute die Provinzen Trento und Bolzano/Bozen) und schließlich das Julische Venetien (Triest, Istrien – genannt nach den julischen Kaisern, die hier Stadtrechte verliehen hatten, z. B. in Aquileia). Aus der historischen Nomenklatur wurde eine politische Bewegung, bzw. die ideologische Begründung für eine solche – spezifisch: für italienische Ansprüche auf Istrien. Daß Südtirol und Friaul (abgeleitet vom römischen Namen des heutigen Cividale, nämlich Forum Juli; von diesem »Juli« leitete Ascoli sein »Giulio« bzw. »Giulia« mit Gebietsansprüchen von den Alpen bis nach Istrien ab) mit Julisch Venetien kaum etwas gemeinsam hatten, spielte keine Rolle für die nationalistische Agitation zur »Erlösung« der Italiener und ihrer Provinzen. 1919 war das irredentistische Programm verwirklicht; 1941 wurde es (allerdings nur für wenige flüchtige Kriegsmonate) erweitert mit der Annexion der Provinz Lubljana. Aber auch nach 1945 blieb der Name von Julisch Venetien erhalten – als Kalte-Kriegs-Floskel für zukünftige, mögliche Ansprüche auf Land jenseits von Triest. Immerhin kamen 1947 rd. 350 000 italienische Flüchtlinge aus Fiume, Istrien und Dalmatien nach Triest (ein rundes Drittel lebt noch heute dort als harter Kern des triestischen Antikommunismus) und gaben für lange Zeit nicht die Hoffnung auf Rückkehr in ihre Heimat auf; der ganze Komplex ist durchaus dem der deutschen Ostgebiete als Problem der westdeutschen Innenpolitik veerwandt. Eigentlich wurde italienischerseits erst 1975 (Vertrag von Osimo) rechtlich verbindlich auf alle Gebietsansprüche und Grenzrevisionen verzichtet. Venezia-Giulia müßte eigentlich richtigerweise schlicht »Stadt Triest mit etwas Hinterland«, bzw. Provinz Triest heißen. Da diese Provinz eben nur (und bestenfalls) eine Provinz, nicht aber eine Region (analog einem Bundesland) ist, wurde sie zusammengeworfen mit Friaul, der »Patria« (dessen historische Hauptstadt ist Udine), obwohl beide historisch und kulturell kaum Gemeinsamkeiten haben. In den Worten des wohl besten italienischen Experten der ganzen Grenzproblematik, Raimondo Strassoldo vom Internationalen Institut für Soziologie in Gorizia: »Friaul ist ein Binnenland, Triest eine reine Hauptstadt; Friaul war lange Zeit eindeutig ländlich und landwirtschaftlich, Triest ist eine stolze und glänzende Metropole; Triest war wirtschaftliche Grenze, befand sich im Zentrum großer Kreuzwege und war eine Stadt intensiven und raschen Wachstums; Friaul hat eine lange und harte Geschichte hinter sich, die es zu einer homogenen ethnischen Einheit gemacht hat; Triest ist ein ›nouveau riche‹, dessen schnelle Karriere ihm keine Zeit ließ, die verschiedenen ethnischen Komponenten voll zu assimilieren, und besonders die massive Immigration aus dem slowenischen Hinterland schuf eine tiefe Kluft zwischen dieser und der herrschenden italienischen Volksgruppe. In jüngster Zeit entwickelten sich in Friaul zahlreiche kleine Unternehmen, auf der Grundlage großer menschlicher Ressourcen; Triest hat die großen, verstaatlichten Industrien angezogen; Triest ist, darüber hinaus, zum Zwischenhändler mit einem ständig wachsenden Markt im Balkan geworden und ist stärker an Beziehungen zu Jugoslawien interessiert, Friaul hingegen ist orientiert an Österreich.« So ist in die Region mit dem eigenartigen Tripel-Namen ein Konflikt eingebaut, der sich – in dem Maße, in dem überall Regionalbewegungen erstarkten – eines Tages entladen kann, kompliziert noch durch die Anwesenheit der slowenischen Minderheit, die in Friaul (dem Hinterland von Gorizia vor allem) besser integriert ist als in Triest, wo die »Madzedonier«, wie man sagt, so kurz vor dem Neandertaler rangieren. In Gorizia ist der Slowene Nachbar, in Triest Proletariat bzw. widerwillig bedienter Kunde. Nicht alles das »sieht« man als Reisender, aber vielleicht ist es hier gelungen, doch manches für den Beobachter *sichtbar* zu machen.

E. K.

Mailand

1. Annäherung an Mailand

Meine Vorurteile über Mailand haben mir jahrelang diese Stadt verschlossen. Ich war auf die Stereotype vom unterentwickelten, nur von der großen Vergangenheit lebenden Rom und vom industrialisierten Mailand, das seine Vergangenheit abgestreift hat, hereingefallen. Daß Mailand sich unter den modernen europäischen Großstädten die komplexeste Vergangenheit bewahrt hat – darauf bin ich erst später gekommen.
In der Spätzeit des römischen Weltreichs war Mailand die entscheidende Nahtstelle zwischen Süden und Norden. Bis zur Entdeckung der »neuen Welt« war die Lombardei eine wichtige Etappe auf dem Handelsweg zwischen dem Orient und Flandern, Hinterland der großen Häfen Genua und Venedig; durch ein verzweigtes System künstlicher Kanäle waren die reichen oberitalienischen Städte untereinander verbunden; vom Mittelalter bis in die Neuzeit lag die Lombardei im Schnittpunkt der Interessen der Großmächte: der Papst, die deutschen Kaiser, die Spanier, die Habsburger und die Franzosen lieferten sich ihre Schlachten in der Lombardei. Daß Mailand in dieser exponierten Lage eine eigene kulturelle Identität entwickeln und bewahren konnte, macht bis heute die Faszination dieser Stadt aus.
Ursprünglich wollte ich an Hand von Mailand die jüngste italienische Geschichte illustrieren: Mussolinis letzte Tage, den Einmarsch der Partisanen am 25. April 1945; die Abstimmung Monarchie oder Republik am 2. Juni 1946; das Piccolo Teatro di Milano mit seiner neuen Kulturpolitik; den soliden Mailänder Reformismus – in Mailand waren immer die Sozialisten und nie die Kommunisten der ausschlaggebende Flügel der Arbeiterbewegung; die Studentenbewegung und den heißen Herbst von 1969; die staatlich gedeckte, neofaschistische Strategie der Bomben mit dem furchtbaren Anschlag auf die Banca Nazionale dell' Agri-

coltura (Piazza Fontana) am 12. Dezember 1969, mit dem »Fenstersturz« des unschuldigen Anarchisten Pinelli aus dem Gebäude des Polizeipräsidiums in der Via Fatebenefratelli wenige Tage später, mit den zahlreichen Toten bei Demonstrationen und weiteren Bombenanschlägen der Neofaschisten und später der »Roten Brigaden«. Dario Fo hat in seinen Komödien dieses Italien und diese sozialen Auseinandersetzungen dargestellt und hat mit der Besetzung der *Palazzina* im Park am Corso XXII Marzo sich und der Mailänder Linken für ein paar Jahre einen Raum geschaffen, in dem politisch und kulturell experimentiert und diskutiert werden konnte. Ich wandte mich an Dario Fo und bat um ein Interview »über Mailand«.

Als ich Dario Fo den Plan des Buches erläutert hatte, begann er, eine Anekdote nach der anderen zu erzählen. Zuerst ging es um den Unterschied zwischen Mailand und Rom. Zum Beispiel: Einst kam ein Kaiser nach Rom und forderte Gehorsam. Die Römer verlangten Beweise dafür, daß er der wirkliche Kaiser sei. Da ließ der Kaiser sein Militär aufmarschieren, seine Minister antreten, seine Höflinge ausschwärmen und die Römer, tief beeindruckt, gehorchten ihm. Der Kaiser kam auch nach Mailand, und auch hier verlangten die Bürger Beweise für die Legitimität seiner Herrschaft. Kaum setzte der Kaiser seine Oberbefehlshabermiene auf, sagten die Mailänder: »Schon gut, wir glauben Dir.« Am folgenden Tag wunderte sich der Kaiser, daß ihn niemand grüßte und ihm niemand gehorchte. »Du mußt Dich erneut beweisen«, sagten die Bürger. Denn in Mailand muß man jeden Tag erneut zeigen, daß man herrschen kann.

Anekdote folgte auf Anekdote, bis ich verstand, daß Dario Fo mit seinen Erzählungen die These vertrat, Mailand (die Stadt und ihre Bevölkerung) habe in langen Jahrhunderten, aber schon sehr früh, einen eigenen Charakter entwickelt, und zu diesen Fundamenten müsse man zurückgehen, um Mailand auch heute noch zu verstehen. Auf meine Frage, auf welche Weise denn sich ein bestimmtes Wissen und bestimmte Lebens- und Verhaltensweisen über Generationen hinweg weitervermitteln, begann Dario Fo erneut zu erzählen.

2. Dario Fo erzählt von Mailand

»Um etwas von Mailand zu verstehen, muß man zur Kirche San Lorenzo gehen und in das Viertel um die Porta Ticinese, in dem bis heute das volkstümliche Mailand mit seiner Sprache, seinen Figuren und mit seiner Unterwelt am lebendigsten weiterlebt. Ich würde von hier einen Spaziergang machen zur Kirche Santa Maria delle Grazie, durch einen Stadtteil, in dem die Kontinuität städtischen Lebens von der Antike bis heute auf Schritt und Tritt sichtbar ist: hier befand sich der römische Zirkus, einer der größten der alten Welt (505 Meter lang und 80 Meter breit, noch um 600 n. Chr. unter den Langobarden in Funktion); hier stehen auf engstem Raum der Kirchenkomplex von S. Ambrogio, die von Bernardo Luino ausgemalte Kirche S. Maurizio, das an diese Kirche anschließende, archäologische Museum mit seinen wunderbaren römischen Statuen, das technische Museum neben der Kirche S. Vittore und dann S. Maria delle Grazie, eines der schönsten Bauwerke Italiens (von Solari, 1429-1481, und Bramante, 1444-1514). Meiner Ansicht nach ist es noch wichtiger als das Abendmahl von Leonardo im anliegenden Refektorium. Eigentlich genügen schon diese paar Bauten, um die große politische und kulturelle Bedeutung Mailands klarzumachen.

Beginnen wir also bei S. Lorenzo, einer Basilika der späten Kaiserzeit, die mit dem Sieg des Christentums in eine Kirche verwandelt wurde. Eine wirklich imperiale Architektur mit achteckigem Grundriß, über Katakomben, mit Baptisterium, Türmen und Apsiden! In einer der Seitenkapellen, von der aus eine Treppe in die unteren Räume führt, sind wunderbare Mosaiken aus dem 4. Jahrhundert zu sehen, die heutige Kuppel stammt aus dem 16. Jahrhundert, drei der vier Türme sind romanisch, jedes Jahrhundert hat an diesem Komplex gebaut. Angeblich ist hier der ambrosianische Gesang entstanden, der älter ist als der gregorianische. Bei einer der Auseinandersetzungen zwischen Staat und Kirche habe Kaiser Konstantin die Kirche belagert, in die der hl. Ambrosius mit seinen Anhängern geflohen war. Diese Kirchen waren damals noch regelrechte Festungen. Man muß sich die damaligen Zeiten vorstellen: Die Heiden kämpften um ihre Kultstätten, die Christen waren aus

S. Lorenzo 1840

Verfolgten zu Verfolgern geworden und erhoben den Anspruch, Staatsreligion zu sein, waren aber auch ihrerseits in verschiedene Sekten gespalten, deren bedeutendste damals in Mailand die der Arianer war. Es gab also immer wieder bewaffnete Auseinandersetzungen, Priester wurden erschlagen, schützten sich durch Bewaffnete oder gingen selbst bewaffnet. Die Kirchtürme waren gleichzeitig Festungstürme bzw. eine Weiterentwicklung der römischen Signaltürme. Als Ambrosius nun hier in S. Lorenzo belagert wurde, sollen die Eingeschlossenen Tag und Nacht gesungen haben, um dem Gegner ihre Stärke und Unbeugsamkeit zu zeigen. Aus diesen Gesängen sei dann der ambrosianische Gesang entstanden.

Die korinthischen Säulen vor S. Lorenzo spiegelten sich einst im Wasser. Wo heute nur die Straße verläuft, waren früher rechts und links schmale Fahrwege und in der Mitte ein Kanal. Auch große Schiffe fuhren in die Stadt hinein, bis an den Domplatz. Hier vor S. Lorenzo sollte man sich auch vor Augen führen, wie Mailand gebaut war: entlang der mittelalterlichen Stadtmauer gab es den großen Kreis der *Navigli,* der schiffbaren Kanäle, die mit den Flüssen, die

Mailand durchflossen, dem Seveso, dem Olona und dem Lambro, und mit den größeren und entfernteren Flüssen, dem Tessin, der Adda und dem Po verbunden waren. Ein zweiter großer Kreis, der die Stadt umschloß, bestand aus den spanischen Bastionen, deren Verlauf auch heute noch auf jedem Stadtplan sofort erkenntlich ist. Der Ring der *Navigli* wurde strahlenförmig von kleinen Kanälen, die in die Innenstadt führten, durchschnitten. Es gab einen regelrechten Bootsverkehr für Waren und Personen von Mailand an den Lago Maggiore, nach Pavia und bis nach Venedig. Auf den Booten, an den Schleusen und in den Wirtshäusern am Kanal hat sich ein buntes Leben abgespielt. Man traf Scharlatane, Glücksritter, Huren, Falschspieler und Geschichtenerzähler. Geblieben sind davon nur noch Straßennamen, Redewendungen, Sprichwörter und einige Lieder und Erzählungen. Der größte Teil des inneren *Naviglio* wurde erst in den 20er Jahren zugeschüttet. Seitdem gibt es in der Innenstadt keine offenen Kanäle mehr. Es gab noch das Becken von S. Marco, der »tombòn« von S. Marco, als ich nach dem 2. Weltkrieg an der Brera zu studieren begann. Denn der *Naviglio* hatte folgenden Verlauf: hinter der Brera, entlang der Via Fatebenefratelli, zur Piazza Cavour, Via del Senato, Via Francesco Sforza, Via Molino delle Armi und – an S. Lorenzo vorbei, im Bogen über die Via

Der Naviglio bei der Kirche S. Marco, 1830

Carducci zum heutigen Nordbahnhof. Unter einigen dieser Straßen fließt heute noch das Wasser, z. B. unter der Via Molino delle Armi, hinter S. Lorenzo.
Hier standen die Mühlen der Waffenschmiede, denn Mailand war im ganzen Mittelalter berühmt für seine Waffenproduktion. Als in der großen Schlacht von Agincourt (1415), von der Shakespeare in Heinrich V. erzählt, die englischen Bogenschützen die französische Reiterei zerstörten, mußten die Franzosen so schnell wie möglich ihre ganze Ausrüstung neu anfertigen lassen. Mailand war imstande, in etwas mehr als einem Monat alles zu liefern, alle Waffen, Rüstungen, Panzer für die Pferde usw. Man kann in der Waffensammlung des Museums Poldi Pezzoli einige Mailänder Stücke bewundern. Die lombardische Armbrust war z. B. so sehr ein Begriff, daß noch zur Zeit von Columbus in ganz Europa ihre Reichweite (etwas weniger als 1 km) ein Maß für Entfernung war. Es war ›una lombarda‹, eine lombardische Meile.
Von S. Lorenzo ist es nicht weit nach S. Ambrogio. Auch dies ist ein großer, zusammenhängender Kirchenkomplex, erscheint aber stilistisch geschlossener als S. Lorenzo und ist, wie wir ihn heute sehen, großteils ein Werk aus der Zeit zwischen 1000 und 1200. Im großartigen Vorhof konnten diejenigen dem Gottesdienst und den Versammlungen folgen, die noch nicht getauft waren. In der Frühzeit des Christentums gab es viele noch ungetaufte Anhänger der neuen Lehre. Ambrosius selbst wurde vom Mailänder Volk zum Bischof gewählt, obgleich er noch nicht getauft war. Das war damals eine Kampfabstimmung gegen die Arianer, und Ambrosius wurde akklamiert, weil er als kluger und tatkräftiger römischer Verwaltungsfachmann bereits bekannt war. In einer Seitenkapelle gibt es ein wunderbares Mosaik aus dem 5. Jahrhundert, das wir aus den Schulbüchern kennen und das den hl. Ambrosius darstellt, einen römischen Kopf mit schwarzem Bart.
In dieser Kirche taufte Ambrosius auch den hl. Augustinus (354-430), der aus Nordafrika kam und in Mailand, der kaiserlichen Residenz damals, Professor für Rhetorik war. Ambrosius selbst kam aus Trier (339-397). Man sieht, wie viele Wege hier in Mailand zusammenliefen.
Ambrosius ist eine der wichtigsten Symbolfiguren der Mailänder Geschichte. Er vertritt die Autonomie der Stadt

und ihrer Kultur gegen den Kaiser, gegen Rom. In Mailand hat sich z. B. bis heute der ambrosianische Ritus mit seinem Kalender und seiner Gestaltung des Gottesdienstes gehalten, den auch die Liturgiereform unter Gregor VII nicht abschaffen konnte. An diesen Ritus durfte niemand rühren, er galt als ehrwürdiger als der römische, den die Päpste zentral überall durchzusetzen versuchten.
Ein paar Jahrhunderte nach Ambrosius kamen die Langobarden (Aufbruch nach Italien 568 n. Chr.) und gaben der römischen und keltischen Tradition Mailands ihre neue Prägung. Ein seltsames Volk! Einige Jahrhunderte bevor sie nach Italien kamen, waren die Langobarden aus Skandinavien aufgebrochen und langsam durch ganz Deutschland gezogen. Einige kamen der Donau entlang bis Ungarn, andere zogen weiter nach Oberitalien. Im Gegensatz zu den übrigen Barbaren, die während der Auflösung des römischen Reiches immer wieder einbrachen, plünderten die Langobarden nicht einfach alles, was ihnen unter die Hände kam, sondern tauschten sich ein, was sie brauchten. Sie führten ihre ganze Wirtschaft mit sich, Herden von Ziegen, Kühen und Pferden, und tauschten dafür Getreide und Früchte. Sie besiegten die Römer, obgleich sie nur ein kleines Volk waren, etwa 30 bis 40 Tausend Menschen. Frauen, Kinder, Hab und Gut, ihre Götter und Altäre nahmen sie auf ihren Wagen in die Schlacht mit. Entweder sie siegten, oder alles war verloren. Der berühmte *Carroccio,* der von Ochsen gezogene Karren, den die lombardischen Heere später im Kampf gegen Barbarossa oder auf den Kreuzzügen als Feldaltar mitführten, stammt von dieser heidnischen, langobardischen Tradition. Als nun die Langobarden das zwar durch andere germanische Völker aufgefrischte, aber doch dekadente römische Heer besiegt hatten, öffneten sie zunächst die Getreidelager und verteilten alle Vorräte. Dann machten sie eine Bodenreform und verteilten das Land an die Bauern und Soldaten. Sie schafften das römische Recht nicht ab, sondern ließen es neben dem langobardischen Recht weiterbestehen, so daß längere Zeit in der Lombardei zweierlei Recht koexistierte. Die Tradition der lombardischen Familie, die der Frau auch in der Öffentlichkeit und im Geschäftsleben eine aktive Rolle zuweist, geht z. B. auf die Langobarden zurück, die bedeutende Frauengestalten hatten, Rosamunde, Teodosia

und Teodolinde, die in Monza den Dom und dessen großartigen Domschatz gründete.
Von S. Ambrogio aus würde ich ein paar hundert Meter weiter das schöne Museo della Scienza e della Tecnica neben der Kirche S. Vittore besuchen. Mailand war bis ins 20. Jahrhundert hinein eine führende Stadt für die Entwicklung von Forschung und Technik. Am Ende des 19. Jahrhunderts hatte die Stadt eine riesige industrielle Arbeiterbevölkerung. Etwa 40 000 Arbeiter waren in Mailand konzentriert, als 1898 der Aufstand gegen die Brotpreiserhöhung losbrach, den dann der General Bava nach viertägigen Kämpfen mit Artillerie niederschoß. Es war beeindruckend, wie die Mailänder Arbeiter damals den Trauerzug für ihre Toten organisierten. Sie luden sie auf die öffentlichen Verkehrsmittel, damals die Pferdetram, und führten sie durch die ganze Stadt.
Im Museum stehen nicht nur die Zeugnisse der damaligen industriellen Entwicklung. Interessant ist vor allem der Überblick, der über die technischen Erfindungen Leonardo da Vincis geboten wird. Nach seinen Zeichnungen sind die wichtigsten Maschinerien in kleinen Modellen nachgebaut oder durch Abbildungen illustriert: die Flugmaschinen, das Unterseeboot, die Maschinen zur Ausbaggerung von Kanälen – Leonardo war ja längere Zeit auch mit Fragen der Flußregulierung und des Kanalbaus in und um Mailand beschäftigt.
Eine der schönsten Kirchen Italiens ist S. Maria delle Grazie mit ihren herrlichen Bögen und Fenstern und mit dem Rot und Weiß der Steine. Das gleiche Raumgefühl wie bei Brunelleschi (1377-1446), dem Architekten der Florentiner Domkuppel. An einem solchen Bau kann man das Spezifische der Mailänder Kultur ablesen: die Großzügigkeit und Offenheit, den weiten Blick! Ein Fürst wie Ludovico il Moro war nicht nur Despot, sondern förderte den Handel und die Künste, holte einen Leonardo (1452-1519), einen Boltraffio (1467-1516), einen Bernardino da Luino (1490-1532), einen Gaudenzio Ferrari (1470-1546) und andere nach Mailand. Wie reich das kulturelle Leben Mailands war, sieht man auch im Dom-Museum, das man ebenfalls besuchen sollte, mit seinen zahlreichen Skulpturen der lombardischen Steinmetzen und der großen Meister wie Foppa (1427-1515), aber auch Mantegna (1431-1506).

Mailand war immer eine offene Stadt, die alle Strömungen aufnahm, sie aber auf eigene Weise weiterentwickelte. Die Weite und Großzügigkeit der lombardischen Architektur finden wir nicht nur in einem oder in zwei Jahrhunderten ausgebildet, sondern in allen Jahrhunderten, in der Vorhalle von S. Ambrogio genauso wie im Kreuzgang von S. Maria delle Grazie. Überall stößt man auf großzügige, säulengeschmückte Innenhöfe und Kreuzgänge. Man schaue sich den Portikus im Museum von S. Vittore an, die wunderbaren Portiken im ehemaligen Hospital, der Cà Granda, in der heute die staatliche Universität untergebracht ist (Via Festa del Perdono), oder die Kreuzgänge in der Umanitaria in der Via S. Barnaba hinter dem Justizpalast. Mailand war immer einer der offensten und liberalsten Staaten in Italien. Man vergleiche einmal die Gesetze der Visconti, Sforza und Borromei mit denen anderer Städte. Diese Herrscher konnten nie zu wirklichen Despoten werden, zu stark entwickelt war der Sinn für Rebellion und Eigenständigkeit.
Bevor die Visconti die Herrschaft an sich rissen, kannte die Stadt eine große Blüte kommunaler Selbständigkeit und Selbstverwaltung. Nach dem Jahr 1000 gab es große Klassenkämpfe, z. B. den Aufstand der Patarener, der Lumpensammler. Die Patarener und ihre soziale und religiöse Bewegung sind die Vorläufer der Katharer. Landolfo überliefert z. B. folgende Geschichte vom Priester Liprando, der auf der Seite der Patarener für die Freiheit in der Stadt kämpfte (ich habe diese Geschichte umgeschrieben und Enzo Iannacci hat sie vertont und singt sie):
Um zu zeigen, daß der damalige Bischof sich an der Kirche bereicherte und Simonie betrieb und um sich gegen den Bischof zu verteidigen, der den aufsässigen Priester vertreiben wollte, forderte Liprando den Bischof zu einer Feuerprobe heraus. Das Volk, das hinter dem Priester stand, trug gegen den Willen des Bischofs 40 große Reisigbündel auf dem Platz vor der Kirche S. Maria del Popolo, dem heutigen Domplatz, zusammen. Damals stand an der Stelle des Doms die Kirche S. Maria del Popolo, die von Gian Galeazzo Visconti später abgerissen wurde. Visconti, der durch Mord an seinem Onkel im Jahre 1385 an die Macht gekommen war, wollte die volkstümliche Tradition dieser Kirche vernichten, und als Zeichen seiner Herrschaft errichtete er

einen riesigen, marmorstrotzenden neuen Dom.
Liprando machte also seine Herausforderung wahr und lief auf der glühenden Asche zwischen den brennenden Scheiterhaufen durch das Feuer hindurch. Einige sagen, er habe leichte, andere behaupten, er habe größere Verbrennungen erlitten. Aber auf jeden Fall kam er durch, den Bischof ergriff die Angst, er floh, stürzte vom Pferd und kam dabei um. Beim Aufstand der Patarener waren dem aufsässigen Priester von der Gegenseite, also von den reichen Bürgern und dem Adel, Nase und Ohren abgeschnitten worden. Diese Verstümmelung bedeutete unter anderem, daß er keine Messe mehr lesen konnte, denn Krüppel durften keine Messe lesen. Das war für einen Volkspriester wie Liprando eine große Minderung seiner Einflußmöglichkeiten. Deshalb organisierten seine Anhänger eine riesige Wallfahrt nach Rom, um den Papst zu bewegen, dem Verstümmelten zu gestatten, eine Maske und Ohren aus Leder zu tragen. Sie kamen mit der päpstlichen Bulle zurück, die diese Ausnahme, die einzigartig war, zugestand. Als Liprando in S. Maria del Popolo wieder seine erste Messe las, waren die große, fünfschiffige Basilika und der ganze Platz davor voll von Menschen. Da geschah etwas Unglaubliches: als der Priester sich die Maske aufsetzte, setzten sich alle ebenfalls eine Maske auf, um zu zeigen, daß alle gleich sind.
In Mailand und auch in Pavia war die Kirche S. Maria del Popolo die wichtigste Versammlungsstätte des Volkes, denn der Marienkult hatte ursprünglich stark demokratische Tendenzen. Je mehr Christus zur Herrschergestalt hochstilisiert wurde, um so mehr wandte sich das Volk an die Muttergottes, z. T. in der Tradition heidnischer Fruchtbarkeitsriten (z. B. die Madonna mit dem Granatapfel), z. T. in ihrer Rolle als Mutter, die zuhört und die menschlichen Probleme versteht. Wie subversiv das Gespräch mit der Madonna sein konnte, zeigt ein berühmter Dialog zwischen der Madonna und dem Teufel.
Der Teufel sagt zur Madonna: »Da Gott ja wußte, bevor er mich schuf, daß ich wegen einer einzigen Sünde ewig verdammt sein werde, hätte er mich nicht erschaffen dürfen. Es hilft mir wenig, wenn man mir sagt, ich hätte einen freien Willen gehabt. Gott hätte mich ja auch als unerschütterlichen Heiligen erschaffen können, mit hoher Stirn, ohne

Schatten eines Zweifels, rein wie unberührtes Elfenbein. Von Gott selbst kamen die Zweifel, er hat sie in mich hineingelegt.« Und dann sagt der Teufel etwas ganz Ungeheueres: »Vielleicht weil Gott sich im Himmel alleine langweilte, nur umgeben von reinen Engeln, hat er diese schlechte Komödie erfunden, in der mir von Anfang an die Hauptrolle, zu sterben, zugewiesen war.« In diesem Dialog vertritt die Madonna die Mutter, die vernünftige Mutter, mit der jeder Sohn reden kann. Selbst der Teufel kann mit ihr reden. Mit ihr, aber natürlich nicht mit Gott. Sie ist zugleich Anwalt und Richter. Sie muß dem Teufel natürlich Unrecht geben, sie zieht die unglaublichsten Argumente an den Haaren herbei, um den Teufel schließlich doch zu verdammen, aber der Zuhörer dieses Stücks kannte natürlich diesen obligatorischen Schluß. Nicht das Urteil interessierte die Zuhörer, sondern die Argumentation des Teufels, da spitzten die Leute die Ohren und erkannten ihre Probleme. Nur die Muttergottes konnte es sich leisten, so aufrührerische Reden anzuhören.

In »Mistero buffo« habe ich viele Texte dieser Art verarbeitet, z. B. den großartigen Monolog der Muttergottes unter dem Kreuz, in dem sie in der Sprache einer Bäuerin die Justiz der Herrschenden angreift, die ihren Sohn verurteilt hat. Keine Zensur konnte damals gegen solche Texte etwas unternehmen, denn es war ja die Madonna, die sprach, und es waren die Pharisäer und Pontius Pilatus, die angegriffen wurden.

Der Abriß der volkstümlichen Kirche S. Maria del Popolo und der hybride Dombau (die größte Kirche der Welt!) zeigen die Veränderung im Kräfteverhältnis zwischen den Klassen. Der Dombau entspricht der Ideologie des Fürsten, des Visconti, und nicht den Vorstellungen des Volks.

In der Phantasie der Mailänder spielt zwar die goldene Madonnina auf der Spitze des Doms eine gewisse Rolle, aber sie lieben den Dom nicht wirklich. Er entsprach dem Geschmack des Galeazzo Visconti und mehr noch, er war Ausdruck seines Bündnisses mit Frankreich und des Bedürfnisses, die eigene Macht zur Schau zu stellen. Der Entwurf ist französisch und nicht italienisch. Die Baumeister sind Franzosen und Deutsche, die hierher gerufen worden waren und dann von den hiesigen Bauleuten, den Comacini, zurückgeschickt wurden. Es gab deswegen einen

großen Streit, und die Mailänder Bauleute streikten 18 Jahre lang. Die Bauleute waren damals die mächtigste und anerkannteste Zunft. Sie konnten sich so etwas leisten. Es ging nicht darum, daß die Mailänder Bauleute den französischen Stil nicht bauen wollten oder konnten, wie manche behaupten, sondern es ging um die kulturelle Autonomie, darum, daß sie in der eigenen Stadt selbst entscheiden wollten, in welchem Stil gebaut wurde. Die lombardischen Baumeister beherrschten alle Stile. Monreale, der Dom in Bari, der von Cefalù und andere Bauten waren von Langobarden errichtet worden. Aber ihren eigenen, lombardischen Stil hatten sie hier in der Lombardei entwickelt, und dessen Eigenheiten sind in der Bauweise nicht nur eines, sondern vieler Jahrhunderte zu erkennen. Einziger Fremdkörper: der Dom. Er ist nicht lombardisch. Das beginnt beim Material. Mailand ist aus grauen Steinen und roten, gebrannten Ziegeln gebaut. Der Dom ist aus Marmor, gebrochen in Candoglia im Norden des Lago Maggiore. In der Lombardei gibt es große Granitsteinbrüche, bei Erba, Lecco usw., in der Nähe von Mailand also. Aber dieser Marmor wurde über 100 km weit transportiert, zuerst über den Lago Maggiore, dann auf dem Tessin in großem Bogen um Mailand herum, dann auf dem *Naviglio* nach Mailand hinein. Ausgeladen wurde er in der heutigen Via Laghetto, die bis 1857 Kanal und Schiffslände war. S. Ambrogio ist z. B. aus lombardischen Steinen und aus gebrannten Ziegeln gebaut. Der Dom ist ein Fremdkörper, trotz der Schönheit seiner Apsis.
Bonvesin de la Riva beschreibt in der zweiten Hälfte des 13. Jahrhunderts den Reichtum Mailands und die Verhältnisse, die damals in der Stadt herrschten. Unmengen von Nahrungsmitteln wurden täglich eingefahren, die handwerkliche Produktion und der Export blühten, das Volk war ungeheuer aktiv, selbstbewußt, nahm an allen Geschehnissen Anteil und entwickelte diese besondere, Mailänder Zähigkeit, diese besondere Anhänglichkeit an die eigenen Mauern, Häuser, Habe, an die Tradition und Gesetze. In der Geschichte Italiens gibt es keine Stadt, die sich so oft mit dem Kaiser gemessen hätte, zerstört wurde, wieder aufgebaut wurde, wieder die eigene Autonomie verteidigte und aufblühte, sich nie verkaufte. Es gibt eine schöne Stelle bei Macchiavelli, in der dieser dem Fürsten etwa folgendes sagt:

Ehemalige Schiffslände beim Dom

»Ein Volk, dem Freiheit und Autonomie zur Gewohnheit geworden ist, wirst Du nie von Deiner Herrschaft überzeugen können, eine Eroberung allein genügt nicht. Du mußt alle Mauern schleifen und Männer, Frauen und Kinder wegführen, Salz auf die Stätte werfen – und doch werden sie wiederkommen.« Das ist die Geschichte Mailands. Nach jeder Zerstörung kamen die Leute zurück.
Politische und kulturelle Traditionen, die so tief verwurzelt sind, diese Mischung von keltischen, römischen und langobardischen Elementen, diese Vergangenheit kommunaler Selbständigkeit, all das prägt Mailand bis heute. Seltsam. Die Städte Norditaliens, in denen die kommunale und republikanische Selbständigkeit Tradition hat, Städte, die weder dem Papst noch dem Kaiser sich jemals wirklich ergeben haben, sind heute »rot«. Venedig ist »rot«, aber die bedeutenden Städte des venezianischen Hinterlands, Verona, Vicenza usw., sind »weiß«. Es sind Städte, die nie eine wirkliche Autonomie kannten. Bergamo hat sich immer an die stärkere Partei verkauft, Faenza war immer päpstlich, Lucca war damals »weiß« und ist es heute noch, Como ebenfalls; schon Carducci schrieb: »Como ging mit den Starken, verließ die Lega«. Hingegen ist Crema »rot« wie auch Cremona, Modena, Piacenza, Ferrara, Pisa, alles Städte, die zäh an ihrer Autonomie hingen. Mich beein-

druckt diese politische Geographie jedesmal von neuem. Wenn z. B. Gramsci beklagte, daß in Italien das nationale Element, das einheitsstiftende Element, so schwach entwickelt sei, vermißte er etwas, was den anderen Nationen im Grunde kein Segen war. In Frankreich hat die Einheit der Nation großartige, autonome Entwicklungen zerstört, die der Provence, der Picardie, der Normandie, der Bretagne. Diese von oben übergestülpte Einheit hat letztlich auch Deutschland mehr Unglück als Glück gebracht.

Mit diesem Spaziergang habe ich nur einen kleinen Teil Mailands beschrieben, den Teil, in dem ich auch fast immer gewohnt habe. Seltsamerweise wohnte ich immer in Häusern, die mit römischen Theatern zu tun hatten, die auf dem Boden des Zirkus oder des Amphitheaters standen: in der Via Circo, in der Via Ansperto und in der Via De Amicis 16, wo man im Keller direkt auf die antiken Fundamente stieß. Es ist der Teil Mailands, den ich am meisten liebe.«

3. Kurzer Abriß der Geschichte Mailands

Erst auf dem Hintergrund der Foschen Erzählungen wurde für mich lebendig, was ich zuvor im Baedeker oder Lexikon gelesen hatte. Erst nach diesen Geschichten hat es Sinn, eine so gedrängte und schematische Darstellung der Mailänder Geschichte, wie sie der alte Baedeker vorzüglich liefert, vorzulegen.

Die Bedeutung Mailands reicht in das Altertum zurück. Von den Kelten gegründet, erhob es sich in römischer Zeit zur ersten Stadt Oberitaliens und war im IV. Jahrhundert oft Residenz der Kaiser, namentlich Konstantins d. Gr. (324-37) und Theodosius' (379-395), deren Edikte zum Schutz des Christentums von hier ausgingen. Dem Reiche der Langobarden machte Karl d. Gr. ein Ende, dessen Nachfolger das Land durch Statthalter regierten. An den Mauern der lombardischen Städte brach die Kraft der Hohenstaufen. An der Spitze ihres Bundes stand seit 1167 Mailand, das nach der Zerstörung durch Friedrich Barbarossa 1162 bald wieder aufgebaut war. Die inneren Fehden zwischen Adel und Volk führten 1277 zur Herrschaft der *Visconti,* die durch glückliche Kriege und diplomatisches Geschick einen großen Teil Oberitaliens in ihren Besitz brachten und sich auch als Förderer von Kunst und Wissenschaft einen Namen machten. *Gian Galeazzo Visconti* (1378-1402) legte den Grund zum Mailänder Dom und zur Kartause bei Pavia. 1450 schwang sich der Condottiere *Francesco Sforza* zum Herzog auf. Er erbaute das Kastell und das Ospedale Maggiore und berief italienische und byzantinische Gelehrte zu sich. Noch glänzender war der Hof des *Lodovico Sforza* gen. *il Moro,* der 1477 die Vormundschaft über Francescos Enkel *Gian Galeazzo Sforza* an sich riß. Unter ihm kamen *Bramante* und *Leonardo da Vinci* nach Mailand und entfalteten die Kunst zur höchsten Blüte. Die Vermählung des Kaisers Maximilian I. mit Gian Galeazzos Tochter Bianca 1494 und Lodovicos diplomatische Verbindung mit Karl VIII. von Frankreich entfesselten den Kampf der europäischen Mächte um die Herrschaft in Italien. Lodovico selbst, 1499 durch Ludwig XII. vertrieben, endete in einem französischen Kerker, aber der Sieg bei Pavia 1525 entschied das Übergewicht Kaiser Karls V., der das Herzogtum seinem Sohne Philipp II. von Spanien übergab. Der Erbfolgekrieg brachte 1714 das Haus Österreich in den Besitz, das ihn, abgesehen von der napoleonischen Zeit (1797-1814), trotz wiederholter Aufstände bis 1859 behauptete.

Baedeker, 1908

4. Carlo Cattaneo über die Zerstörung Mailands durch Friedrich Barbarossa (1162)

Carlo Cattaneo (1801-1869) war einer der bedeutendsten politischen Denker Italiens im 19. Jahrhundert. Er entwickelte eine interdisziplinäre Auffassung von Geographie und Geschichte, indem er beide als Ergebnis menschlicher Arbeit ansah und analysierte. Er wandte sich gegen die These, der Reichtum der Lombardei sei vor allem der Gunst der natürlichen Lage zuzuschreiben, und zeigte in der Einleitung zu den »Notizie naturali e civili sulla Lombardia«, Mailand 1844, wieviel Arbeit, Technik und Kunst erforderlich waren, um Landwirtschaft und Verkehr der Lombardei zu entwickeln.
Der folgende Abschnitt ist das Kapitel XXII dieser Schrift und schildert die Zerstörung und das ihr folgende Wirtschaftswunder Mailands im 12. Jahrhundert.

»Als Friedrich I. im Jahre 1152 deutscher König wurde und den Reichstag zu Konstanz einberief, traten zwei Bürger aus Lodi mit einem Kreuz auf der Schulter vor und warfen sich dem König zu Füßen, Gerechtigkeit fordernd gegen Mailand, das – nachdem es vor nunmehr 42 Jahren ihre Vaterstadt zerstört hatte – immer noch die auf dem Land verstreuten Bürger unterdrückte. Friedrich wünschte, Mailand zum Gehorsam zu bringen und erteilte, als er den italienischen Reichstag auf den Roncalischen Feldern (bei Piacenza) einberief, den Mailänder Konsuln Oberto Dell'Orto und Gerardo Negro – berühmten Autoren auf dem Gebiet des feudalen Rechts – diesbezügliche, erniedrigende Befehle. Mit diesen hochfahrenden Anordnungen und mit den noch hochfahrenderen Antworten begann ein Krieg, der 30 Jahre dauern sollte.

Tortona ergab sich aus Durst. Die bleichen und abgezehrten Krieger dieser Stadt wurden in Mailand aufgenommen, das die Besatzung von vier Toren ausschickte, um kostenlos die zerstörte Stadt wieder aufzubauen. Inmitten dieses Werks wurden die Arbeiter von den kaiserlichen Verbündeten angegriffen. Einige Hauptleute flohen vor dem Kampf in eine Kirche. Die Mailänder Konsule verhängten eine Ehrenstrafe, indem sie durch Anschlag an den Domtüren die Namen der Schande preisgaben.

Das kleine Crema hielt die ganze Macht der deutschen und italienischen Feudalherren sechs Monate lang auf. Es fiel mit allen Ehren der Tapferen im Unglück.

Unter dem Kastell von Carcano, in der Ebene von Erba, siegte Friedrich und eroberte die heilige Standarte der Mailänder. Aber noch vor Abend wurde er in Como zum Flüchtling, sein Lager war genommen, seine Verbündeten waren gefangen. Indes zerstörte eine Feuersbrunst in Mailand die Lebensmittel, die gesammelt waren, um einer Belagerung widerstehen zu können. Erneut zog Friedrich mit 100 000 Mann schwärmend durch das Land um Mailand, ließ alle Bäume fällen, verbrannte die Häuser und verstümmelte jeden, der Lebensmittel in die Stadt bringen wollte, die vom bittersten Hunger verzehrt wurde. Endlich verließ die gezähmte Bürgerschaft die Mauern. Sie näherte sich dem Lager Friedrichs, der sich in einer Entfernung von 20 Meilen zurückgezogen hatte und zwischen seinem Heer und der Stadt nur die öde Leere einer trostlosen Landschaft gelassen hatte. Zuerst legten 300 Reiter zu seinen Füßen ihre Schwerter und Auszeichnungen nieder. Dann kam die Schar der Konsuln, dann der Karren mit der heiligen Standarte, dann alle Kämpfer, vom langen Hunger ausgezehrt, mit einem Kreuz auf den Schultern. Beim Klang der städtischen Trompeten sank die besiegte Fahne nieder, das unglückliche Volk warf sich zur Erde. Die Hauptleute der Sieger waren sprachlos und zu Tränen gerührt. Nur Friedrich blieb unbewegt. Er befahl, daß die Besiegten eigenhändig die Mauern abtragen sollten, auf daß er mit seinem ganzen Heer in Schlachtordnung in die Stadt einziehen konnte. Die leere Stadt gab er den Soldaten preis. Außer den Kirchen Gottes machte er alles, was den Menschen gehörte, zu Schutt und Asche. Die Bürger zerstreuten sich in die Strohhütten auf den Feldern.

Nach fünf Jahren schwerster Leiden erschien eines Tages zwischen

den armseligen Hütten ein Bruder des Klosters Pontida, gefolgt von Scharen Bewaffneter der umliegenden Städte. Er kam, um die Bürger zurückzuführen und um die Mauern wieder aufzurichten. Drei Jahre danach wurden die Macht und die Hartnäckigkeit Friedrichs endlich auf dem Schlachtfeld von Legnano gezähmt. Das ganze Land zwischen dem Olona und dem Tessin war von Leichen übersät und Friedrich ließ inmitten des Blutbads seine Waffen und sein Pferd, um sich als Flüchtling – so wird erzählt – in einer Höhle zu verstecken.

Diesem Sieg folgte später der berühmte Friede zu Konstanz (anno 1183), der sowohl dem Waffenentscheid als auch den Bedürfnissen des Reichs Rechnung trug. . . .

Im folgenden Jahr kam Friedrich als Gast nach Mailand. Da sah man die ritterliche Höflichkeit jener Zeiten erneut erglänzen, von seiten des Volks, das den Kaiser festlich aufnahm und von seiten des Herrschers, der gestattete, daß die Mauern von Crema, die er geschleift hatte, wiederaufgebaut würden. So entstanden aus dem Schoß der Zerstörung stärker und schöner denn je Mailand, Crema, Como, Asti und Tortona. Die Ausdehnung der Stadt Mailand wurde erweitert bis zu dem Graben, der heute schiffbar ist. Lodi blühte in seiner neuen Lage am Fluß Adda. . . .

In unserer Ebene war bereits der Kanal zum Tessin gezogen, der Naviglio del Ticino, immer noch ein Vorbild, auch heute, unter den Wundern der modernen Baukunst. Wenige Jahre später machte der große Kanal der Muzza die Ebene von Lodi zu einem Modell des Landbaus, während zu Beginn des Krieges der ganze Raum zwischen Mailand, Lodi und Pavia von solcher Einsamkeit war, daß Friedrich, als er mit seinem Heer hierhergeführt wurde, glaubte, das Opfer eines Verrats zu sein.«

5. Programm und Anhaltspunkte für Recherchen in und um Mailand

Stendhal schreibt in seinem Tagebuch über Mailand: »Mailand ist die Stadt Europas, die die bequemsten Straßen und die schönsten Höfe im Innern der Häuser hat. Diese viereckigen Höfe sind wie bei den alten Griechen von einem Portikus umgeben, der aus sehr schönen Granitsäulen gebildet wird. In Mailand gibt es vielleicht zwanzigtausend solcher Säulen. Man holt sie aus Baveno am Lago Maggiore. Sie erreichen die Stadt auf dem berühmten Kanal, der die Adda mit dem Tessin verbindet. Leonardo da Vinci arbei-

tete an diesem Kanal im Jahre 1496. Wir waren damals noch Barbaren, wie der ganze Norden.«
Das Netz der Verkehrswege, der Kanäle und bequemen Straßen produzierte unmittelbar einen intensiven gesellschaftlichen Verkehr.
Wie läßt sich das Netz der Kanäle und das von ihm getragene Leben rekonstruieren? Anhaltspunkte: von der Porta Ticinese aus zu Fuß dem Naviglio Grande oder dem Naviglio Pavese entlang. In diesem schönen Viertel ehemaliger Lagerhäuser und Arbeiterwohnungen hat sich viel altes Mailand erhalten. Zwischen San Lorenzo und hier bewegt sich die Mailänder »Szene«. Am Naviglio Grande sind noch Reste der alten Wäschereien zu sehen. Lokale: teuer, »La Magolfa« in der Via Magolfa; ist sehr gut, wenn man sich ganz dem Wirt überläßt. Billig und gut sind die kalten Platten in der Osteria (Dienstag Ruhetag, nur abends ab 19 Uhr geöffnet) in der Strada Alzaia Naviglio Grande 46.
Am anderen Ende der Stadt, nördlich des Piazzale Loreto, überquert die Viale Monza den Kanal der Martesana, der die Stadt mit der Adda verbindet. Hier draußen ist das ein schmutziger, algenbedeckter, schmaler Bach, kleiner als der Offenburger Mühlbach. Soll das, was sich hier harmlos durch die Vororte, zwischen Kleingärten und Häusern durchschlängelt, der berühmte Kanal sein, von dem Stendhal schreibt und den Cattaneo zu den Wunderwerken der Technik zählte?

Zwischen Sesto San Giovanni und Mailand liegt das günstigste Feld für Untersuchungen über die Stadtentwicklung nach 1900 (Ausgangspunkt Piazzale Loreto). In dieser vielschichtigen Gegend sind alle Phasen der Entwicklung durch Bauten dokumentiert. Hier entstanden nach 1900 die großen Industrien: Falck, Breda, Marelli, Pirelli usw., hier entstanden die ersten Arbeitersiedlungen. Nur wenige hundert Meter nordöstlich von der Piazzale Loreto befinden sich zwei Modellsiedlungen, die villenartigen Reihenhäuser der Via Lulli und der Komplex der Umanitaria in der Viale Lombardia, Ecke Via Porpora aus den Jahren 1910 und 1909. Was für ein Unterschied zu heutigen Arbeitersiedlungen und Trabantenstädten! Längs der Viale Monza wechseln ältere, bürgerliche Wohnblocks mit neueren,

›ekulativen Eingriffen. Wo die Via Padova auf den Kanal :r Martesana trifft, stehen noch einige Villen aus dem 18. nd 19. Jahrhundert – ohne jedes Verhältnis zur übrigen :ripherie. Noch isolierter und einsamer liegt auf dem real der Pirelli-Werke, an der Via Sarca, die Villa Bicocca ıs dem 15. Jahrhundert; stadteinwärts hat man einen Blick ıf die neuesten Wolkenkratzer der Bahnhofsgegend (das relli-Hochhaus (1955) z. B. gilt als eines der schönsten lochhäuser Italiens. Ein anderes Hochhaus, das das Stadtıld bestimmt, aber von hier aus nicht sichtbar ist, ist die orre Velasca (1958), ein turmähnliches ›Mailänder Hochaus‹ in der Nähe des Doms).

Seveso ist überall« (Fischer-Taschenbuch), aber Seveso egt vor allem nur wenige Kilometer von Mailand entfernt.)ie »klassische Großindustrie« hat Ende der 50er Jahre ıre Produktion immer mehr dezentralisiert und ausgelaert; die Industrie konzentriert sich seitdem nicht mehr in ler Peripherie der großen Städte, sondern zerstreut sich in :inem weiten Hinterland. Hier können die Großunternehmen – relativ unkontrolliert vom Gewerbeaufsichtsamt und von der Arbeiterklasse – produzieren, was sie wollen; auch TCDD.

Es ist ratsam, den Ausflug in die nördliche Peripherie an einem verkehrsarmen Sonntag zu unternehmen. Ein seltener Zufall wollte es, daß in der Nacht zuvor ein großes Gewitter den Himmel reingefegt hatte, so daß ich schon am Piazzale Loreto die nördliche Alpenkette und später auch noch im Süden den Appennin sehen konnte. Großstädte sind so schwierig zu verstehen, weil man nicht mehr übersieht, wie sie liegen. Das Auge wird immer mehr in den Untergrund gedrängt. Das gilt auch für die Ohren. Zu den großen Attraktionen Mailands gehörte bis zum Zweiten Weltkrieg die Villa Simonetta aus dem 16. Jahrhundert. In den Arkaden ihres Hofes brach sich das Echo eines Pistolenschusses über 50mal. »Wahrscheinlich ist das das bemerkenswerteste Echo der Welt«, schrieb Mark Twain, der 1867 mit einer amerikanischen Reisegesellschaft auch Mailand besuchte (»Die Arglosen im Ausland«, Fischer-Taschenbuch). Das Echo wurde im Krieg zerbombt und in der Villa wurde als magerer Ersatz eine städtische Musikschule untergebracht.

Auf der Fahrt zur Villa Simonetta kommt man am Cimitero

Monumentale vorbei. Mein Baedeker von 1908 schreibt dazu: »200 000 Quadratmeter groß, von Säulenhallen umgeben, der glänzendste Friedhof Italiens. Die Grabmäler bilden ein wahres Museum der neueren mailändischen Bildhauerkunst.« Hier liegt das großbürgerliche Mailand der Jahrhundertwende begraben. Die Architektur dieser Totenstadt ist das Gegenstück zur Architektur der Fabriken, der Banken und Bahnhöfe. Piazza Cordusio und der Cimitero Monumentale sind Zwillinge. Die Familie Campari bestellte sich als Grabfigur Christus, der im Kreis der Jünger den Kelch hebt.

Die öffentlichen Einrichtungen in der Mailänder Innenstadt: Börse, Banken, Post, Münze usw. an der Piazza Cordusio; wenige Schritte entfernt liegen das Piccolo Teatro di Milano (das in ein paar Jahren in ein großes Theater, in das alte Theater Fossati, übersiedeln wird), die Scala und das Museum der Scala, die Galerie und der Domplatz. Die Scala war lange Zeit der Salon der Mailänder Aristokratie (Stendhal beschreibt das wunderbar) und wurde während der Einigungsbewegung, im Zeichen Verdis, zum Tempel des nationalen Italien. Ähnlich wurde das Piccolo Teatro 1947 zum Ort der Begegnung eines neuen Italien.

Unter den Galerien, die sich verschiedene Großstädte nach der Einigung Italiens als Treffpunkt ihrer Bürger schufen, st die Mailands die belebteste und schönste. Sie ist tatsäch-ich noch Treffpunkt, und am Ausgang zur Domseite gibt es mmer eine kleine Menschentraube, die sich im Verlauf rgendwelcher Diskussionen gebildet hat. Der Domplatz chließlich, an dem sich Mussolini für seine Auftritte eigens Loggien bauen ließ, ist bis heute der zentrale Platz aller politischen und religiösen Großveranstaltungen geblieben. Das sind wirklich *soziale* Infrastrukturen! Auch die Mailänder Innenstadt hat ähnliche Aushöhlungsprozesse wie andere Innenstädte durchgemacht – und doch hat sich hier aus verschiedenen Gründen soziales Leben erhalten. Zwei kleine Beispiele: in der Via Armorari findet bei gutem Wetter an jedem Sonntagmorgen ein Markt für Briefmarken und Münzen statt, mit würdigen und weniger würdigen Herren, die hier Stunden miteinander verbringen. Im Schloßpark, zwischen den Bäumen am Eingang der Arena, sprudelt eine schwefelhaltige Mineralquelle, Treffpunkt für Rentner und Hausfrauen, die sich hier kostenlos ihr Mineralwasser holen.

Mailand war ein Brennpunkt der »Strategie der Bomben«, der vom Staat gedeckten faschistischen Gruppen; ein Zentrum der Studentenbewegung und des heißen Herbstes, und es wurde später zum Schauplatz der Attentate der Roten Brigaden. Die Geographie der Demonstrationen, Zusammenstöße, Bombenanschläge, Treffpunkte usw. vermitteln ein anderes Bild Mailands als die Geographie der römischen und romanischen Bauten, Kirchen und Höfe. Aber die

Schauplätze überlagern sich auch. San Lorenzo und Sant Stefano waren Treffpunkte der Linken. In den Innenhöfe der Cá Granda, der heutigen Università Statale, die zu de schönsten Innenhöfen Mailands gehören (Zugang von de Via Festa del Perdone), fanden 1972 die großen anachro nistischen Polizeieinsätze gegen die Studenten statt, die zu Räumung der besetzten Universität führten.
Piazza San Sepolcro und Piazzale Loreto sind Schauplätz der faschistischen Macht und Niederlage. Im Palazzo Ca stani, gegenüber der Kirche S. Sepolcro (zum hl. Grab) wurden im März 1919 die *Fasci* gegründet, Gäste de »Circolo per gli interessi industriali, commerciali ed agricoli« (nomen est omen). Als der Faschismus wenige Jahre später an die Macht kam, wurde das Nebenhaus eingerissen und der Sitz der Mailänder Partei hierher verlegt. Die Piazza bedeckt einen Teil des antiken römischen Forums. Auch aus diesem Grund soll Mussolini gerne hier vom Balkon gesprochen haben. Im Dezember 1944 hatte er hier einen der letzten öffentlichen Auftritte. Am Abend des 25. April 1945, als die Faschisten und Mussolini Mailand überstürzt räumen mußten, versammelte sich auf dem Platz der letzte faschistische Widerstand. Die Partisanen drangen von allen Seiten in die Stadt ein und eine kleine Vorhut, die nichtsahnend hierher stieß, wurde massakriert. Eine Gedenktafel für zwei gefallene Partisanen ist in der Via Bollo angebracht worden.
Ein Teil der faschistischen Führung mit Mussolini und seiner Geliebten, Clara Petacci, wurde zwei Tage darauf am Comer See von Partisanen gefangen und erschossen (die Faschisten, die nicht gleich von den Partisanen hingerichtet wurden, haben alle überlebt und wurden schon nach wenigen Jahren wieder in Freiheit gesetzt). Am Morgen des 29. April brachten einige Partisanen die Leichen Mussolinis und der Faschistenführer nach Mailand und stellten sie spontan am Piazzale Loreto zur Schau. Hier waren im August 1944 von der faschistischen Miliz auf Befehl der SS Geiseln erschossen worden. In seinem Roman »Uomini e no« (der deutsche Titel »Und dennoch Menschen« besagt das Gegenteil von »Menschen und keine . . .« – deutsch bei Rowohlt, aber vergriffen), beschreibt Elio Vittorini jenen Sommer 1944: die stumme Prozession der Mailänder Bevölkerung zum Erschießungsort, den solidarischen Ab-

schied von den Toten, die noch lange auf der Straße lagen, schwer bewacht von Miliz und SS. Eine ganz andere Prozession setzte nun nach der Befreiung ein: während die offiziellen Stellen von nichts wußten, war schon ganz Mailand auf den Beinen. Ein unbeschreiblicher Haß entlud sich. Die Leichen wurden getreten, bespuckt, mit Schmutz beworfen. Die Partisanen hängten sie schließlich an einer Tankstelle auf, um sie zu zeigen, aber vor allem um sie der wütenden Menge zu entziehen.
Heute ist »Piazzale Loreto« nichts als ein Slogan, und der völlig umgebaute Platz wurde zu einem der leblosesten und gefährlichsten Verkehrsknotenpunkte der Stadt – mit einem Gedenkstein für die erschossenen Geiseln.
Die Kirche S. Sepolcro ist eine Kreuzfahrerkirche mit sehenswerter, aber restaurierungsbedürftiger Krypta. In der Apsis der Krypta steht eine herrliche, leider stark zerstörte Kreuzabnahmegruppe aus Terracotta. Die Rückseite der Kirche ist in den Palast der Ambrosiana gebaut, in dem sich eine berühmte Bibliothek und Pinakothek befinden. Die jedermann ohne große Formalitäten zugängliche Handbibliothek der Ambrosiana ist ein guter Ruhe- und Ausgangspunkt für Lektüren und Recherchen.
Die Museen (nicht das Castello Sforzesco und Poldi Pezzoli vergessen!), die Innenhöfe und die romanischen Kirchen sind die wichtigsten Kanäle, durch die die Stadt mit ihrer eigenen Geschichte kommuniziert. Die Politik des hl. Ambrosius, an strategischen Punkten der Stadt große, romanische Neubauten zu errichten und sie mit Reliquien reich auszustatten, war weitblickend und hat Mailand für mehr als ein Jahrtausend geprägt. Jede dieser Kirchen, die man nach und nach aufsuchen muß, San Satiro, San Nazaro, San Simpliciano und S. Eustorgio, liefert Material, um die Geschichte der Stadt, wie sie Dario Fo zu erzählen anfing, zu bereichern und lebendiger zu machen.
Hinter San Lorenzo führt eine Grünfläche zum ehemaligen Kloster San Eustorgio. Hier lagen die Reliquien der hl. Drei Könige, ehe sie bei der Plünderung Mailands durch Barbarossa vom Erzbischof von Köln nach Deutschland geführt wurden. In einer Seitenkapelle haben die Mailänder den mächtigen, aber leeren Sarkophag stehenlassen. In der prächtigen Cappella Portinari, hinter dem Chor, mit Fresken von Vincenzo Foppa, wird das Haupt eines heiligge-

sprochenen Dominikanermönches verehrt (Petrus, Märtyrer). Dieser Bruder Petrus aus Verona war der oberste Inquisitor in der Lombardei und bekämpfte die zahlreichen religiösen und sozialen Sekten, unter anderem die Patarener. Er wurde 1252 auf einer Dienstreise umgebracht.
San Eustorgio war der Vorgänger des hl. Ambrosius, San Simpliciano war sein Nachfolger. In dessen Kirche (hinter dem Corso Garibaldi) stoßen wir wiederum auf Spuren der römischen Kaiserzeit, der Langobarden, der Häretiker, der Auseinandersetzung mit Barbarossa, der einzigartigen Blüte von Kunst und Wissenschaft zur Zeit der Renaissance. Hier hatte sich die Mailänder Bevölkerung während der Schlacht von Legnano am 29. Mai 1176 versammelt, um für den Sieg zu beten. Drei weiße Tauben sollen sich aus dem Grab der hier bestatteten Märtyrer erhoben und solange über dem *Carroccio,* dem Wagenaltar des Heeres gestanden haben, bis der Sieg errungen war. In der Apsis sind Fresken des Borgognone (1468-1532), neben der Kirche schöne Kreuzgänge.
Ein Ausflug in die nördliche Peripherie der Stadt erschließt einen Blick auf die große Industrialisierung um die Jahrhundertwende. Eine Fahrt in die südliche Peripherie erläutert das Verhältnis Stadtentwicklung – Entwicklung der Landwirtschaft im frühen Mittelalter. Cattaneo beschreibt eindringlich, wie die Entwicklung der Landwirtschaft zur Grundlage des Reichtums der Stadt wurde und wie eng die Entwässerung der Sümpfe mit dem Bau schiffbarer Kanäle zusammenhing. Die Kunst des Kanalbaus bestand ja nicht nur im Bau des *Fosso,* des Grabens, sondern im Entwurf eines Netzes von Gräben und in der Regulierung der Wasserzufuhr und -abfuhr.
Ausgangspunkt eines Ausflugs ist die Porta Ticinese. Man folgt dem Kanal, der nach Pavia führt (Naviglio Pavese). Auf der Höhe des großen Autobahnrings um Mailand, unmittelbar nach dessen Unterquerung, stehen links die Reste eines großen landwirtschaftlichen Grundbesitzes: die *Cascina* (der große Gutshof der Poebene) und dahinter ein Schloß der Visconti, das zu den vorgeschobenen Befestigungen der Stadt gehört hatte. In dieser südlichen Peripherie blieben zwischen Feldern und Neubauten einige große Gutshöfe und Abteien erhalten. Wer Zeit und eine gute Karte hat, sollte sich (nicht weit von hier), die Cascina

Vione bei Basiglio anschauen, als Beispiel für die großen Gehöfte, die im 18. und 19. Jahrhundert die moderne, kapitalistische Landwirtschaft in der Poebene durchsetzten. Diese Gehöfte waren die Träger umwälzender Neuerungen, wie es im 12. und 13. Jahrhundert die Klöster waren. Drei Klöster sind im Abstand von wenigen Kilometern bequem vom Autobahnring aus zu erreichen: die Abteien von Mirasole, Viboldone und Chiaravalle. Vor allem die Zisterzienserabtei Chiaravalle ist sehenswert. Sie wurde von Bernhard von Clairvaux (Clairvaux = Chiaravalle) gegründet, immer prächtiger ausgebaut (ein Kreuzgang von Bramante wurde beim Eisenbahnbau im 19. Jahrhundert abgerissen, als die Klöster nach ihrer Aufhebung verwahrlosten). Erst die Abtei von Chiaravalle hat die einst sumpfige Gegend urbar gemacht.
Im Dorf Chiaravalle ißt man teuer und hervorragend. Billiger, aber immer noch mit Mailänder Preisen, ist die Trattoria »al Laghett«. Man sitzt draußen, im dichten Grün, an der Stelle eines ehemaligen Weihers (s. Bild).

6. Exkurs: Die Brera

La Brera ist der Name eines großen, im Zentrum von Mailand gelegenen Palastes aus dem frühen 17. Jahrhundert. Seitdem wurde er vielfach umgebaut und verändert und beherbergt heute die quantitativ größte Gemäldegalerie Italiens.
Museen haben ihre Geschichte; die Soziologie und Kulturgeschichte der Institution Museum wird wohl – um über die Fachwelt hinaus bekannt zu werden – erst noch geschrieben werden müssen. Italien war jahrhundertelang zersplittert in Stadtstaaten, aus denen später aristokratisch regierte Re-

publiken und dann Fürstentümer wurden. Hier war daher nicht, wie in England, Frankreich, Spanien, Habsburg oder Wittelsbach, die Krone das Zentrum jener Sammlungen, durch die ästhetische Gesellschaftwerte und Standards gesetzt wurden, sondern es waren die einzelnen Fürsten und die großbürgerlichen Familiendynastien. Zersplitterung bzw. künstlerischer Reichtum in den Pinakotheken mittlerer bis kleiner Städte wie Modena, Urbino, Brescia, Bergamo, Lucca oder Sansepolcro charakterisiert darum bis heute die italienischen Sammlungen. Allerdings hat das den unschätzbaren Vorzug, daß man eigentlich überall Überraschungen erleben kann. Damit jedoch aus den privaten Sammlungen Museen werden konnten, bedurfte es zunächst der Aufklärung und dann vor allem der Französischen Revolution, die den Öffentlichkeitscharakter des Bildungselements von Skulptur- und Gemäldesammlungen durchsetzten: 1793 wurden die Schätze des Louvre als Museum der jungen französischen Republik dem Volke zur Besichtigung freigegeben. Entsprechend ist auch in Italien die Zeit der napoleonischen Eroberung/Befreiung die große Zeit der Museumsgründungen bzw. der Transformation privater, herrschaftlicher Sammlungen in öffentliche Institutionen. Die Restaurationszeit hat an dieser neuen bürgerlichen Kulturpolitik nichts wesentliches geändert. Den unmittelbaren politischen Hintergrund für die Entstehung von Museen bildet demnach die Auflösung des Ancien Regime und, darüber hinaus, die Enteignung großer Teile der Kirchengüter. Dieser Vorgang führte u. a. zur Gründung der Brera:

1776 hatte Maria Theresia in dem damals habsburgischen Mailand eine Akademie der Schönen Künste gegründet, eine Art Lehranstalt, deren schmaler Besitz an Drucken und Zeichnungen aus der Renaissance – für Studienzwecke – den Anlaß zu weiteren Erwerbungen geben sollte. 1797 war Mailand von den französischen Truppen unter Napoleon erobert und die lombardische Satelliten-Republik ausgerufen worden. 1799 erhielt die Akademie anläßlich der Auflösung einer mailändischen Kirche ihre ersten vier Gemälde. Von nun an wird die Brera das wichtigste Zentrum für die durch die zentralisierenden Enteignungen freiwerdenden Kunstschätze vor allem aus Kirchengütern: Unter dem Vizekönig Eugénie de Beauharnais sollte die

Akademie die große national-italienische Pinakothek werden, gewissermaßen die kulturelle Antizipation eines späteren italienischen Einheitsstaates und ein Kontrast-Projekt zu den Sammlungen des Vatikans und zu den in Bologna und Venedig aus den jeweiligen Hinterländern entstehenden Pinakotheken. Auf dem Höhepunkt dieser großangelegten Einsammelaktion, im Jahre 1811, sieht die Chronologie etwa so aus:

9. Januar: 20 Gemälde von den Kapuzinern in Mailand; 9. Februar: 13 Bilder über die Präfektur von Adige (Verona); 22. Februar: 7 Tafeln aus Ferrara; 25. Februar: 10 Bilder aus Bologna; 28. Februar: 4 Bilder aus dem Unterrichtsministerium; 2. März: 8 Bilder aus Ferrara; 14. März: 8 Gemälde aus Treviso; 19. März: 2 Gemälde aus Todi; 29. März: 2 Bilder aus Casalmaggiore; 4. April: 18 Gemälde über die Präfektur von Serio (Bergamo); 11. April: 23 Bilder aus der Galerie des Erzbischofs von Mailand; 20. April: 12 Gemälde aus der Kirche Corpus Domini in Venedig, usw.

Am Ende dieses Jahres verfügte die »Pinakothek der Akademie von Brera« über 773 Gemälde. Der Vizekönig hatte in jener Zeit (1807) bei dem großen klassizistischen Bildhauer Antonio Canova einen ›Napoleon als Friedensbringer‹ in Auftrag gegeben, der zwar 1811 als Guß ausgeführt wurde, allerdings erst 1859 auf seinem zentralen Standort im Innenhof des Palastes zu stehen kam; Napoleon selbst soll über diese, seine Darstellung als nackter Griechenjüngling alles andere als entzückt gewesen sein. Ebenfalls im Innenhof findet man ein großes Wandrelief aus dem Jahre 1813/14, das für einen offensichtlich nicht mehr ausgeführten Friedens-Triumphbogen bestimmt gewesen war: »Italien krönt Napoleon Buonaparte«.

Auch wenn nach dem Fall Napoleons und damit seiner italienischen Satelliten-Staaten die Brera nicht mehr so stürmisch weiterwuchs wie in den Jahren 1805-1812, ja sogar eine ganze Reihe von Gemälden an ihre Herkunftsorte zurückgegeben werden mußten, blieb der Bestand als solcher erhalten. In den folgenden Jahrzehnten und insbesondere nach der italienischen Einigung wurde die Sammlung ständig erweitert. Für unsere unmittelbare Gegenwart ist vermutlich die Übernahme einer wichtigen sammlerischen Erbschaft 1976 von größter Bedeutung, mit der die

Brera heute über den wichtigsten Bestand an italienischer zeitgenössischer Malerei, vor allem des Futurismus, verfügt.

7. Exkurs zur Colonna infame (Schandsäule)

Neben San Lorenzo liegt die *Piazza Vetra,* Hinrichtungsstätte bis zum Jahre 1814. Hier stand die Schandsäule, die *Colonna infame,* deren Geschichte in Manzonis Roman »I promessi sposi« (Die Verlobten) so viel Raum einnimmt, daß die Komposition des Ganzen darunter leidet (brummte Goethe zu Eckermann). Die Geschichte der Schandsäule wurde damals in Mailand so leidenschaftlich diskutiert, daß Manzoni nach genauer Durchsicht von Dokumenten und Prozeßakten, noch einmal eine kleine Schrift veröffentlichte, die »Storia della colonna infame«, den ersten dokumentarischen Prozeßbericht der italienischen Literatur, natürlich kein Erfolg, denn der Angriff des sonst so katholischen und vaterländischen Dichters auf die Justiz erregte Anstoß.

Zur Zeit der großen Pest, 1630, ging das Gerücht, die rasche Ausbreitung der Krankheit sei Bösewichten zuzuschreiben, die des Nachts ansteckende Essenzen an die Häuserwände schmierten. Auf die Anzeige einer gewissen Caterina Rosa hin wurden zwei Unglückliche ergriffen, die in der Via Vetra, wo einer der beiden ausgerechnet noch wohnte, die Pest an die Häuser geschmiert hätten. Das Volk war aufgebracht, die weltliche und geistliche Obrigkeit standen der Pest hilflos gegenüber und waren froh, eine Erklärung gefunden zu haben. Die beiden »Pestverbreiter« wurden zu Staatsfeinden erklärt, mit unglaublicher Hartnäckigkeit gefoltert und schließlich nach »erdrückenden Indizien« und einem erpreßten, wenn auch widerrufenen Geständnis, zum Tod verurteilt. Aber nicht nur zum Tod. Sechs Stunden dauerte auf der Piazza Vetra die Hinrichtung; die Medizin hielt die beiden am Leben, bis die Justiz ihr Werk verrichtet hatte: Zwicken mit glühenden Zangen, Brechen der Knochen auf dem Rad, schließliches Schinden bei lebendigem Leib. Das Haus des Giangiacomo Mora (am Beginn der heute nach ihm benannten Straße) wurde dem Boden gleichgemacht, und es wurde eine Säule errichtet, zur Abschreckung und Erinnerung. Auf der Säule stand ge-

schrieben, man möge diesen Ort fliehen, um nicht von der unheilvollen Luft der hier begangenen und gesühnten Verbrechen befallen zu werden.
Im Jahre 1778 wurde die Schandsäule nach einer von aufgeklärten Juristen wie Pietro Verri und Cesare Beccaria geführten Kampagne gegen die Folter und gegen die Todesstrafe abgerissen. Das Tabu der Piazza Vetra, der Hinrichtungsstätte für Häretiker, Hexen und »gemeine« Verbrecher, wurde gebrochen: die Aufklärung lud ein, diesen Ort nicht zu fliehen, sondern dessen eigentliche Schande zu entdecken.
Worin besteht diese Schande? Für Aufklärer wie Beccaria und Verri bestand sie in der Vernichtung Andersdenkender (Häretiker, Hexen usw.) durch die Todesstrafe und mehr noch: durch die Folter, mit deren Hilfe sich die Gesellschaft den »Anderen«, den Schuldigen selbst produzierte, denn mit Hilfe der Folter wurden Unschuldige so deformiert, daß sie Verbrechen gestanden, die sie nie begangen hatten.
Wenige Jahre nach dieser Kampagne zur Abschaffung der Folter und der Todesstrafe versuchte Manzoni der Diskussion eine zusätzliche Wende zu geben. Waren nur die finsteren Institutionen, Todesstrafe und Folter, schuld am gräßlichen Justizmord von 1630? Wo liegt die Verantwortung der Richter? Können sie sich herausreden, sie hätten im Rahmen schlechter Institutionen ihre gute Pflicht getan? Manzoni stellt diese Fragen und geht ihnen auf den Grund. Er weist bis ins einzelne nach, daß die Richter ihre Pflicht nicht taten, daß sie die Chancen, die auch die schlechtesten Institutionen dem Angeklagten geben, nicht respektierten; daß sie eine Notstandssituation konstruierten, um die Folter auch über das Maß des damals Zulässigen hinaus anwenden zu können; daß »die schlimme Leidenschaft der Menschen« die Schlechtigkeit der Institutionen noch übertraf. Und doch, Manzoni vergißt nicht es zu betonen, wurden für diesen Prozeß die anständigsten und unbestechlichsten Richter ausgesucht. Der Notstand eines Prozesses gegen Staatsfeinde machte anständige Richter zu Folterern und Verbrechern. Die Schrift Manzonis ist ein Pamphlet gegen den Notstand.

P. K.

Solferino, 1859

Der Wiener Kongreß hatte 1815 Österreich dessen norditalienische Besitzungen bestätigt: die Lombardei, das Veneto und Venedig. Die große konterrevolutionäre Strategie der Metternichschen Restauration war hier zugleich auch noch Fremdherrschaft – im Unterschied zu Deutschland, wo das die eigenen Fürsten besorgten. Heute allerdings gibt es in diesen Regionen eine ganz eigenartige Nostalgiewelle für die österreichische Monarchie, denn es scheint so, als sei das im Vergleich mit anderen Regionen Italiens relativ bessere Funktionieren der öffentlichen Verwaltung, der kommunalen Einrichtungen, der Schulen usw. zum Teil wenigstens auf das Erbe des Habsburger Regimes zurückzuführen; bzw. man vergleicht hier die heutige staatliche Mißwirtschaft und Korruption mit der Zeit vor der italienischen Einheit und stellt fest, daß es in jener »guten alten Zeit« unter den Wiener Kaisern eigentlich besser gewesen sei. Die 1980 erschienene italienische Übersetzung einer Kaiser-Franz-Josef-Biographie (von Franz Hesse) war innerhalb kürzester Zeit vergriffen und mußte neu aufgelegt werden; der damalige Ministerpräsident Cossiga erklärte, daß er das Buch zur Nacht lese. Bei Historiker-Konferenzen über diese Jahrzehnte wird solchen Stimmen noch wissenschaftliches Gewicht gegeben, zumal wenn diese Nostalgie geimpft wird mit dem modernen Bazillus von Regionalismus und nationaler Autonomie im europäischen Maßstab. Damals jedoch sah man's anders: da war die Habsburger Monarchie ein verhaßter Fremdkörper, Inbegriff der Repression und das wichtigste Hindernis auf dem Wege der von Piemont betriebenen italienischen Einigung. Österreich verteidigte seine Präsenz in Oberitalien mit Härte: mit den Mitteln des Polizeistaates bis 1848, danach militärisch. 1849 wurden die Aufstände in Mailand und Brescia von dem damals über achtzigjährigen General Radetzky (der zuvor schon Wien von den Wienern für die Monarchie zurückerobert hatte) blutig unterdrückt. Zur strategischen Absicherung der österreichischen Herrschaft war das über

ein halbes Jahrhundert berühmte **Festungsviereck** (Peschiera-Mantova-Legnago-Verona) ausgebaut und mit fest stationierten Garnisonen versehen worden. Die Festungsmauern von **Peschiera** sind heute eindrucksvoll, aber auch **Mantua,** z. T. noch vom schützenden Wassergraben umgeben, vermittelt einen Eindruck von der einstigen militärischen Bedeutung. Und in dieser Zone spielte sich 1859 ein Teil des militärisch-diplomatischen Dramas der italienischen Einigungskämpfe ab.
Unmittelbar südlich des Gardasees und seines touristisch vermutlich schönsten Punktes, **Sirmione,** liegt die Autobahnausfahrt **S. Martino della Battaglia** mit einem weithin sichtbaren Aussichtsturm: er erinnert an jene Schlacht, die zwischen hier und dem wenige Kilometer weiter südlich liegenden Solferino auf einem ca. 20 km langen Gebiet am 24. Juni 1859 zwischen den verbündeten Franzosen und Piemontesen einerseits und den Österreichern aus dem Festungsviereck andererseits unter der persönlichen Leitung der beiden Kaiser, Napoleon III. und Franz Josef, geschlagen wurde. Die Vorgeschichte sei hier ganz kurz resümiert: 1848/49 hatte Piemont im Alleingang versucht, Österreich aus Italien zu vertreiben – das hatte in schweren militärischen Niederlagen geendet. Seitdem wußten die Turiner Kabinettspolitiker und Militärs, daß sie ohne auswärtige Hilfe gegen Habsburg zu schwach waren, und solche Hilfe konnte nach Lage der Dinge nur von Frankreich kommen. Hier war inzwischen der Glücksritter Napoleon III. an die Macht gekommen, der lange Zeit in den Kreisen der nationalistischen »Carbonari« Italiens verkehrt und dort das Versprechen abgegeben hatte, ›etwas für Italien zu tun‹. Sein Eintreten für die italienische Einheit sah nicht den Einheitsstaat vor (an den glaubte außer Mazzini, Garibaldi und einigen anderen Schwärmern jener Zeit ohnehin niemand), sondern einen italienischen Staatenbund unter der Schirmherrschaft bzw. dem Vorsitz des Papstes; das sollte den republikanischen Nationalisten den Wind der Einheitspropaganda aus den Segeln nehmen und zugleich die Rechte, mit dem Papst selbst an der Spitze, beruhigen und absichern gegen die Gefahr der »Revolution«. Mit päpstlichem Segen, der Unterstützung der konservativen Schichten und der katholischen Kirche für deren Rettung vor den Radikalen, dabei aber zugleich als Sprecher der europäi-

schen Nationalismen – so hoffte Napoleon III. seine kaiserliche Herrschaft zu legitimieren. Es war klar, daß das ein Ritt auf dem Tiger war, ein komplizierter Balance-Akt. Aus der italienisch-nationalen konnte leicht eine radikal-demokratische Revolution werden (repräsentiert von Garibaldi), und außerdem konnte das dynastisch-legitimistische Interesse der alten Monarchien, Preußen und Rußland vor allem, nur allzu leicht das Frankreich des Emporkömmlings-Kaisers isolieren und aus dem Krieg am Po einen Krieg am Rhein machen (was ja 1870 dann auch tatsächlich geschah). Deren Gegnerschaft zu Napoleon bestand vor allem in der Furcht davor, dessen Nationalismus-Appelle könnten bei dem liberalen Bürgertum, dem kleinen Mittelstand und selbst den Arbeitern verfangen. Kein Geringerer als Friedrich Engels hat zum Zeitpunkt eben jener diplomatisch-militärischen Manöver Napoleons in Italien die deutsche Linke davor gewarnt, mit dem französischen Kaiser gemeinsame Sache zur Erkämpfung der deutschen Einheit zu machen (auch in Deutschland ging es ja darum, Österreich »auszuschließen«); aber er warnte gleichzeitig davor, Österreich bei der Verteidigung des Festungsvierecks als vermeintlich »natürlicher Grenze Deutschlands« (so versuchte die österreichische Propaganda um Unterstützung für die Habsburger Italienpolitik zu werben) beizustehen: »Ist es aber unser Interesse, vier Festungen zu behalten und uns dagegen die fanatische Feindschaft und den Franzosen die Allianz von 25 Millionen Italienern zu sichern?« (Po und Rhein, 1859) Der junge August Bebel, weniger überlegt und dem anti-napoleonischen Affekt der Linken nachgebend, meldete sich damals freiwillig zu den Tiroler Kaiserjägern. Kurz: die Diplomatie Napoleons wie auch die Cavours hatte es mit vielen Gegnern und Fallstricken zu tun.

Jedenfalls war es im Frühjahr 1859 Napoleon gelungen, Österreich gegen Piemont zu provozieren und damit den Bündnisfall zwischen letzterem und Frankreich auszulösen – es durfte gekämpft werden. Die später nach dem Städtchen Solferino benannte Schlacht war nicht viel mehr als ein gewaltiges Gemetzel; in Solferino waren es vor allem die Franzosen, die den Österreichern gegenüberstanden, in S. Martino die Piemontesen. Insgesamt kämpften 133 000 Österreicher gegen 151 000 Franzosen und Italiener. Die

Historiker scheinen sich darüber einig zu sein, daß hier in der Tat nur geschlachtet, nicht aber von kompetenten Generälen – auf beiden Seiten kommandierten die jeweiligen Kaiser – Strategien in militärische Aktionen umgesetzt wurden. Die Franzosen hatten allenfalls die bessere Artillerie, und es gelang ihnen, das Blutbad mit 22 350 toten Österreichern (und Ungarn), bei »nur« 12 000 eigenen und 5 500 piemontesischen Toten siegreich zu beenden. Tausende jedoch starben erst nach der Schlächterei, weil für die von den Geschützen verursachten großen Fleischwunden nicht genügend und nicht geeignete Medikamente verfügbar waren. Napoleon III. selbst soll beim Anblick des Schlachtfeldes, nachdem alles vorbei war, von Entsetzen

Aufgestapelte Schädel im Beinhaus von Solferino

gepackt worden sein; von einem seiner Generale, Fleury, wird das Zitat überliefert: »Der Krieg sieht von weitem schön aus, er nützt den Heerführern und bringt dem Lande Ruhm, wenn es seiner bedarf, aber er kostet sehr viele Tränen . . . Diese Schlächtereien sind nicht mehr zeitgemäß.« Auf der anderen Seite soll Kaiser Franz Josef gesagt haben, lieber eine Provinz verlieren als so etwas noch einmal mit ansehen zu müssen – nun, 55 Jahre später hat er, als Greis, das Seine dazu beigetragen, den Ersten Weltkrieg nicht zu verhindern . . . Joseph Roth läßt den »Radetzkymarsch«, d. h. die Geschichte des Untergangs des alten Österreich, mit eben dieser Schlacht und der Lebensrettung des Kaisers durch den Helden seines Romans beginnen.

Napoleons Ziele waren mit dem Sieg bereits erreicht: im nahegelegenen Örtchen *Villafranca* wurde sehr schnell ein Präliminarfrieden geschlossen, den Cavour mit Recht als einen Verrat an der Sache Italiens ansah, denn Österreich zog sich nur aus Mailand, nicht aber aus seinen Festungen zurück, was Cavour dann auf den »revolutionären Weg« verwies, den über Garibaldi und die Mobilisierung ›von unten‹. So wurde Solferino dennoch die Geburtsstunde für etwas, das man nach einigem Zögern ein Stückchen Fortschritt wird nennen dürfen. Einer der zutiefst schockierten Zeugen dieses Massakers und seiner Folgetoten (es soll Tage gedauert haben, ehe die Gefallenen begraben und die Pferdekadaver verbrannt waren) war der Schweizer **Henri Dunant,** und von diesem 24. Juni 1859 datiert man im allgemeinen die Gründung der Organisation des Roten Kreuzes.

Sowohl Solferino als auch S. Martino haben ihre jeweiligen Museen mit den üblichen Dokumenten, Uniformstücken, Mordgegenständen und Schlachtgemälden, Solferino außerdem noch ein makabres *Ossario,* ein Beinhaus, in dem die Schädel und Knochen von Zehntausenden zusammengetragen und in schöner Ordnung hinter Glas und Gittern aufgestapelt worden sind. Wer will, kann sich beim Anblick aufgestellter ganzer Gerippe in Glaskästen mit Namen und militärischem Rang sarkastische Gedanken machen über die Fortsetzung der Standesunterschiede nach dem Heldentode mit anderen Mitteln.

E. K.

Brescia, zum Beispiel . . .

Brescia (140 m; *Bahnrestaur.; H. Brescia,* Via Larga; *Italia,* Corso del Teatro), das alte gallische *Brixia,* mit 61 000 Einwohnern, ist jetzt die gewerbthätige Hauptstadt einer Provinz und Bischofssitz, in anmutiger Lage am Fuß der Alpen. Den Mittelpunkt der Stadt bildet die Piazza Vecchia, mit dem prächtigen 1489 begonnenen *Municipio* und dem *Uhrturm.* S. ö., am Domplatz, der *Duomo Nuovo* aus dem XVII. und XVIII. und der tiefer liegende *Duomo Vecchio* aus dem XII. Jahrhundert. Das *Altertümermuseum* enthält die fast 2 m hohe antike Bronzefigur einer geflügelten Victoria. Im *Palazzo Tosio* und *Palazzo Martinengo* Gemäldesammlungen. Auch die Kirchen *S. Giovanni Evangelista,* SS. *Nazzáro e Celso* u. a. enthalten wertvolle Bilder.

Karl Baedeker, Leipzig 1900

Brescia (150 m; Bahnrestaur.; Gasth.: Igèa Italia, Modern H. Gallo), Provinzhauptstadt von 82 800 Einwohnern und Bischofssitz, in anmutiger Lage am Fuß der Alpen. Man benutze die Straßenbahn vom Bahnhof durch Corso Vittorio Emanuele bis zum Corso Zanardelli, dem Mittelpunkt des Verkehrslebens, an der Nordseite mit Bogengängen und mehreren Cafés. Nördlich von hier, am Domplatz, der *Duomo Nuovo,* aus dem XVII., und der tiefer liegende *Duomo Vecchio,* aus dem XII. Jahrhundert (?). Vom Nordende des Platzes l. zu der malerischen Piazza della Loggia, mit der im XVI. Jahrh. erbauten schönen *Loggia* (Stadthaus); zurück zum Domplatz und nördlich weiter, dann r. in der Via dei Musei zum *Museo Civico Romano,* Altertümersammlung mit einer berühmten Bronzestatue der geflügelten Viktoria (1. Jahrh. nach Chr.), und zum *Museo Civico Medioevale* (mittelalterliche Sammlung). – Südlich vom Corso Magenta, der Fortsetzung des Corso Zanardelli, gelangt man durch die Via dell'Arsenale nach der *Pinacoteca Tosio e Martinengo,* der städt. Gemäldegalerie, mit Meisterwerken *Moretto's* und *Romanino's.*

Karl Baedeker, Leipzig 1930

Brescia (150 m) – Die Provinzhauptstadt Brescia, nach Mailand die bedeutendste Stadt der Lombardei und Sitz eines Bischofs, mit 180 000 Einwohnern, liegt anmutig am Fuß von Vorhöhen der Brescianer Alpen, überragt von einer alten Burg. Die sehenswerte Altstadt, ein von Anlagen umschlossenes Viereck, mit beachtenswerten Resten aus der frühen römischen Kaiserzeit und schönen

Renaissancebauten, hat 1933 ein für die moderne italienische Architektur charakteristisches Zentrum erhalten. Nach den beträchtlichen Zerstörungen des Zweiten Weltkriegs, die inzwischen größtenteils behoben sind, haben einige Stadtteile durch Verbreiterung von Straßen und Plätzen noch weitere Veränderungen erfahren. Bedeutend ist die Textil- und Eisenindustrie sowie der Handel mit den Erzeugnissen der fruchtbaren Umgebung.

Geschichte. – Das alte *Brixia* war seit Augustus als *Colonia Augusta Civica* römische Kolonie und durch seine Lage an der Alpenstraße von Bologna über den Splügen eine blühende Stadt. Im Mittelalter war es eifriges Mitglied des Lombardischen Städtebundes und 1426-1797 im Besitz der Republik Venedig. – Der Kunstruhm der Stadt knüpft sich an den Maler *Alessandro Bonvicino,* gen. *il Moretto* (1498-1555), dessen Kolorit mit dem der Venezianer wetteifert. Neben Moretto glänzt in der Brescianer Malerschule *Girol. Romano,* gen. *il Romanino* (um 1485-1559). In den Kirchen und in der Pinakothek befinden sich viele ihrer Werke.

STADTBESICHTIGUNG. – An der Piazza del Duomo der **Duomo Nuovo,** ein 1604 begonnener Zentralbau mit 82 m hoher Vierungskuppel von 1825. Südlich anschließend der **Duomo Vecchio,** gewöhnlich *Rotonda* genannt, ein mächtiger kreisrunder Kuppelbau des IX.-XII. Jahrhunderts, mit Werken von Moretto und Romanino (vgl. oben); unter dem Querschiff die *Basilica di S. Filastrio,* Überrest einer Säulenbasilika der Langobardenzeit. – Links neben dem Neuen Dom der *Broletto* (1187-1250), das alte Rathaus, jetzt Präfektur, mit Glockenturm aus dem XII. Jahrhundert (Torre del Popolo).

Westlich vom Domplatz die Piazza della Vittoria, das 1933 neu gestaltete Stadtzentrum (vgl. S. 211), mit zwölfstöckigem Hochhaus und dem Postamt. – Hinter der Post die Piazza della Loggia, einer der malerischsten Plätze Oberitaliens. An der Westseite die prächtige ***Loggia** (*Palazzo del Comune;* Rathaus), im Frührenaissancestil 1492-1508 begonnen, 1526-74 vollendet (die Fenster von Palladio; S. 302). Östlich gegenüber eine Fassade mit Uhrturm von 1552. An der Südseite des Platzes der *Monte di Pietà* (Leihhaus), mit schöner Frührenaissance-Loggia (Ende des XV. Jahrh.).

Vom Broletto steigt man nördlich hinan zum **Kastell,** der alten Viscontiburg, mit neu angelegtem schönem Park; von der *Torre Mirabella* weite Aussicht. – Unter dem Kastell führt die nach dem Zweiten Weltkrieg eröffnete *Galleria Tito Speri,* ein 400 m langer Tunnel, zu dem in raschem Aufschwung befindlichen Stadtteil Borgo Trento, mit dem *Neuen Krankenhaus* (1440 Betten).

Vom Broletto östlich durch die Via dei Musei, einst als Via Aemilia die Hauptstraße der römischen Stadt, zu dem 72 n. Chr.

unter Vespasian errichteten *Römischen Kapitol (Tempio Capitolino)*, einem dem Jupiter, der Juno und der Minerva geweihten Tempel korinthischen Stils, mit einer von acht Säulen gebildeten Vorhalle; in den drei Cellen des Tempels eine Sammlung römischer Inschriftsteine (Mo. geschl.). Hinter dem Kapitol das **Altertümer-Museum** *(Civico Museo Archeologico;* Mo. geschl.), mit römischen Funden aus Brescia und Umgebung, u. a. der fast 2 m hohen Bronzestatue einer geflügelten *Victoria aus der Erbauungszeit des Kapitols (eine Nachbildung auf dem Tonale-Paß; S. 92). – Etwas weiter östlich in der Via Piamarta in einer frühmittelalterlichen Klosterkirche das **Mittelalterliche Museum** *(Museo Civico dell'Età Cristiana Medievale;* Mo. geschl.), mit Elfenbeinschnitzereien des III.-V. Jahrhunderts und einem großen byzantinischen Goldkreuz. Neben dem Museum die alte Kirche *S. Salvatore* (schöne Krypta auf 42 Säulen).

Am Corso Martiri della Libertà, im südwestlichen Teil der Stadt, die im Zweiten Weltkrieg schwer beschädigte kleine Kirche *Madonna dei Miracoli,* mit erhaltener zierlicher Frührenaissance-Vorhalle (1487-1508). – Unweit südwestlich im Corso Matteotti die Kirche *Santi Nazzaro e Celso* (1780; im Innern mehrere Altarbilder von Moretto; hinter dem Hochaltar eine Auferstehung Christi von Tizian). – Unweit nördlich am Corso Palestro die gotische Kirche *S. Francesco* (1254-65; im Innern u. a. ein prächtiges Hochaltarbild von Romanino); anstoßend ein schöner gotischer Kreuzgang.

Nordwestlich der Piazza della Vittoria die Kirche *S. Giovanni Evangelista;* im Innern treffliche Gemälde von Moretto und Romanino. – Weiter westlich am Ende der Via Capriolo die Kirche *S. Maria delle Grazie,* eine ehem. Klosterkirche (seit 1522; beachtenswertes Inneres).

Der Mittelpunkt des städtischen Lebens ist der unweit südlich des Domplatzes gelegene Corso Zanardelli; an seiner Nordseite das *Teatro Grande,* mit prächtigem Zuschauerraum und Foyer (XVIII. Jahrh.).

½ km südöstlich, an der Piazzo Moretto, die ***Pinacoteca Tosio-Martinengo,** die städtische Gemäldegalerie (Eintr. 9-12, 14-17 bzw. 13-16 Uhr; Mo. geschl.), mit Meisterwerken u. a. von Moretto (z. B. Christus und ein Engel, Pfingsten, beide im Saal III), Romanino (vgl. S. 212), Lotto (Anbetung der Hirten, Saal VIII), Vincenzo Foppa (Kirchenfahne mit Madonna und Heiligen, Saal V) und Raffael (u. a. segnender Christus, Saal VII).

aus Baedekers Autoreiseführer ›Oberitalien‹
6. Auflage, Stuttgart 1964/65

Warum gerade Brescia? Natürlich spielt da auch der Zufall* eine Rolle, denn dieses einer norditalienischen Stadt mittlerer Größe aber großer Tradition und ökonomischer Bedeutung gewidmete Kapitel hätte ebensogut Bergamo oder Pavia, Cremona oder Parma, Mantova oder Padova gewidmet werden können. Ähnliche Entdeckungen, wie sie hier vorgestellt werden sollen, ist der Reisende eingeladen anderwärts selbst zu machen – selbstverständlich mit den örtlichen Differenzierungen. Bekannt und viel zitiert ist Goethes Behauptung, der Schlüssel zum Verständnis Italiens liege in Sizilien. Dies hat seine Berechtigung für die mediterrane Dimension der italienischen Kultur und ihrer Geographie, zu der die griechisch-römische Klassizität ebenso gehört wie das Klima des »sonnigen Südens« und die von Ernst Bloch beobachtete »Porösität« der italienischen Gesellschaft: die alltäglichen Umgangsformen, die Piazza als soziale Institution, die Stühle mit zwei, drei Tischen auf dem Fußweg vor der Bar.
Aber Italien gehört *auch* zur mitteleuropäischen Geschichte und Ökonomie, und zwar ungebrochen seit der Antike, und zu diesem »mitteleuropäischen Italien« liegt der Schlüssel, wenn es einen solchen überhaupt geben sollte, dann schon eher in einer Stadt wie Brescia, als in Sizilien. Denn hier hat sich das neuzeitliche Wirtschaftsbürgertum entfaltet, an dem die stauffischen Kaiser mit ihren feudalen Reichsprojekten scheiterten, diese Städte und ihr Reichtum waren der Preis, um den spanische und französische Eroberer sich stritten, sie waren das produktive Hinterland der großen Seerepubliken Genua und vor allem Venedigs, aber auch Mailands und später der Sabauden-Könige in Turin. Hier wurde Napoleon – ähnlich wie im deutschen Rheinland – als Befreier empfangen und als Besatzer erfahren, hier spielten sich die wichtigsten und blutigsten Kämpfe um die italienische Einheit gegen die österreichische Herrschaft ab, diese Städte – bis maximal Mittelitalien und Rom reichend – sah Cavour noch während der 1850er Jahre als das Zentrum des zu schaffenden Königreichs Italien an (der Süden gehörte für ihn zunächst ganz und gar nicht dazu, der fiel ihm bzw.

* Die meisten der hier vermittelten Informationen verdanke ich der liebenswürdigen Führung von Franco Nardini und seinem Buch »Brescia e i bresciani dalle origini al 1945« (Editoriale Ramperto, Brescia 1979).

der sabaudischen Monarchie eigentlich eher widerwillig und aufgrund der unvorhersehbaren Eigendynamik des garibaldischen Befreiungskrieges in den Schoß, und er ist ja auch bis heute das Stiefkind der Nation geblieben). Auf diese Städte stützte sich dann im letzten Kriegsjahr des 2. Weltkrieges die faschistische »Republik von Salò«, was bis heute zu einer starken Präsenz faschistischer Organisationen in diesen Provinzen des Nordostens geführt hat. Und schließlich sind wir hier mitten im sogenannten »industriellen Dreieck«, hier ist die exportorientierte Mittelindustrie angesiedelt, hier funktionieren die Verwaltungen, die Schulen, die öffentlichen Verkehrsmittel (jedenfalls im Vergleich mit den südlichen Regionen), aber auch die Museen sind hier nicht immer wiedcr geschlossen wegen angeblicher oder tatsächlicher nie endender »Restaurierung«. Darum also Brescia – aber nicht nur darum, auch um seiner selbst willen. Die rd. 220 000 Einwohner sind ein Ergebnis des großen »Booms« der 60er Jahre, als die Stadt sich fast verdoppelte und die zahlreichen »quartieri« des neuen Brescia (im Norden und im Süden des alten Zentrums) erschlossen wurden. Eine der wichtigsten Voraussetzungen für diesen Wirtschaftsaufschwung war die Verfügbarkeit von billigen Arbeitskräften (sowohl aus dem Süden als auch vom Hinterland der Alpentäler), deren sich eine technologisch und unternehmerisch erfindungsreiche Industriellenklasse mit langer Tradition, mit Know-how und internationalen Geschäftsverbindungen zu bedienen wußte. Im Falle Brescias war das zunächst die Waffenindustrie: hier wurden schon seit dem 15./16. Jahrhundert begehrte Schlagwaffen und Pistolen hergestellt, im 19. und 20. Jahrhundert dann vor allem kleinkalibrige Schußwaffen; heute sind es besonders Jagdwaffen, die diese Tradition fortsetzen und neben ihrem sicheren internen auch einen wichtigen internationalen Markt haben (die Familie Beretta, deren Name in dieser Branche so etwa wie der von Mercedes im Automobilbau klingt, besitzt und bewohnt einen der schönsten Stadtpaläste in der Via Tosio – gegen potentielle Entführer diskret, aber streng bewacht). In Vorbereitung ist die Eröffnung eines der – wie es heißt – größten Waffenmuseen zumindest in Italien, und zwar im Schloß, wo die lange Tradition dieses einst durchaus ehrwürdigen Handwerksberufs dokumentiert werden soll.

Die zweite – wenn man so will – »Säule« der brescianischen Ökonomie beruht auf der unpatentierbaren Erfindung des sog. *tondo,* d. h. der aus (zunächst Kriegs-)Schrott gewonnenen gewundenen Stahlstangen für Zementkonstruktionen. Stahlbeton gibt es seit langem; in Brescia aber wurde nach dem Zweiten Weltkrieg der gewunden-profilierte Beton-Stahl erfunden, der für eine Weile nur hier hergestellt wurde und bis heute eine solide industrielle Basis der Provinz darstellt – man findet diese Industrie entlang der Ausfallstraße und im Tal von Valcamonica: Brescia hat die größte Stahlfertigproduktion Italiens!
Der jüngste Industriezweig ist die FIAT-Lastwagenproduktion »OM«, der die Stadtverwaltung ein großes Areal am nordöstlichen Rand der Altstadt zur Verfügung gestellt hat: auch nur ein oberflächlicher Blick auf die Landkarte zeigt, wie verkehrsstrategisch günstig die Stadt liegt, sowohl im Eisenbahn- als auch im Autobahnnetz. Die Schweiz (und damit der französische so gut wie der Benelux- und der englische Markt) sind ebenso leicht erreichbar wie Österreich und der Brenner (und damit der deutsche und auch der osteuropäische Markt), vom Zugang nach Süden ganz zu schweigen. Auf dieser verkehrsstrategisch günstigen Lage beruhte auch das schon relativ frühe römische Interesse an der (ursprünglich gallischen) Stadt (ihr Name leitet sich her von »brik« = Berg). Unter Caesar wurde ihr das Stadtrecht verliehen und unter Augustus 29 v. Chr. wurde sie zur »colonia civica augusta« erhoben. Aus dieser Zeit stammen die eindrucksvollen Ruinen des »Capitolium«, d. h. des alten Forums, und das Prachtstück der überlebensgroßen Geflügelten Victoria im besonders gut gepflegten Museo Romano gleich daneben.
Die Tourismus-Behörde der Provinz hingegen sieht die günstige Lage der Stadt unter ganz anderem Gesichtswinkel. Der gut gemachte und ungewöhnlich präzise Prospekt über die Stadt und für Rundfahrten in die Provinz beginnt folgendermaßen: »Italien, Lombardei, Brescia: Kunst und Geschichte, drei Seen, Schneehänge, hohe Gipfel, heiße Quellen, Weinberge und eine fruchtbare Ebene. Sommerurlaub und Winterferien, Wochenendtouren. Eine Stadt und 206 Ortschaften, ein Gebiet mit Kultur und Unterhaltung. Interessante Ausflüge und Fahrten, Aufenthalt in modernen Badeorten, Urlaub im Gebirge, Entdeckungsrei-

sen: Felszeichnungen, Malereien aus vielen Jahrhunderten, Holzschnitzereien. Kirchen und Abteien, Burgen und Dörfer, Villen und Paläste. Ein reiches Angebot an Typenweinen und guter Küche. Die Berge um Brescia sind voller Wiesen und Wälder und fischreicher Seen: der romantische Iseo-See, der voralpine Idro-See, der Garda-See, fast ein Binnenmeer.«* – Ob es gelingt, den Fremdenverkehr zur «4. Säule« der brescianischen Wirtschaft auszubauen, wie es hier wohl intendiert ist, bleibt abzuwarten.

Was also *sehen* wir in Brescia, worüber können uns Straßen, Häuser und Paläste Aufschluß geben? Man kann sich einen ersten Rundblick von der alles beherrschenden Burg, dem **Castello** verschaffen. Dieser Burgberg und seine Befestigung sind offensichtlich aufs engste mit der bewegten Stadtgeschichte verbunden. Der älteste – innerste – Teil stammt aus der Zeit, da die Stadt im 14. Jahrhundert unter das Regime der Mailänder Visconti fiel. In diesem und im folgenden Jahrhundert geht fast überall die heroische Zeit der kommunal-frühbürgerlichen Selbständigkeit zu Ende, die Stadtrepubliken können sich nicht mehr halten. Nur diejenigen überleben (und auch dann nur als elitäre Adelsrepubliken), die sich über den internationalen Handel und die dazu notwendige Flotte eine starke ökonomische Basis geschaffen haben (Genua und Venedig), oder aber wo eine Familiendynastie bzw. ein »starker Mann« sich ein territoriales Hinterland als »Staatsgebiet« unterwerfen und wirtschaftlich erschließen konnte (Florenz und Mailand): im Falle Brescias waren das eben die Viscontis (der große Filmregisseur Luchino Visconti, dessen Hauptthema bekanntlich der Verfall von Aristokratie und Großbürgertum im 19. und 20. Jahrhundert war, ist ein direkter Nachkomme). Die Stadt war innerlich durch den Bürgerkrieg zwischen den konkurrierenden Fraktionen der Guelfen und Ghibellinen so geschwächt, daß es nur eine Frage des internationalen bzw. regionalen Machtkampfes war, wem sie schließlich zufiel. Daß für die Visconti das Kastell eine dreifache Funktion hatte, geht aus seiner Anlage sichtbar hervor: es war erstens angelegt worden als Scharnier zwischen Stadt und Hinterland, also zur Kontrolle und Verbindung beider Machtbereiche; es sollte, zweitens, die

* Auskünfte und Material erhältlich bei EPT (Ente Provinciale di Turismo), 25100 Brescia, Corso Zanardelli 38. Tel.: 030-45052/3

Beherrrschung der potentiell aufmüpfigen Stadtbevölkerung durch eine ständige Besatzungstruppe garantieren und darum über einen noch heute deutlich erkennbaren, geschützten Treppengang jederzeit von der Landseite her erreichbar sein, falls der Hauptaufgang von der Stadt aus je blockiert sein sollte (das kam später des öfteren vor); und drittens diente das Kastell natürlich zur Verteidigung gegen die Konkurrenten um den Besitz der Stadt: Besitz durch militärische Kontrolle hieß im Klartext nichts anderes als das Recht auf Besteuerung des gewerblichen Reichtums seiner Bürger, Erpressung von Abgaben unter dem Vorwand der Ausübung von Schutzfunktionen. Die Visconti taten aber, darüber hinaus, noch ein übriges, um ihre Kontrolle über die Stadt sicherzustellen (vom Kastell nach Süden blickend läßt sich das in den heutigen Straßenzügen noch wahrnehmen): sie unterteilten die Stadt in vier große Zonen und trennten diese durch Mauern ohne Durchgänge voneinander (die große Achse *Piazza Martiri di Belfiore - Via Mazzini* geht auf diese Anlage zurück), so daß man, um von einem in den anderen Stadtteil zu kommen, die Stadt durch eines der Stadttore verlassen und durch ein anderes wieder von außen betreten mußte. In anderen Worten: die Bürger wurden buchstäblich eingesperrt, sie konnten sich nicht gemeinsam gegen ihren Schutzherren erheben. – Bleiben wir noch beim Kastell: die größere heutige Anlage geht vor allem auf die den Visconti folgende venezianische Herrschaft zurück. Ein Condottiere namens Carmagnola hatte sie ihnen durch einen provozierten Hinterhalt bzw. seinen Sieg über die Visconti 1427 »besorgt« (Carmagnola bezog zum Dank dafür den Stadtpalast in der heutigen Via Dante 14, fiel aber gleichwohl wegen des Verdachtes von Verrat beim Senat von Venedig in Ungnade und wurde 1432 hingerichtet). Vom steinernen Eingangsportal bis zum Stil der Befestigungsmauern atmet das Kastell bis heute den »Geist« der Lagunen-Republik. Der Löwe von S. Marco grüßt beim Eintritt, an die venezianischen Architekten erinnern eingemauerte Gedenktafeln – und selbst die leeren Wappensteine (hier, aber auch im Hofe des »Broletto« in der Stadt) erinnern noch an Venedig: 371 Jahre nachdem sich Brescia quasi freiwillig unter den Schutz der venezianischen Oberhoheit gestellt (und dabei ökonomisch nicht schlecht abgeschnitten) hatte, erhoben sich 1797 die bres-

cianischen Jakobiner, gedeckt durch die Anwesenheit Napoleons in Norditalien, und gründeten ihre kurzlebige (acht Monate) Republik. Im Siegesstolz meißelten sie überall die venezianischen Wappentiere und andere Zeichen der verhaßten Herrschaft gründlich ab. Wie man sehen kann, gingen sie dabei alles andere als blind-zerstörerisch, vielmehr mit großer Sorgfalt vor, ohne die steinernen Rahmen selbst zu beschädigen: schließlich handelte es sich um rebellierende Bildungsbürger und nicht um Kulturrevolutionäre. 1814 fiel Brescia den siegreichen österreichischen Truppen in die Hand und blieb bei Habsburg bis zum triumphalen Einzug Garibaldis am 13. Juni 1859, am Vorabend der Schlacht von Solferino, elf Tage später.
In diese Zeit fallen die in der Stadt in vielfacher Weise immer wieder zitierten **Zehn Tage,** die *dieci giornate* (s. u. a. Name der großen Straße im Zentrum), 23. März – 1. April 1849. Auf dem Kastell erinnert z. B. eine Tafel am ehemaligen Kommandantenhaus daran, daß hier der besonders scharfmacherische österreichische General Haynau – die »Hyäne von Brescia« – residierte, die Namen gefallener Brescianer finden wir ohne Mühe an anderen Stellen erinnert. Worum ging es? Es handelte sich um den einen der beiden großen städtischen Aufstände gegen die zunehmend repressive und reformfeindliche Herrschaft Österreichs, die zugleich die Einheit Italiens verhinderte – und zwar zu einem Zeitpunkt, da die Habsburger Monarchie durch die März-Ereignisse von 1848 geschwächt schien; dem Aufstand in Brescia waren die »Fünf Tage« von Mailand (18.–22. März 1849) vorangegangen, wo es gelungen war, die Österreicher vorübergehend in Straßenkämpfen aus der Stadt zu vertreiben.
In Brescia sollte das, trotz größter Anstrengungen, nicht gelingen – und einer der Gründe (der wichtigste andere war der ausbleibende Entsatz von außen) lag in der Beherrschung der Stadt durch das fest in österreichischer Hand befindliche und über den genannten Treppengang unter Umgehung der Stadt für Nachschub zugängliche Kastell. Vorübergehend war die österreichische Besatzung geschwächt wegen der gleichzeitigen Kampfhandlungen des österreichisch-piemontesischen Krieges (die militärische Niederlage Piemonts zwang Ministerpräsident Cavour dann in der »2. Runde«, zehn Jahre später, die militärische Hilfe

Frankreichs zu suchen: allein war das »Preußen Italiens« nicht stark genug gegen Österreich – s. »Solferino«), und die Ausrufung der Replublik in der Stadt unter der Loggia war als Kampfhandlung gemeint und abgestimmt gewesen mit Piemont, traf aber nun mit dessen Niederlage bei Novara zusammen. Der bereits genannte General Haynau ließ, nach einem kurzen Ultimatum, die Stadt schlicht von oben, vom Kastell aus, bombardieren und einige Tage darauf von außen her mit 5 000 Mann gut ausgerüsteter und inzwischen siegreicher Truppen angreifen – Brescia verfügte nur über 3 000 Mann mit Gewehren bewaffneter Bürger. Ihr Kommandant war Tito Speri, und nach ihm ist der Platz genannt, an dem die Ausfallstraße vom Kastell in die Stadt mündete und wo es zu den heftigsten Kämpfen zwischen den österreichischen Soldaten und den Bürgern von Brescia kam. Der kleine und heute etwas verträumt wirkende Platz mit den eingemauerten Erinnerungen an diese Kampftage, mit den Namen der hier Gefallenen und dem Denkmal von Speri liegt an der **Via dei Musei;** die Ausfallstraße hat heute den Namen »Barrikadenstraße«, **Via della Barricata.** Als letzte Barrikade fiel die an der Ecke Corso Magenta/Via Francesco Crispi, die den Namen nach der damaligen Straßenbezeichnung »Barricata del Bruttanome« trug (heute heißt so eine brescianische Vierteljahreszeitschrift für Kultur und Geschichte): auch hier eine Gedenktafel. Ca. 1 000 aufständische Bürger wurden während der Zehn Tage und z. T. auch danach noch als Gefangene erschossen; Tito Speri, politisch ein »Mazziniano«, d. h. ein Gefolgsmann Giuseppe Mazzinis, wurde 1853 in der (noch bis 1859 österreichischen) Festung Mantua hingerichtet. Diesen bis in die Gegenwart – zuletzt anläßlich der Befreiung vom Nazifaschismus – immer wieder beschworenen Zehn Tagen wurde nach der italienischen Einheit 1864 auch das letzte bis dahin noch erhaltene venezianische Monument – der Markuslöwe auf der Säule in der Piazza della Loggia – geopfert zugunsten der »Bella Italia«, mit der man die Opfer von 1849 am besten zu ehren glaubte. Im April 1949, zum 100. Jahrestag, brachte die Gemeinde in der Loggia, an jener Stelle, von der die Herausforderung an die österreichische Besatzungsmacht ausgegangen war, eine Gedenktafel an: »Hier / wo das Volk einmütig / erhob mit heroischer Begeisterung / den Kriegsruf / und ihn wiederholte / in verzweifelter Verteidigung / als Entscheidung für den Tod / Brescia / die Schwester Venedigs und Roms / in seinem unbezähmbaren Glauben / schreibt für die Erinnerung fest die epische Geste. / Die durch das Martyrium erreichte Freiheit / sei eine unvergängliche Errungenschaft.«

Ehe wir das Castell verlassen bzw. zu achtlos über die Brücke gehen, die den alten (viskontischen) mit dem neuen (venezianischen) Teil verbindet, ein Blick in den Festungsgraben: hier wurden immer wieder politische Gefangene erschossen – noch 1944/45 Partisanen durch die Salò-Faschisten und dann letztere durch die siegreichen Partisanen: im Kastell hatten sich im April 1945 einige von denen verschanzt, die genau wußten, was sie nach der Niederlage erwartete – es war dies das (hoffentlich) letzte blutige Kapitel des Kastells. – Stadtgeschichtlich sehenswert das heute dort befindliche Risorgimento-Museúm.

Nun aber zur Stadt selbst. Beginnen wir mit der **Piazza della Loggia:** seinen Namen hat der Platz eben von der *Loggia,* dem nach der Machtübernahme Venedigs errichteten neuen Sitz der Gemeindeverwaltung. Zahlreiche große Architekten – darunter auch Palladio – haben an ihm mitgewirkt; der große Saal im Obergeschoß (1769) ist das Werk von Luigi Vanvitelli, dem Architekten u. a. der Reggia di Caserta. Das eindrucksvoll gewölbte Dach, nach alten Plänen rekonstruiert, stammt erst aus diesem Jahrhundert. Hier finden wir – wie mit geringen Variationen fast an allen Mauerwänden italienischer Rathäuser – die verschiedenen Stationen der italienischen Geschichte des 19. und 20. Jahrhunderts durch Erinnerungstafeln dokumentiert: Geschichte in Proklamationen und Akklamationen. – An der schräg gegenüberliegenden Mauerwand, der sog. »Loggetta«, zahlreiche eingemauerte Stücke aus der römischen Antike: es ist bezeichnend für das Geschichtsbewußtsein der politischen Klasse einer großen Provinzstadt im 15. Jahrhundert, daß hier per Gesetz (bei Nichtbefolgung drohten Geldstrafen) sämtliche römischen Funde der Gemeinderegierung abgeliefert werden mußten, die sie dann (u. a. hier) der Bevölkerung öffentlich ausstellte. – Von der großen Loggia aus sprach am Sonntagvormittag des 28. Mai 1974 ein Gewerkschaftsvertreter zu einer großen Kundgebung gegen die sich damals häufenden Akte faschistischer

Provokationen in Stadt und Provinz, als gegenüber unter dem (auch wieder deutlich venezianischem Vorbild nachkonstruierten) Uhrenturm um 10.12 Uhr eine von Faschisten gelegte Bombe in die Menge hinein explodierte: acht Tote und mehr als 100 Verwundete wurden Opfer dieses Anschlags. Eine Gedenktafel und die deutlichen Explosionsspuren erinnern an sie. Dies war eines der »erfolgreichsten« in der Reihe faschistischer Attentate der 70er Jahre, die mit dem »Staatsmassaker« des 12. Dezember 1969 in Mailand begannen und die es zum erklärten (und z. T. erreichten) Ziel hatten, den Vormarsch der linken Bewegung aufzuhalten. Brescia selbst hat, darüber hinaus, noch eine besondere faschistische Vergangenheit und Gegenwart: unter der kurzlebigen deutschen Kreation der Republik von Salò (1943/45) wurde die Stadt der Sitz von sechs Ministerien, deren Mitarbeiter und Beamte zum großen Teil hier die Nachkriegszeit überlebten und zu einem wichtigen Glied des neo-faschistischen Organisationsnetzes in Norditalien mit seinem Schwerpunkt in der Region Veneto wurden (Brescia selbst gehört zur Region Lombardei).

Vom faschistischen Erbe ist nicht mehr viel zu sehen – mit einer auffallenden Ausnahme: die **Piazza Vittoria,** gleich neben dem historischen Zentrum der Piazza della Loggia. Dieser Platz – bis heute ein ›klassischer‹ Modellfall faschistischer Architektur- und Stadtvorstellungen – wurde zwischen 1929 und 1932 geschaffen durch Abriß eines besonders dicht besiedelten volkstümlichen Viertels von Kleinhändlern, Handwerkern und Arbeitern, die den örtlichen Faschistenführern ein Dorn im Auge und Quelle ständigen Widerstandes gewesen waren. Hier ein Exempel zu statuieren gelang mittels rücksichtsloser Enteignung dieses Klein-

1929: Abriß des historischen Zentrums

grundbesitzes und aufgrund der Pläne des faschistischen Star-Architekten Marcello Piacentini, eine Art italienischen Albert Speers. Zur Einweihung des Platzes im November 1932 kam Mussolini persönlich; heute enthüllt er sich in seiner ganzen Funktionslosigkeit als großes Loch in der Stadtmitte, unbevölkert, zum Park- und Taxiplatz verkommen, die Rednertribühne steht verloren und in marmorner Kälte herum.

Hinter der Loggia verläuft der *Corso G. Mameli,* der einen kleinen Spaziergang lohnt: die Nr. 27 ist der Palazzo Mercanzia, ein alter Sitz der Handwerkerinnungen von Brescia (die ganze Straße hieß darum einst auch richtigerweise ›Corso delle Mercanzie‹, d. h. der Handelswaren, erkennbar u. a. an dem steinernen Relief der Waage), heute befindet sich in dem Palazzo eine Außenstelle der Universität von Parma. Direkt gegenüber ein in seiner Mittelalterlichkeit voll erhaltener Winkel, **Corte dei Pollini,** der »Hühnerhof«; blickt man hier nach oben, so sieht man noch deutlich die einst zum Trocknen der gefärbten Wolle benutzten Dachaufbauten, die »Altanen«. – Weiter findet man an der Ecke Corso G. Mameli/Contrada delle Cossere das eingemauert, was der offiziöse Stadtführer »eine gutmütig grinsende und etwas rätselhafte Maske« nennt; leider ist ihr Ursprung weder gutmütig noch rätselhaft: im September 1311 mußte Brescia nach fast viermonatiger Belagerung vor dem deutschen Kaiser Heinrich VII. kapitulieren, konnte aber in Anerkennung seiner Standhaftigkeit immerhin erreichen, daß statt allen besiegten Bürgern lediglich sämtlichen Statuen der Stadt als symbolische Geste der Erniedrigung die Nasen und Ohren abgeschlagen wurden – und so auch diesem einzigen bis heute »Überlebenden« jener Niederlage. Allerdings ließ sich der Kaiser außerdem noch die stattliche Summe von 70 000 Florentinern als Bußgeld für den Widerstand gegen seine Herrschaftsansprüche ausbezahlen.

Parallel zum Corso G. Mameli verläuft die **Via Capriolo,** an der es mehrere schöne Exemplare von Palästen aus dem 14. Jahrhundert zu sehen gibt, die sich u. a. auszeichnen durch teilweise restaurierte Fresken an den Außenmauern. Eine solche bildnerische Ausgestaltung der Fassaden war nach 1300 dem Stadtadel von der Bürger-Kommune vorgeschrieben gewesen (ganz ähnlich wie zur selben Zeit in

Bologna die Überbauung der Fußwege durch die »Portici« – s. Reisebuch I, S. 89). Der Palast mit der Hausnummer 49 (Ecke Via delle Grazie) stammt auch aus jener Zeit und gehört der wohlhabenden und traditionsreichen Familie Montini: bisher erinnert noch keine Gedenktafel daran, daß aus ihr der Papst Paul VI. hervorging.
Ebenfalls »unsichtbar« ist eine historisch und politisch allerdings unvergleichlich wichtigere Episode in der Geschichte dieser Stadt, die eine Episode zugleich in der europäischen Geschichte überhaupt darstellt: trotz intensivster Anstrengungen gelang es im Sommer 1238 Kaiser Friedrich II. nicht, Brescia zu nehmen und damit die berühmte Lombardische Liga zu zerstören, der alle Städte der Region – unter Führung Mailands – angehörten und an der schon sein Großvater Barbarossa in der wichtigen Schlacht von Legnano (1176) gescheitert war: Siege des frühen Bürgertums über die Feudalgewalt und damit auch – langfristig – Sieg der Bürger über die Feudalherren in Zentraleuropa im Ganzen. Friedrich II. mußte die mehrmonatige Belagerung von Brescia als faktisch Besiegter abbrechen; sein Zelt (Zentrum der imperialen Reise-Stadt, inklusive Sarazenenfrauen und ambulanten Zoos von Kamelen, Panthern und anderen exotischen Tieren, die die norditalienischen Bürger offensichtlich kaltließen) stand, wie die Historiker rekonstruiert haben, am Corso Zanardelli vor der Kirche San Luca, wo sich heute, prosaisch, ein Kino befindet.
Schräg gegenüber das Theater, **Teatro Grande,** 1810 begonnen und später, in nostalgischer Erinnerung an Napoleon das »Große« genannt. Denn Brescia bzw. seine mächtige Bourgeoisie verdankt Napoleon ganz zweifellos eine Blütezeit; der klassizistische, von dem brescianischen Architekten Vantini entworfene Palazzo Tosio (in der *Via Tosio)* ist dafür ein eindrucksvolles Beispiel. Auch die repräsentativen Kolonnaden am *Piazzale Arnaldo* gehören in diese Zeit der revolutionären Hoffnungen der norditalienischen Bourgeoisie. Die erste Zeit der nationalen Einheit hingegen hat (außerhalb Roms) architektonisch nur wenig Bemerkenswertes hinterlassen, es ist die Saison der patriotischen Monumente. Ein solches ist das Denkmal für **Arnaldo di Brescia** (an dem genannten Piazzale), eine Art Savonarola-Vorläufer, der 1155 in Rom auf dem Scheiter-

haufen gelandet war, weil er zu laut und deutlich gegen die päpstlich-kirchliche Korruption zu Felde gezogen war, und der im 19. Jahrhundert darum zur Symbolfigur der örtlichen Liberalen wurde. Derselbe antipäpstliche Demonstrationsakt, mit dem in Rom auf dem Campo dei Fiori an der Verbrennungsstelle das Denkmal für Giordano Bruno mit dem anklagenden Blick in Richtung Vatikan errichtet worden war, wiederholte sich 1882 in Brescia bei der betont antiklerikalen Einweihung des Arnaldo-Denkmals an der Porta Venezia: der Schöpfer des Standbildes hatte dem historischen Arnaldo noch dazu das Gesicht des Kirchenstaatsgegners und Einheitsstaatsapostels Giuseppe Mazzini gegeben. Auch werden in diesen ersten Jahren des Königreiches zahlreiche traditionsreiche und berufsbezogene bzw. lokalgeographisch präzise Straßennamen zugunsten solcher aus der Zeit des Risorgimento geändert – ganz so, wie wir das überall im Lande beobachten: fast keine der großen Straßen im Zentrum, die nicht auf Ereignisse oder Persönlichkeiten des 19. Jahrhunderts umgetauft worden ist.*

In den Jahrzehnten um die Jahrhundertwende partizipiert

* Man stößt unvermeidlich wiederholt auf den Namen *Zanardelli* (Corso, Denkmal, etc.): Giuseppe Zanardelli ist der einzige Politiker von gesamtitalienischer Bedeutung, den Brescia hervorgebracht hat und auf den es darum besonders stolz ist. Z. machte seine Karriere als links-liberaler Politiker vom Rathaus der Stadt über das Abgeordnetenhaus in Rom bis ins Kabinett (als Justizminister entstand unter ihm der liberale [Abschaffung der Todesstrafe] »Codice Zanardelli« [gültig bis 1930]) und schließlich bis zum Amt des Ministerpräsidenten (1901-1903). In Rom hat er sich ein zweifelhaftes Denkmal gesetzt: den heute unbenutzbar gewordenen gewaltigen Justizpalast am Tiber (1880-1911), der neben dem »Altar des Vaterlandes« den laizistisch-fortschrittlichen Einheitsstaat (gegenüber dem reaktionären Papstregime) repräsentieren und einen dem Neuen angemessenen »wahren römischen Stil« entwickeln sollte (so der Ausschreibungstext des Wettbewerbes, an dem sich die führenden Architekten der Zeit beteiligten); es mußte – so Zanardellis Entscheidung – dieser vom Baugrund her für ein Volumen von 1 Million Kubikmeter und 900 000 Tonnen Material extrem ungeeignete Standort sein: in unmittelbarer Nachbarschaft zu Vatikan und Engelsburg. Seit 1969 liegt das vom Volk sogleich »Palazzaccio« (so etwas wie Monster-Palast) getaufte Ungeheuer verlassen da und verschlingt laufend Milliarden für eine hoffnungslose Erhaltung vor weiterem Verfall – an eine stabile Restauration ist anscheinend nicht zu denken. Nahezu alle kompetenten Urbanisten sprechen sich derzeit für den Abriß aus, der aber wiederum in die Milliarden ginge, die dann ihrerseits für andere wichtige Sanierungen dringend fehlen würden . . .

Brescia am allgemeinen Wirtschaftsaufschwung Norditaliens mit seiner kleinen bis mittleren Familienindustrie vor allem; die billige Elektrizität aus dem Norden ist eine wichtige Voraussetzung dafür – aber auch und nicht zuletzt sind es ausländische (Schweizer, französische und österreichische) Unternehmer, die sich hier mit ihrem Kapital und ihren Geschäftsverbindungen niederlassen und den günstigen Standort ebenso wie die billige ländliche Arbeitskraft in der engeren Umgebung der Stadt ausnützen. Schmidt, Niggeler, Küpfer, Hefti sind einige der noch heute sichtbaren Namen, vor allem in der Textilindustrie. Der in ganz Italien vergleichsweise bekannteste ausländische Produkt-Name kommt ebenfalls aus Brescia: nämlich das *Wührer-Bier*. Allerdings stammt dies aus einer früheren Phase ausländischer Kapitalinvestition: der Österreicher Franz Wührer war während der napoleonischen Kriege als Soldat ins Land gekommen und hatte festgestellt, daß es keine italienische Bierproduktion gab – er nützte (nach Kriegsende und Demobilisierung) diese Marktlücke und eröffnete so zu Beginn der 1830er Jahre die erste italienische Bierfabrik (in der heutigen Via Trieste). – Ein anderer, im Straßenbild des Zentrums anhand der entsprechenden Läden erkennbarer Produktionszweig von besonderem ökonomischen Gewicht für die Stadt ist das Goldschmiedehandwerk bzw. das Juweliergeschäft. –
Nicht gesprochen haben wir von dem vielleicht eindrucksvollsten Monument, dem alten, aus dem 11. Jahrhundert stammendem Dom, einem romanischen Rundbau, der heute in seiner Funktion durch den Neuen Dom ersetzt worden ist – das und viele andere »Sehenswürdigkeiten« kann und muß der Besucher selbst oder mittels Baedeker entdecken; einen Stadtplan findet er an jedem Zeitungskiosk. Beim Tourismus-Büro am Corso Zanardelli 38 erhält man deutschsprachige Stadtführer, die auf all das aufmerksam machen. Bei Ermüdungserscheinungen sei auf eine der wenigen noch bestehenden traditionellen Wein-Trinkstuben verwiesen: die **Osteria al Frate** in der Via dei Musei, wo man den hübschen Spruch liest:
»Mit Wasser bestraft man die Bösen — Noah tröstete sich mit Wein.«

E. K.

D'Annunzio und Il Vittoriale

Am Westufer des Gardasees, oberhalb des Städtchens Gardone, befindet sich eine sog. Sehenswürdigkeit besonderer Art: die Villa des Gabriele D'Annunzio, genannt Il Vittoriale. Sie lohnt einen Abstecher, zumal andere hier vorgestellte Plätze – Brescia, Solferino – nicht weit sind und der Gardasee selbst, obwohl er überlaufen ist, noch immer seine Attraktivität erhalten hat. Fortschrittliche linke Italiener finden den Besuch des Vittoriale etwas lächerlich, sie gehen da nicht hin; für bürgerliche Touristen ist die Villa ein beliebtes Ziel; für die Rechte fast ein Wallfahrtsort – alles so ein bißchen wie Bayreuth. Warum?

Keiner von links bis rechts bestreitet D'Annunzio (1863-1938) seinen Rang als einer der größten italienischen Dichter, als Lyriker vor allem, aber auch als Dramatiker. Im deutschen Sprachbereich hat er sich kaum durchgesetzt, obwohl seine wichtigsten Werke jeweils relativ bald übersetzt wurden (zwischen 1910 und 1930) – wohl aber in Frankreich, und natürlich gehört er für alle Italiener zum festen Bildungsgut. Die Nationalausgabe seiner Werke, die noch zu seinen Lebzeiten erschien, umfaßt 49 Bände. Gegenwärtig wird eine neue historisch-kritische Gesamtausgabe erarbeitet. Der Brockhaus widmet ihm bezeichnenderweise nur wenige und nicht besonders wohlwollende Zeilen: »A. bekannte sich zu einem heidnischen Sinnen- und Schönheitskult. Er verband überfeinertes Ästhetentum im Sinne der europäischen Dekadenz und schwelgerisches rhetorisches Pathos.« Aber lassen wir uns hier nicht ein auf D'Annunzio, den Dichter, sondern darauf, warum, wie angedeutet, ein linker Italiener nicht zum Vittoriale pilgern würde: D'Annunzio war nämlich auch aktiver Politiker (Parlamentsabgeordneter von 1897 bis 1900, das allerdings seine unbedeutendste politische Aktivität) und darf – verkürzt ausgedrückt – als der eigentliche Erfinder des Faschismus gelten.

Im Unterschied zu Wagner, der seine national-revolutionären, politischen Ambitionen so sublimierte, daß sie heute nur noch durch philologische Kleinarbeit sichtbar werden können (etwa der »Ring« nicht nur als Kapitalismus-Parabel, sondern, zusammen mit dem »Parcifal«, als Versuch einer antisemitischen Religionsstiftung) hat D'Annunzio seine national-heroistische Weltanschauung auch persönlich gelebt und exemplarisch zelebriert: der Kult, den er mit und um sich schuf, hatte den politischen Zweck, Italien bzw. seiner von Minderwertigkeitskomplexen und Ziellosigkeit geplagten Bourgeoisie die Straße der nationalen Größe und des Ruhmes zu zeigen. 1910 hatte D'Annunzio Italien verlassen müssen, um seinen Gläubigern zu entgehen: der aufwendige Lebensstil überstieg bei weitem die Einkünfte des erfolgreichen Schriftstellers. Von Frankreich aus gehörte er 1914 zu den lautstärksten Intellektuellen, die für den italienischen Kriegseintritt gegen den ›Erbfeind‹ Österreich agitierten – und da das der Regierung propagandistisch nützlich war, ermöglichte sie die Rückkehr des Dichters. Ein anderer bekannter »Interventionist« war Benito Mussolini, der deswegen aus der Sozialistischen Partei ausgeschlossen wurde und seinen Posten als Chefredakteur der Parteizeitung »Avanti!« (Vorwärts) verlor. Bei Kriegsausbruch war D'Annunzio sofort an der Front: im Grabenkrieg des Karst, wo er auch verwundet wurde, als Schnellbootfahrer (das Boot findet sich heute natürlich im Vittoriale) und als Flieger (der Zweisitzer, mit dem er einen gewagten Flug über Wien machte und dort Propagandamaterial abwarf, hängt natürlich in einer großen Museumshalle), usw. Nach dem Krieg machte er sich zum Sprecher derer, die meinten, Italien sei um die Früchte des Sieges betrogen worden (z. B. keine deutschen Kolonien). Das Symbol dieses Streites wurde die Stadt Fiume (heute Rijeka, Jugoslawien). Zwar hatte sie eine mehrheitlich italienisch sprechende Bevölkerung, aber das umgebende Hinterland war eindeutig slawisch. Als die italienische Regierung sich während der Friedensverhandlungen in Paris 1919 kompromißbereit zeigte, d. h. bereit schien, die Forderung nach der Annexion von Fiume zurückzuziehen, agierte D'Annunzio auf eigene Faust: mit knapp 300 Freiwilligen (und von der italienischen Bevölkerungsmehrheit der Stadt begeistert begrüßt) besetzte er Fiume am 12. September und rief sich selbst zum »Kommandanten« aus, zum Statthalter für das italienische Mutterland. Jugoslawien, soeben erst geborener neuer Staat, war zu schwach zur Intervention, und die italienische Regierung konnte bzw. wollte nicht gegen die von ihr selbst nationalistisch aufgehetzte öffentliche Meinung und ihren populärsten Dichter-Intellektuellen handeln. Somit begann eine Episode der italienischen Geschichte, die zwar als solche nicht ohne Komik ist, aber schwerwiegende Konsequenzen zeitigen sollte.

D'Annunzio hielt sich in Fiume über ein Jahr – bis Weihnachten 1920 – und entwickelte hier die Rhetorik, den Stil, die Programmatik und die ganze politisch-literarische Folklore des späteren Faschismus. Allerdings war es dessen links-revolutionäre Variante, nicht diejenige, die sich dann mit Mussolini historisch durchsetzen sollte: D'Annunzio war nicht nur Republikaner, sondern hoffte auch auf die revolutionäre Unterstützung der sozialistischen Massen und ihrer Partei bzw. der Gewerkschaft in seiner Kampfansage gegen die Regierung in Rom. Die von ihm entworfene programmatische »Charta von Carnaro« (August 1920) enthält zum erstenmal die später unter dem Faschismus institutionalisierten Korporationen (die »Stände«) als Strukturelement des neuen Staates, aber hier waren sie noch konzipiert mit freien Wahlen; Meinungs- und Redefreiheit sollten garantiert sein; dem Kapital wurde nur eine (von zehn) Korporationen zuerteilt; die Basis der Republik sei (so ähnlich, wie es die heutige italienische Verfassung unter dem Druck der Linken 1947 formulierte) die Arbeit; die Frauen sollten völlige Gleichberechtigung erhalten, usw. So machte D'Annunzio sich selbst und sein politisches Programm für 15 Monate zum Hauptthema der öffentlichen Meinung der ersten Nachkriegszeit und zum politischen Kristallisationspunkt der italienischen künstlerischen und intellektuellen Avantgarde. Dieses Bündnis von Avantgarde und Politik brachte er der faschistischen Bewegung gewissermaßen als Geschenk ein, und es hielt – wie sich z. B. in der Malerei und Architektur des Futurismus zeigen läßt – bis weit in die dreißiger Jahre, auch nachdem es längst klar geworden war, daß D'Annunzio als Politiker gescheitert bzw. sein linkes Programm von der realpolitischen faschistischen Bewegung überrollt worden war. Überhaupt – und das kann man an der extravaganten Figur D'Annunzios lernen – versteht man den italienischen

Faschismus falsch, wenn man ihn entweder aus deutscher Perspektive nur als schwachen Vorläufer des Nazismus oder aber als die Gewalt- und Schlägerbewegung der Großagrarier sieht: dieses war er auch, auf dem Lande schuf er sich seine machtpolitische Basis. Aber er hatte doch zugleich eine kulturelle Verankerung in der Intellektualität, im sog. gebildeten, fortschrittlichen Bürgertum, was ihn nur zu deutlich von seinem großen Bruder unterscheidet. D'Annunzio ist dafür ein besonders eindrückliches Beispiel.

Er ist ein Beispiel aber auch dafür, wie der Faschismus an der Macht sich seiner intellektuellen und künstlerischen Wegbereiter und Apologeten nur instrumental bediente: Mussolini, der nach außen Geistesverwandtschaft und Freundschaft mit dem zunächst ungleich berühmteren »Comandante« zur Schau stellte, schaltete den Nebenbuhler politisch sehr schnell aus, war der bessere Taktiker der Macht und trieb den enttäuschten Politiker D'Annunzio ins »innere Exil« der 1922 erworbenen und bewußt als Monument seiner selbst und seines Beitrages zur Erneuerung Italiens ausgebauten Villa, dem »Vittoriale degli Italiani«. Alles in diesem bizarren Stück Park/Villa/Inneneinrichtung atmet den Geist seines Schöpfers, den Klaus Stiller in einem seiner Essays über »Die Faschisten« mit großem Einfühlungsvermögen literarisch geschildert hat.

Es ist nicht ganz ohne Zufall, daß sich hier – oder doch in unmittelbarer Nähe – auch der politische Faschismus vollenden sollte: nach seiner Befreiung vom Gran Sasso gründete Mussolini in direkter Nachbarschaft von Gardone, nämlich in Salò, die nunmehr von der Monarchie ›befreite‹ faschistische »Repubblica Sociale Italiana«, kurz die Republik von Salò genannt. Unter deutschem Protektorat führte sie das knapp anderthalbjährige Dasein einer Marionettenregierung, und ihr Chef lebte als faktischer deutscher Gefangener in einer großen Seevilla (der »Villa Feltrinelli« in Gargnano). Von hier unternahm er im März 1945 seinen letzten von der italienischen Wochenschau gefilmten Staatsausflug – nämlich ans Grab D'Annunzios im Mausoleum des Vittoriale.

E. K.

Das Landwirtschaftsmuseum bei Bologna

Die genaue Übersetzung des Namens dieses eigenartigen und wohl auch einzigartigen Museums bereitet für die deutsche Sprache kulturelle und d. h. politische Schwierigkeiten; genau heißt es nämlich »Il museo della civiltà contadina«, das Museum für bäuerliche Kultur oder Lebensweise – jedenfalls klänge ›Bauernmuseum‹ leicht nach ›Spielzeugmuseum‹ oder auch ›Indianermuseum‹, und ein Landwirtschaftsmuseum ist es auch nicht eigentlich. Es geht hier in der Tat um die Lebens- und Arbeitsweise jener Klasse, die bis vor maximal zwei Generationen die Mehrheit der arbeitenden Bevölkerung darstellte und von dessen Mehrwert – seit der neolithischen (8–15 000 v. d. Z.) und bis zur industriellen Revolution – unsere gesamte Kultur getragen bzw. erwirtschaftet wurde. Das Museum selbst ist ein politisches Produkt der Region Emilia, es geht zurück auf die Initiative von selbstbewußten »klassenbewußten« Landarbeitern aus der Umgebung von Bologna, Mitgliedern einer Landwirtschaftskooperative. Es begann 1964 eher zufällig als zielbewußt mit der Sammlung einiger weniger handwerklich schöner Objekte, eine Gruppe linker Universitätsdozenten für Wirtschaftsgeschichte erfuhr davon und schloß sich der Initiative an, und deren gemeinsame Arbeit wurde schließlich 1973 von der Provinzialregierung von Bologna dadurch honoriert, daß diese eine ganze Villa mit ihren Wirtschaftsräumen und einem großen Park aufkaufte, restaurierte und zum Museum machte. Die Genesis des Museumsprojektes »von unten« erklärt die Fragestellung, den »roten Faden« des Museums und die didaktische Orientierung des gesamten Projektes. Auch in der Bundesrepublik gibt es die rekonstruierten Friesen- und Schwarzwaldhäuser bzw. kleinen Museumsdörfer, in denen der Städter die vermeintlich gesunde, einfache Welt von damals nostalgisch betrachten kann. Hier hingegen wird versucht, nicht ein historisch gewordenes Milieu zu rekonstruieren, sondern die ausgestellten Objekte zum Sprechen zu bringen, als Informationsträger über den Arbeitsprozeß, als verdinglichte Zeugen der landwirtschaftlichen Produktionsweise, und zwar spezifisch so, wie sie sich in der Emilia bis hinauf zur Po-Ebene und von den Hängen des Appenin bis zur Adria seit dem 14. Jahrhundert herausgebildet und ständig verändert hat.

Die gesellschaftliche Bedingtheit landwirtschaftlicher Technologien etwa wird hier erklärt anhand des rd. 500 Jahre dauernden Systems der *Mezzadria,* der Halbpacht – sie verhinderte beispielsweise technologische Innovationen, sofern diese kapitalintensiv waren, da die landwirtschaftlichen Geräte vom pachtenden Bauern und nicht vom verpachtenden Grundbesitzer einzubringen waren – der hatte das Haus und das Saatgut zu stellen. Die Ausbeutung des Bauern durch den Grundherren hatte zur Folge, daß ersterer weder die Kapitalien noch ein materielles Interesse hatte an der Verbesserung der Produktionsmittel hatte – die Produktivität der Mezzadria stagnierte langfristig. Oder es wird die bäuerliche Großfamilienstruktur als Arbeitskollektiv mit Grafiken und alten Fotos dargestellt sowie deren Auflösung vor allem unter dem Druck der sich verändernden Besitzverhältnisse im 19. Jahrhundert zugunsten der *Braccianti,* der für Lohn arbeitenden »freien« Arbeitskräfte, eingesetzt vor allem bei den kapitalintensiven Trockenlegungen vor rd. 100 Jahren. Daraus ging die große sozialistische Gewerkschaftsbewegung mit Andrea Costa hervor (vgl. Reisebuch 1, S. 59 f.). Man findet darum in diesem Museum die Texte der Mezzadria-Verträge im Wandel der Zeiten (offiziell wurde das System erst 1948 unter dem Druck der Linken bzw. der KPI abgeschafft), die Produktionszyklen für verschiedene Produkte, Grundrisse der typischen, d. h. den gesellschaftlichen Strukturen und den ökonomischen Zwecken entsprechenden Bauernhäuser und Gehöfte (eines davon ist, wie gesagt, das Museum selbst), Darstellungen der Geschichte der Klassenkämpfe auf dem Lande, usw.

Man muß für dieses Museum, dessen Objekte mittels der verbindenden und erläuternden Texte und Graphiken gelesen und nicht nur als exotische Monstren einer fernen Vergangenheit bestaunt werden wollen, etwas Zeit und Geduld mitbringen. Aber man wird danach diese Landschaft – ihre Morphologie so gut wie die Menschen, die sie geschaffen haben – besser verstehen und dieses Verständnis auf andere Landschaften und nicht zuletzt auf die eigenen zu Hause ausdehnen wollen. In den breiteren Kontext dessen, was man so leichthin *cultura popolare,* Volkskultur nennt, die dem Reisenden sonst schwer zugänglich ist, ohne die aber die Politik Italiens nicht eigentlich verstanden werden kann, in diesen Kontext gehört dieses Museum an exponierter Stelle.

Das Museum liegt in der Ebene wenige Kilometer nördlich von Bologna an der Straße No. 64 in **San Marino di Bentivoglio** (entsprechende Hinweis-Schilder vorhanden). Öffnungszeiten: April-September 9.30 bis 12.30 und 16.00 bis 19.00 Uhr, an Sonn- und Feiertagen 14.00 bis 20.00 Uhr. Oktober-März 9.30 bis 12.30 und 14.30 bis 17.30 Uhr. Mittwochs immer geschlossen. Von Bologna gibt es auch einen regelmäßigen ATC-Bus (an der Piazza Maggiore erfragen).

E. K.

Der politische Märtyrer von Lucca

Lucca, eine knappe Autostunde von Florenz entfernt, war seit seiner Übernahme durch die Langobarden Sitz einer florierenden Textil- und besonders Seidenindustrie und bis zur französischen Besetzung (1799) eine freie Republik. Vom 13. bis zum 15. Jahrhundert – ehe es von Prato und vor allem dann von Florenz nicht nur politisch, sondern auch wirtschaftlich überrundet wurde – waren seine Kaufleute und Bankiers an allen wichtigen Handelsplätzen Westeuropas anzutreffen (berühmt ist das Bild des Luccheser Kaufmanns Arnolfino und seiner Braut, das 1434 von Jan van Eyck in Flandern gemalt wurde). Machiavelli widmete dem Luccheser Self-made-Herrscher und späteren Herzog Castruccio Castracani (1281-1328) eine Art politisch-militärische Biographie, in der er die Möglichkeit andeutete, daß Lucca damals statt Florenz die Führung der Toskana und sogar Mittelitaliens übernommen und somit die italienische Geschichte eine andere Wendung genommen hätte, wäre dieser von ihm zum idealen »principe« stilisierte Führer nicht vorzeitig gestorben. Im 16. Jahrhundert traf auch Lucca die große Krise der toskanischen Textilindustrie. Ein Teil der nicht mehr produktiv anlegbaren Kapitalien ging – wie in Florenz – in die bis heute berühmten »Luccheser Villen«, d. h. in die Landwirtschaft (vgl. Reisebuch 1, Kap. Landschaften). Ein anderer und nicht weniger beträchtlicher Teil wurde von den Stadt- bzw. Republikvätern investiert in ein gigantisches Projekt, das auf eigenartige Weise die Stadt bis heute physisch, ökonomisch und politisch konditioniert hat: den **Festungsring.** Mehr als einhundert Jahre wurde daran gebaut, er verschlang 900 000 Skudi und absorbierte nicht zuletzt – wie die Rüstungsindustrie heute – die von der Krise freigesetzten und potentiell unruhigen Arbeiter, soweit sie nicht in der saisonalen Landwirtschaft beschäftigt werden konnten. Diese Befestigungsanlage, die in der Toskana ihresgleichen sucht, wurde nie getestet – aber da die Stadt seitdem stagniert hat, nicht mehr gewachsen ist, hat sie sich buchstäblich eingemauert. Es ist die einzige große Stadt der Toskana mit einer christdemokratischen Stadtverwaltung seit 1945, ihre Bevölkerungsentwicklung ist rückläufig, Luccheser Emigranten gibt es in Nord- und Südamerika, wo sie ihre Organisationen haben und über diese vermittelt der Stadt die Treue halten.

Dieses Lucca nun hat auf seiner Piazza San Michele (die quadratische Anlage verweist auf den Ursprung der Stadt als römische Veteranenkolonie) ein Standbild errichtet für einen sonst wohl kaum bekannten Mann namens **Francesco Burlamacchi.** Es stammt aus dem Jahre 1863, also aus den ersten Jahren nach der Einigung Italiens, die von der italienischen Bourgeoisie als die Erfüllung ihrer historischen Wünsche begrüßt wurde und ehrt einen Mann aus Lucca als den »ersten Märtyrer der italienischen Einheit«. Die Historiker sind sich über diese Figur nicht so ganz einig. Aber ob seine Geschichte »stimmt« ist weniger wichtig als die Tatsache seines Denkmals, das im Grunde dem neuen Einheitsstaat gewidmet wurde und in dem sich eine national-patriotische mit einer anti-klerikalen Botschaft verband – so wie wir's beim Denkmal für Giordano Bruno auf dem Platz seiner Verbrennung in Rom mit dem anklagenden Blick auf den Vatikan (Campo die Fiori), oder am Beispiel des Arnaldo von Brescia mit den Gesichtszügen Mazzinis finden. Burlamacchi, aus einer vornehmen Kaufmannsfamilie stammend (deren Haus, nur wenige Meter von der Piazza San Michele an der Ecke Via S. Paolina/Via Burlamacchi (!) gelegen, ist mit einer Tafel gekennzeichnet), soll in den vierziger Jahren des 16. Jahrhunderts von hier aus einen Aufstand der Städte Pisa, Pistoia und Pescia und die Aufstachelung der Bevölkerung von Florenz zur Revolte gegen die sich gerade stabilisierende ungeliebte Herrschaft der Medici und ihrer neuen Herzogsdynastie unter Cosimo I. geplant haben (es ist derselbe Cosimo, der uns im Reisebuch I als Mäzen bzw. Auftraggeber des Benvenuto Cellini und seiner Perseus-Statue bereits begegnet ist). Burlamacchi stand unter dem Eindruck des in aller Erinnerung noch immer sehr lebendigen Savonarola (1498 verbrannt), und es wird auch behauptet, er habe Verbindungen zu den deutschen und schweizerischen Reformatoren gehabt: sein Ziel soll es gewesen sein, die Erhebung der toskanischen Städte gegen die Medici zu verbinden mit

Erhebungen in Bologna, Perugia und Ravenna gegen die Herrschaft des Papstes, woraus sich dann ein weltlicher Großstaat mit Rom als Hauptstadt hätte entwickeln sollen. Kein Zweifel, daß die italienische Geschichte einen anderen Verlauf genommen hätte, wenn . . . Nur scheint es, als habe dieser Luccheser Held eher Plutarchs Heldenleben als seinen Zeitgenossen Machialli studiert, als er seine hochtrabenden Pläne schmiedete; er wurde an Cosimo I. verraten, lange ehe diese Träumereien politisch konkret werden konnten. Die republikanischen Aristokraten von Lucca jedenfalls, kaum war ihnen das Komplott ihres Mitbürgers von Florenz aus mit drohendem Tone mitgeteilt worden, fürchteten nichts mehr als den Verlust ihrer republikanischen Selbständigkeit an die Medici und zogen es darum vor, mit diesen auf gutem Fuße zu bleiben und sich von Burlamacchi zu distanzieren; dessen Güter und die seiner Familienangehörigen (soweit es denen nicht mit Erfolg gelang, sich ebenfalls von Francesco zu distanzieren) wurden eingezogen, er selbst an den Kaiser Karl V. ausgeliefert und von dessen Scharfrichtern nach dem üblichen Prozeß mit Folter etc. 1548 in Mailand hingerichtet.
Mehr als dreihundert Jahre später erinnerten sich die Nachfolger derselben Luccheser Herrenklasse dieses längst archivierten und vergessenen Falles als einer geeigneten Symbolfigur, um ihre Treue gegenüber Italien und ihren Anti-Klerikalismus (dieser Staat war schließlich gegen den erbitterten Widerstand des Papstes und des Kirchenstaates zustande gekommen) zu manifestieren; der Platz vor San Michele war darum auch in besonderem Maße der richtige Ort für eine solche Manifestation.

E. K.

Der Kaufmann von Prato

Prato, vor den Toren von Florenz gelegen und heute, aufgrund seiner auf der Wiederverarbeitung von gebrauchten Stoffen basierenden Kleinindustrie eine Art »Modell« der italienischen Ökonomie überhaupt (vgl. dazu Reise-

buch 1, Kap. Landschaften), wurde vermutlich schon als Textilstadt gegründet: nachweislich ist die Wollverarbeitung (Spinnerei, Weberei, vor allem aber dann die Färberei) in der Toskana zuerst in Lucca im 7. Jahrhundert, wo die *arte della lana* wahrscheinlich von den Langobarden angesiedelt wurde; Prato gilt als Gründung der Langobarden von Lucca, und seine Textilindustrie ist um etliches älter als die später berühmteste, nämlich die von Florenz. Ein altes Sprichwort besagte, daß, wenn man unter den Stadtmauern graben würde, dort Wolle zu finden sei.
Dort, wo heute die *Galeria Comunale,* das ehemalige Rathaus, mit dem heutigen Rathaus, dem *Palazzo Comunale* einen kleinen Platz mit Brunnen bildet, steht das Denkmal eines Mannes, dessen die Stadt seit mehr als 500 Jahren alljährlich zu seinem Todestage, dem 16. August 1410, mit einer Messe in der Kirche San Francesco gedenkt: **Francesco di Marco Datini.** Er war zu jener Zeit der mit Abstand reichste Bürger der Stadt und hat den späteren Reichtum Pratos, obwohl im Schatten des mächtigen Florenz gelegen, entscheidend mitbegründet als einer jener großen Kaufleute, die »das Handelskapital« repräsentierten. Datini hat auch in der Wirtschafts- bzw. Bankengeschichte einen gewissen Ehrenplatz: er gilt als der Erfinder des Wechsels. Vermutlich ist er im übrigen nicht größer und bedeutungsvoller als seine berühmten baltischen, süddeutschen oder Florentiner Kollegen und Zeitgenossen; nur

Lucca (Foto B. Agnoli)

Prato

eines hat er ihnen voraus: er war ein unermüdlicher Briefschreiber und peinlich genauer Buchführer, und er verfügte überdies in seinem Testament, daß seine gesamte Korrespondenz und seine Geschäftsbücher – auf deren erster Seite schrieb er jeweils in genialer Selbstverständlichkeit: »Im Namen Gottes und des Profits« – in seinem Hause für immer aufzubewahren seien. Dieses Haus – richtiger: der **Palazzo Datini** – steht noch immer im Zentrum der Stadt, wenige Straßen vom Denkmal entfernt und wiederum nur einen Steinwurf weit von der **Kirche San Francesco**, wo der Kaufmann, seines Wertes selbstbewußt, sich als einziger direkt vor dem Altar mit einer lebensgroßen Porträt-Figur als Grabplatte beerdigen ließ. Da Datini seine Geschäfte fast alle vom nahen Florenz aus, der eigentlichen Metropole, abwickelte, sein Haus jedoch mit Frau und Büro sich in Prato befand, leitete er seine internationalen Geschäfte ebenso wie seinen Haushalt mittels jener Briefe und Anleitungen, die uns heute erhalten sind und die eine einmalig reiche Fundgrube für Wirtschafts- und Sozialhistoriker darstellen: 150 000 Briefe, mehr als 500 Geschäfts- und Kontenbücher, 300 Verträge mit Geschäftspartnern, 400 Versicherungspolicen und vieles andere mehr. Hervorragend geschrieben, mit der Betonung auf den privaten und mikro-ökonomischen Aspekten der Zeit, ist die Biographie von *Iris Origo: The Merchant of Prato. London: Jonathan Cape, 1957*. Besorgt über sein Seelenheil und sein Andenken bei den Mitmenschen gab er, gegen Ende seines Lebens, der Kirche reichlich, aber vor allem vermachte er den größten Teil seines Vermögens einer privaten Stiftung für die Armen, der ›Casa del Ceppo dei poveri di Francesco di Marco‹. Diese Stiftung, die ursprünglich von einigen Familienmitgliedern und Geschäftspartnern sowie vier von der Gemeinde zu ernennenden Vertrauensmännern geleitet wurde, bestand bis in die 50er Jahre unseres Jahrhunderts, und ihre Räume sind Teil des weitläufigen Palazzo Datini. Heute gibt es noch ein »Istituto di Storia Economica ›Datini‹« (c/o Azienda Turismo, via L. Muzzi, 51, Prato), das jährliche Fortbildungskurse in Wirtschaftsgeschichte und -theorie anbietet; einer der festen Mitarbeiter des Instituts ist Fernand Braudel.

E. K.

Caserta und San Leucio

Eine halbe Zug- oder Autostunde von Neapel entfernt finden wir ein für Italien einzigartiges, in der europäischen politischen und Kulturgeschichte hingegen in zahlreichen Exemplaren anzutreffendes und heute zum Tourismus-Objekt »verkommenes« Monument, dessen Typus von zentraler Bedeutung für die vertiefte Erkenntnis des modernen Staates ist: den königlichen Palast von Caserta. Von Karl III. von Bourbon, der 1734 den Thron des Königreiches Neapel* bestiegen hatte, 1751/52 begonnen und unter seinem Sohn und Nachfolger Ferdinand IV. 1775, also am Vorabend der Französischen Revolution im wesentlichen abgeschlossen, ist die *Reggia di Caserta* der historisch letzte und in nichts seinen großen Vorbildern (Versailles vor allem, aber auch Schönbrunn oder der Würzburger Residenz) nachstehende absolutistische Herrschersitz, in dem sich der moderne Militär-, Verwaltungs- und Machtstaat architektonisch selbst darstellte.
Es soll hier nicht zu weit ausgeholt werden – aber andererseits ist so etwas wie das Schloß von Caserta (in den Reiseführern immerhin in der Regel mit mindestens einem Stern versehen) ohne Hintergrundkenntnisse bzw. -informationen nichts als eine große Fassade, so wie ein griechischer Tempel oder eine buddhistische Pagode, die wir mit mehr oder minder hilflosem Interesse aus anerzogenem Kultur-Respekt besichtigen. Als Karl III. (1716 in Madrid geboren, aber in Italien aufgewachsen, weil für ihn zunächst das Herzogtum Toskana vorgesehen war, auf das er durch Abstammung mütterlicherseits einen »Anspruch« hatte) den Thron in Neapel bestieg, standen ihm bereits mehrere Schlösser zur Verfügung: das (noch immer zu besichtigende und eindrucksvolle) Stadtschloß von Neapel, das Schloß auf

* Das Königreich Neapel war in Personalunion verbunden mit dem Königreich Sizilien. Ab 1815 heißt es »Königreich Beider Sizilien« und endete mit dem gewaltsamen und plebiszitär bestätigten Anschluß an Italien, 1861.

dem Capodimonte von Neapel, eines im benachbarten Portici, sowie mehrere Landsitze. Ersteres erschien ihm zu eng und schlecht eingerichtet; das nächste architektonisch mißglückt (heute ist dort ein wichtiges Museum untergebracht) und ungesund; Portici lag ihm zu nahe am damals noch gefährlichen Vesuv, usw. Vor allem aber waren dies die Jahrzehnte, in denen überall in Europa über Überleben oder Untergang der absolutistischen Monarchie und der Adelsherrschaft entschieden wurde: würde es der Monarchie gelingen, den Wettlauf um die Modernisierung von Wirtschaft und Gesellschaft zu gewinnen, also dem aufstrebenden Bürgertum durch »Leistungsnachweis« den Rang abzulaufen, oder würde die Aristokratie als Klasse abtreten müssen – zunächst, indem andere Monarchien als die Sachwalter der merkantilistischen Staaten die Konkurrenten schlugen, dann aber indem das Bürgertum seine Herrschaftsansprüche durchsetzte. Die Entscheidung Karls III. war die Entscheidung dafür, aus seinem Königreich einen konkurrenzfähigen modernen Staat zu machen und diesem Staat einen neuen Mittelpunkt zu geben, ein nicht nur ökonomisch spürbares, sondern zugleich auch sichtbares, den Macht- und Führungsanspruch repräsentierendes neues Zentrum – gewissermaßen (wie sich herausstellen sollte) in letzter Minute. Das aber hieß a) Auszug aus der Hauptstadt Neapel, b) Neubau eines Schlosses, das es mit dem großen Vorbild Versailles aufnehmen konnte, und c) über das Vorbild von Versailles hinaus, dieses Schloß als Mittelpunkt einer neuen Stadt, die nicht mehr nur Verwaltungssitz, sondern auch Zentrum staatlich geförderter Industrien (der »Manufakturen«) sein sollte. Die Planung dieses ehrgeizigen Projektes der neuen »Reggia« inmitten der neuen Königsstadt *Villa Reale* wurde einem bereits in Norditalien erfolgreichen Architekten holländischer Abstammung (›van Vittel‹) namens **Luigi Vanvitelli** übertragen, der im November 1751 dem König seine Entwürfe – in goldgerahmten Stichen – vorlegte und dem dann auch die Bauleitung übertragen wurde. Die Gegend um Caserta wurde gewählt, weil es in einer fruchtbaren, zum Meer hin offenen Ebene lag und ein reiches bewaldetes hügeliges Hinterland hatte, in dem König Karl gerne jagte. Schon im Januar 1752 wurde in feierlicher Zeremonie der Grundstein gelegt (die silbernen Einweihungsgeräte, Hammer und

Kelle, ließ Vanvitelli später in der Kirche ›dei Filippini‹ in Rom, piazza della Chiesa Nuova, deponieren, wo sie noch heute zu sehen sind). Mehr als 6,7 Millionen Dukaten sollte das Ganze schließlich kosten bzw. über einen Zeitraum von mehr als 40 Jahren durchschnittlich 3,6% des Staatshaushaltes in Anspruch nehmen. Während die geplante *Villa Reale,* die neue Königsstadt, nicht mehr realisiert wurde und nur noch in den Entwürfen existiert (ihre Verwirklichung wurde von den Ereignissen der Französischen Revolution bzw. von den republikanischen Aufständen in Neapel und der Restauration danach verhindert), können wir heute »nur« noch den gewaltigen Palast selbst und den ebenso gigantischen Park dahinter »bewundern«, an den sich die neue Stadt Caserta mit ihren billigen Wohnblocks herangefressen und beide bis zur Unkenntlichkeit des ursprünglichen urbanistisch-politischen Projekts überwuchert hat. Aber auch das bereits lohnt den Besuch.

Das architektonische Herzstück ist zweifellos die Treppenanlage im Zentrum des Palastkomplexes, »der Musterbau dieser Art, keines der berühmten Treppenhäuser in Palästen Italiens kann mit ihm wetteifern« (Gregorovius). Nicht zufällig stammt der Begriff vom »Treppen*haus*« selbst aus der Zeit der barocken Schloßbauten, wo dieser immer zentral angelegte Ort gewissermaßen die Bühne für das Hofzeremoniell und die Rangordnung der Aristokratie abgab: wie weit und ob überhaupt der Hausherr einem Gast entgegenkam oder ihn zum Abschied begleitete – die Treppenanlage erlaubte es, gesellschaftliche und politische Stellungen nuanciert, aber doch zugleich unmittelbar wahrnehmlich zum Ausdruck zu bringen. Es gibt aus der Zeit eine relativ umfangreiche Zeremonialliteratur, die eben die Empfangsetikette differenziert kodifiziert, und der wichtigste Schauplatz dafür war eben das Treppenhaus, oftmals – wie im Falle auch Casertas – größer angelegt als der eigentliche Audienzsaal. Die zur Verbindung zwischen den Stockwerken dienenden Treppen sind demgegenüber unsichtbar bzw. in den Eckgeschossen untergebracht, weshalb das bedienstete Personal extrem lange Wege zu machen hatte – allerdings war es eher die Ausnahme als die Regel, daß dieses Personal den Palast überhaupt verließ: die Dienstbotenzimmer im Dachgeschoß gleichen eher einer Kloster- oder richtiger einer Kasernenanlage innerhalb des

Palastes selbst. Alles in allem verfügt das Gebäude über 1217 Zimmer, ungleich auf 6 Stockwerke verteilt. Mit einer Breite von 253 und einer Tiefe von 202 Metern umfaßt das überbaute Areal eine Fläche von 5 Hektar. Beim jüngsten Erdbeben von 1980 hat der Palast kaum gelitten: seine Erbauer-Ingenieure hatten wohlweislich die Grund- und alle tragenden Mauern zusätzlich mit Ketten gegeneinander verankert.

Über die Funktion der zu besichtigenden verschiedenen Säle des Schlosses unterrichtet der an Ort und Stelle erhältliche Bilder-Führer. In diesem erfährt man u. a. auch, daß die 117 Treppenstufen aus einem einzigen Steinblock gehauen wurden, der aus Trapani (Sizilien) stammt. Was der Führer jedoch u. a. nicht erwähnt ist, daß nicht nur dieser riesige Block, sondern so gut wie alle Materialien und alle Einrichtungen systematisch nur aus Landesprodukten des Königreiches bestanden: wie alle ›guten‹ absolutistischen Herrscher waren auch die Bourbonen mehr oder minder loyale Anhänger des Merkantilsystems, demzufolge ein Land sich soweit wie möglich manufakturell autark machen sollte: möglichst viel exportieren und möglichst wenig importieren. So wie die Franzosen, die Österreicher oder die Preußen versuchten auch die Bourbonen-Herrscher ihre Wirtschaft »von oben« zu stimulieren, d. h. nicht nur die Landwirtschaft zu modernisieren (das gelang in der Regel nur geringfügig), sondern vor allem auch neue Gewerbe (Manufakturen) ins Leben und ins Land zu rufen. Der Beweis für den Erfolg solcher Modernisierungspolitik wurde u. a. darin gesehen, daß Caserta »aus eigenen Mitteln« entstand. Die geplante Königsstadt »Villa Reale« sollte dementsprechend keineswegs nur oder auch nur vorwiegend eine Verwaltungsstadt werden, auch kein Handelszentrum (dafür waren die Hafenstädte Neapel und Palermo bereits da), sondern vor allem eine Gewerbestadt.

Die Entwicklung der Produktivkräfte im Kapitalismus hatte, jedenfalls in ihrer Ursprungsphase, immer auch eine ästhetische Dimension. Eine ihrer Ausdrucksformen (vorangegangen war dem ein neuartiges Naturverständnis: Natur als Gegenstand künstlerischen Weltverständnisses in der Renaissancemalerei zum Beispiel) war im 18. Jahrhundert die Unterwerfung der Natur, d. h. der Landschaft, unter rationale, ordnende Prinzipien – die »Humanisierung der Natur«, ihre Formierung nach rationalen Maßstäben. Aus diesem Geist wurde der barocke Park geboren mit seinen geometrischen Formen, den beschnittenen Hecken und Bäumen, den abgezirkelten Wegen, den Wasserspielen und in Kaskaden gebändigten Elementen. Der Park ist ein integraler Bestandteil jedes absolutistischen Palastes – nicht nur als eine weitere Bühne für das Zeremoniell aristokratischer Selbstdarstellung und Rang-Differenzierung wie im Fall des Treppenhauses, sondern darüber hinaus auch als Darstellung dessen, daß der Mensch Herr über die Natur sei. In Caserta ist dieser Park in seiner ganzen, geradezu überdimensionalen Größe erhalten, entworfen entlang einer Achse eines stufenförmigen ›Kanals‹ von 3 km und endend in einer Kaskade, die ihrerseits gespeist wird vom eigentlichen technischen Wunderwerk (seiner Zeit) des ganzen Palastbaues, nämlich einem 42 km langen Aquädukt (einschließlich durchbohrter Berge und Talüberquerungen von klassischem Zuschnitt). Wenn es von Versailles heißt: »In seiner landschaftprägenden Form und Ausdehnung mit der kanonischen Abfolge von Parterre, Boskett und scheinbar in die Unendlichkeit verlaufendem großen Kanal ist ein modellhafter Gesamtkomplex organisierter Naturbewältigung geschaffen, dessen Vorbildlichkeit bis zum Ende des 18. Jahrhunderts unangefochten bleiben sollte, als die sogenannte ›englische‹ Gartenmode einen diametral entgegengesetzten Parkstil einführte« (Bentmann/Lickes, Europäische Paläste), dann gilt das uneingeschränkt auch für Caserta. Allerdings mit dem Zusatz, daß der »englische Park« – gewissermaßen als »Appendix«, seitlich zum geometrischen Teil – seinen Einzug hier bereits gehalten hat: Caserta wurde ein knappes Jahrhundert nach Versailles geschaffen, die englische Mode hatte nicht nur als »Mode« ihren Einzug gehalten, sondern englisches Kapital, englisches Know-how waren Teil der Modernisierungsstrategie der Bourbonenmonarchie geworden (vgl. die Geschichte des Marsala-Weins in Marsala, Reisebuch 1, Kap. Sizilien). Wenn wir den barocken Schloßpark und seine Auflösung in den englischen Landschaftspark etwas zugespitzt interpretieren und lesen wollen, so kann man sagen: Naturbeherrschung in geometrischer Strenge als die ästhetische Ausdrucksform der Durchsetzung des Kapitalismus, d. h. rationales Wirtschaften »von oben«, als monarchistischabsolutistische Modernisierungsstrategie; die neue Mode des Englischen hingegen als beginnende (noch nur ästhetische) partielle Kapitulation vor der Bourgeoisie, der die politische Kapitulation dann nachfolgen sollte. Allerdings ist auch in Caserta der dominierende Eindruck der des barocken Parks, in dem ein geordnetes irdisches Paradies (für die Herrschenden) sinnlich wahrnehmbare Gestalt annehmen sollte – ein irdisches Paradies zugleich mit dem Anspruch der Universalität bzw. der Globalität: exotische Pflanzen und Tiere aus aller Welt (die Unterhaltung des einzigen Pelikans kostete, 1770-1799, jährlich 49,20 Dukaten an Fleisch und 180 Dukaten für den Pfleger, während ein Richter jährlich 370 Dukaten, ein Archivar 150 Dukaten und ein Arzt 110 Dukaten kosteten), Fasanerie, Zwinger, Marstall und eine Spielzeugburg – La Castellucia – gehörten mit dazu. Kurz, ein Park wie der von Caserta sollte gelesen werden als ein Modell von Welt und Gesellschaft, das uns zwar heute fremd und exotisch vorkommt, auf dessen Trümmern wir jedoch noch immer unsere Kleingärten, Einfamilien-Idyllenhäuser – zumindest als verkommenen Traum einer heilen Welt – errichten. Gregorovius, der scharfsinnige Beobachter von 1866, bemerkte zu Caserta: »Es ist das Genie der Prosa, ein geheimnisloser nackter Verstand, ins Große gehend.« Und er fügte angesichts der schon damals funktionslos gewordenen gewaltigen Palast-Ruine hinzu: »Die Zeit hält in bestimmten Epochen ihr Scherbengericht, dem nichts entrinnen kann . . . Sie raubt den Denkmälern der Architektur, die einst lebensvolle Produkte der menschlichen Gesellschaft waren, das Bedürfnis der Gegenwart, welches ihre Seele ist, und sie zerfallen dann, wie ein toter Körper zerfällt.« Aus Caserta ist ein Museum geworden. Richtig betrachtet, ist es ein Museum unserer eigenen Gegenwart, in dem wir uns wiedererkennen können – um von dieser Größe Abschied zu nehmen: Abschied aber damit auch von einer bestimmten Art von Naturbeherrschung, die wir heute erkennen können als selbstzerstörerische Natur-Vergewaltigung.

Wir können aber Caserta auch erfahren als Monument einer Klasse – der letzten, die sich offen als zur Herrschaft berufen erklärte und entsprechend darstellte –, von der uns chronologisch nur 200 Jahre, bewußtseinsmäßig aber Lichtjahre trennen. Und das schon seit hundert Jahren, wenn wir etwa Flaubert folgen wollen: »Endlich gingen sie in das Parkparterre hinunter, von dem aus man mit einem Blick die breiten gelben Alleen, die Rasenvierecke, die Heckenbänder aus Buchs, die Taxuspyramiden, das tief herabhängende Laubwerk und die langen, schmalen Beete übersehen konnte, auf deren grauer Erde die dünngesäten Blumen wie Flecken wirkten. Wo der Garten endete, tat der Park sich auf, der seiner ganzen Ausdehnung nach von einem langen Kanale durchschnitten wird. Die Wohnsitze der Könige haben eine ganz eigentümliche Melancholie, die wohl von ihren im Verhältnisse zur geringen Anzahl ihrer Bewohner viel zu großen Ausmaßen, von dem Schweigen, das nach all den Fanfaren von einst nur um so befremdlicher wirkt, und von der Starrheit dieses Prunks herstammen mag, der durch sein Alter die Vergänglichkeit der Herrschergeschlechter und die ewige Erbärmlichkeit aller Dinge erweist. Und dieser Hauch der Jahrhunderte, der betäubend und totenhaft wie Mumiengerüche ist, wird selbst den schlichten Gemütern merklich. Rosanette gähnte maßlos.« (Aus: Die Erziehung des Herzens). Aber selbst der Zeitgenosse Goethe, der Caserta im März 1787 (am Vorabend der Französischen Revolution) besuchte – vor allem, um seinen Malerfreund Hackert dort zu treffen, der eine Anstellung am Hofe hatte –, bemerkte, das große Schloß sei »ein ungeheurer Palast, escorialartig, ins Viereck gebaut, mit mehreren Höfen; königlich genug. Die Lage außerordentlich schön auf der fruchtbarsten Ebene von der Welt, und doch erstrecken sich die Gartenanlagen bis ans Gebirge. Da führt nun ein Aquädukt einen ganzen Strom heran, um Schloß und Gegend zu tränken, und die ganze Wassermasse kann, auf künstlich angelegte Felsen geworfen, zur herrlichsten Kaskade gebildet werden. Die Gartenanlagen sind schön und gehören recht in eine Gegend, welche ganz Garten ist. Das Schloß, wahrhaft königlich, schien mir nicht genug belebt, und unser einem können die ungeheuren leeren Räume nicht behaglich vorkommen. Der König mag ein ähnliches Gefühl haben, denn es ist im Gebirge für eine Anlage gesorgt, die, enger an den Menschen sich anschließend, zur Jagd- und Lebenslust geeignet ist.« Und wiederum knapp einhundert Jahre nach Goethe – zur Zeit des Flaubert – beobachtete Gregorovius (1866): »Das Schloß Caserta konnte schwerlich durch das Leben des neapolita-

nischen Hofes jemals ganz erfüllt werden; es hätte dazu des Glanzes der spanischen oder der französischen Monarchie bedurft. Bald genug, nach dem Ausbruche der Französischen Revolution, wurde dieser ungeheure Palast das sorgenvolle Sanssouci des Königshauses unter Stürmen von Empörung, Krieg und Restauration voll quälerischer Despotenfurcht und schlaflosem Argwohn. Heute ist hier alles tot und leer. Die langen Reihen der Fenster sind mit grauen Jalousien geschlossen; kein Kerzenschein flimmert aus den Prunksälen am Abend; kein Ton erschallt, keine Karosse fährt durch das hohe und prachtvolle Portal. Nur zwei Soldaten unter Gewehr wandeln dort auf und ab. Sind sie die respektvolle Ehrenwache für ein großes Monument der geschichtlichen Vergangenheit, welche die Gegenwart ausgelöscht hat? Nein! Sie hüten dies unbrauchbar gewordene Bauwerk für den neuen Besitzer, welcher wahrscheinlich niemals dort wohnen wird ...« Kurz: Caserta ist der Schwanengesang der absolutistischen Monarchie, zur Zeit seiner Vollendung bereits überholt von der bürgerlichen Revolution und doch zugleich diese noch für Jahrzehnte, ja bis in unsere Gegenwart hinein konditionierend; Bauwerk und Park, Treppe und Kulisse mögen unbrauchbar geworden sein, aber der hier architektonisch und gestalterisch formulierte Anspruch von Naturbeherrschung einerseits und hierarchisch organisierter, verstaatlichter Gesellschaft andererseits ist noch lange nicht überwunden.
Denn – und das führt uns gewissermaßen hinter die Schloßfassade – diese absolutistische Monarchie in der Zeit der aufstrebenden Bourgeoisie produzierte auch eine utopische Dimension, die auch heute noch weit davon entfernt ist, praktisch überwunden zu sein: hier in der Gestalt der Siedlung **San Leucio.**

Absolutistische Utopien

Der Ort liegt einige Kilometer oberhalb des Schloßparkes, gewissermaßen am äußersten Winkel jenes gewaltigen Areals, das Karl III. 1750 zum Zwecke seines neuen Regierungs- und Herrschaftszentrums unter einem juristischen Vorwand von einem Gegner der Bourbonenmonarchie hatte enteignen lassen. Karl III. verließ 1759 den Bourbonenthron, weil er das Amt des spanischen Monarchen aus Gründen der dynastischen Nachfolge zu übernehmen hatte; Nachfolger wurde sein Sohn Ferdinand, der sich dieses San Leucio schuf – jene »Anlage«, von der Goethe wohl hatte reden hören, ohne sie aber zu besichtigen. Gregorovius hingegen, sozialgeschichtlich interessiert und informiert, wollte den Ort kennenlernen, wurde aber »durch die Briganten, welche dort streifen« daran gehindert.*

Vermutlich muß die Geschichte der Sozialutopien »von oben«, d. h. der aus einer Mischung von Effizienzüberlegungen und klassentranszendierenden Projektionen entstandenen (kurzlebigen) Projekte von ›neuer Gesellschaft‹ unter dem Dach absolutistischer Monarchien erst noch geschrieben werden. Karl III. z. B., nach Spanien abberufen, setzte dort nicht nur seine urbanistisch-architektonischen Vorhaben fort (als solcher soll er sich wohl einen gewissen Namen in der spanischen Geschichte gemacht haben), sondern er gründete auch in modernisierend-modernistischer Absicht neue Siedlungen (ab 1775), wohin er deutsche Bauern, flämische Handwerker und französische Emigranten einlud, denen er günstige Arbeits- und Eigentumsbedingungen anbot. Diese merkantilistisch-pragmatische Entwicklungspolitik hatte übrigens ihr Pendant in den Kolonialexperimenten der großen Jesuiten-›Staaten‹ in Paraguay (die dann wegen Ketzerverdachtes

* Erinnern wir uns: dies sind die ersten Jahrzehnte nach der Einigung Italiens, die von den bald enttäuschten niederen Schichten des Südens als Anschluß und Eroberung erfahren wurde und worauf sie – nicht ohne direkte und indirekte Unterstützung des entmachteten bourbonischen Adels, der von Rom aus gemeinsam mit dem Papst das Volk gegen den italienischen Staat aufstachelte – u. a. durch den sog. »Banditismus« reagierten. Die »Befriedung« Italiens durch Truppen und Carabinieri dauerte bis in die 90er Jahre. Gregorovius fährt an der zitierten Stelle fort: »Diese bourbonischen Ritter vom Busch waren auch schuld, daß ich nicht zu der alten Stadt Caserta hinaufgelangte. Sie liegt nämlich mehrere Millien entfernt auf einem felsigen Höhenzuge über der modernen Stadt, halb in Ruinen, doch nicht ganz verlassen.« Heute ist **Caserta Vecchia** wieder belebt, restauriert, so als sei das Mittelalter in seiner ganzen steinernen Unschlächtigkeit stehengeblieben, und man findet hier einige ganz hervorragende (wenn auch nicht gerade billige) Trattorien und Restaurants.

aufgelöst wurden). Die Projekte Karls III. in Spanien scheiterten am Widerstand sowohl des Klerus als auch des traditionalen Adels, denn Karl hatte versucht, die neuen Ansiedlungen von der Kirchensteuer, der täglichen Messe etc. zu befreien, damit sie sich nur der Produktion und damit dem Wohle des Staates widmen könnten; 1776 schlug der Große Inquisitionsrat zu und beendete diese monarchische Modernisierungspolitik. Man muß diesen Hintergrund präsent haben, um das Experiment des Sohnes Ferdinand in San Leucio zu verstehen: aus ähnlichem Geist geboren, aber gewarnt durch die Erfahrungen des Vaters in Spanien, schuf der italienische Bourbone sich hier eine ganz private Experimentierkolonie, in die – als (gewissermaßen) sozialer Privatzoo des Monarchen – der Klerus und auch die staatliche Bürokratie nichts hineinzureden hatten.
Dem Inhalt nach – bzw. ökonomisch betrachtet – ging es um den Aufbau von einer der vielen gewerblichen Aktivitäten, denen sich jeder gute, merkantilistisch gebildete Monarch jener Zeit widmete; in diesem Falle war es die Weberei (nicht zuletzt zur Herstellung von Stoffen für den Palast von Caserta selbst, aber auch für den äußeren Markt, um Devisen zu erwirtschaften), wofür Experten ›eingekauft‹, ›angeheuert‹ werden mußten. So weit, so gut – der Große Kurfürst von Brandenburg hatte mit den verfolgten Hugenotten kaum anderes getan. Das Besondere von San Leucio liegt in dem bereits erwähnten Charakter als private Sozialutopie des Königs: denn wer hierher kam, der trat in eine nach den Vorstellungen einer aufklärerisch-idealen Gesellschaft konstruierte, ganz und gar artifizielle Gemeinde ein. Das Ganze begann mit dem Ausbau des (noch heute, wenn auch verwahrlost, existierenden) Belvedere oberhalb der Jagdzone des Parkes und der Anlage von einigen Webstühlen, die mit dem Wasser aus dem Großen Aquädukt betrieben werden konnten. 1789, also im Jahr der Französischen Revolution, erließ Ferdinand IV. für diese Handwerker- bzw. Arbeitersiedlung einen speziellen Gesetzeskodex, umgab das Anwesen mit einer festen Mauer und erklärte es zur Königlichen Kolonie, also nur ihm, dem Monarchen, persönlich unterstehend. Zu diesem Zeitpunkt wohnten hier 214 Menschen, aus denen er den Kern nicht nur einer einmaligen Zukunftsstadt, Ferdinandopolis, sondern auch das Modell für weitere Arbeitersiedlungsstädte

zu machen hoffte, die gesellschaftlich konfliktfrei zum höheren Wohle von Monarchie und Staat Nützliches produzieren sollten. Als Schöpfer einer Gemeinde von freien, religiös gläubigen, staatstreuen und zugleich einander gleichen und untereinander solidarischen Menschen wollte Ferdinand mit Ferdinandopolis in die Geschichte eingehen, aus dem noch vom Vater zum bloßen Jagdrevier bestimmten Gelände etwas gesellschaftlich Produktives schaffen – die drohende bürgerliche Revolution vorwegnehmend, bzw. hoffend, sie vermeiden zu können.
In den nach einheitlichem Plan geschaffenen Wohnhäusern, deren baulicher Kern aus einem großen Wohn-Arbeitszimmer mit dem Webstuhl bestand, sollten Menschen als Freie und Gleiche leben: einheitliche Kleidung für alle, vom Staat kostenlos zur Verfügung gestellt; völlige Freiheit der Partnerwahl für die Ehe und staatliche Mitgift für das neue Paar; freie Wohnung – die Erstausstattung z. T. von der Königin persönlich besorgt (englische Stiche an der Wand, um den Arbeitern »guten Geschmack« beizubringen); freie Schulbildung; gesicherte Altersversorgung; kostenlose ärztliche Versorgung, einschließlich einer Klinik, sowie die Gratis-Beerdigung; Gemeineigentum der Arbeitsinstrumente, d. h. der Webstühle; alle gesellschaftlichen Konflikte geregelt durch einen in freier und geheimer Wahl (der Familienoberhäupter, d. h. der Männer) auf ein Jahr gewählten Ältestenrat von 5 Mitgliedern; obligatorische Ausbildung in technisch-handwerklichen Berufen für Männer und Frauen gleichermaßen; bei notwendigen Reisen außerhalb des streng kontrollierten und abgeschlossenen Gemeinwesens (Verwandtenbesuch, Pilgerfahrten, medizinische Kuren) Beihilfen durch die Gemeindekasse; Neuaufnahmen nach vielmonatiger, z. T. jahrelanger Probezeit. Entsprechend entwickelte sich unter den Einwohnern ein Kastengeist, von dem es heißt, er sei noch heute zu spüren – jedenfalls hat er das Experiment selbst um Jahrzehnte überdauert. Die Zahl der Gemeindemitglieder blieb entsprechend lange Zeit relativ konstant, nämlich bei ca. 700 Menschen um die Jahrhundertwende. Die hier hergestellte Seide – ca. 30 cm pro Tag und Webstuhl! – erfreute sich, wie es heißt, hoher Qualität, und man produzierte nicht primär für einen ständig steigenden Profit, sondern war mit dem erreichten Lebensstandard und dem relativ kostspieligen, weil gleich-

berechtigten und zeitaufwendigen Arbeitsstil eher zufrieden. Niemand konnte entlassen und kein Webstuhl stillgelegt werden, nur weil etwa nicht genügend Aufträge da waren; am erbitterten Widerstand der Gemeinde scheiterte darum später der Versuch des inzwischen der Sache überdrüssig gewordenen Staates (Ferdinand war 1825 gestorben), das ganze Projekt einem kommerziellen Unternehmen zu verkaufen: als »eine Industrie, zum ausschließlichen Nutzen einer Masse von undisziplinierten und arbeitsscheuen Arbeitern geschaffen«, so denunzierte 1828 der staatliche Kommissar in einem Bericht das zum Waisenkind gewordene Experiment einer aufgeklärten Utopie – die Revolution war gescheitert, die Restauration begann sich voll durchzusetzen. Aber die S.Leucianer haben noch bis in die ersten Jahre der italienischen Einheit hinein (d. h. auch nach der Auflösung der Bourbonenmonarchie) ihre örtliche Autonomie und Produktion verteidigt – erst 1866 gilt als das offizielle »Todesjahr«.

Wir sind gewöhnt, eines der großen italienischen Probleme, nämlich das des unterentwickelten Südens, einem historischen Zurückbleiben oder Zurückgebliebensein hinter dem Norden, hinter den Errungenschaften der frühen Stadtrepubliken und Handels- bzw. Handwerksstädte in der Toskana, der Lombardei, dem Piemont etc. zuzuschreiben. Daran ist vieles wahr und richtig. Es ist aber auch wahr und richtig, daß in der zweiten Hälfte des 18. und noch bis zu Beginn des 19. Jahrhunderts hier im Süden, unter der politisch nicht gerade liberal sich gebenden Bourbonenmonarchie von aufgeklärten Intellektuellen, von Ökonomen, Architekten, Ingenieuren und Agronomen der alles andere als unbedeutende Versuch gemacht wurde, ein eigenes Entwicklungsmodell zu entwerfen. San Leucio, das als Projekt ein Kind der neapolitanischen Ökonomen ist (einem von diesen, Gaetano Filangieri, begegneten wir bereits im Neapel-Kapitel von Reisebuch I), mag für König Ferdinand nur eine Art Spielzeug gewesen sein, wo er sich – in der Einheitskleidung der Gleichen – populär und modern geben konnte: es war in der Intention seiner intellektuellen Väter aber doch sehr viel mehr. »Das bourbonische Projekt«, so heißt es im Katalog einer 1977 San Leucio gewidmeten Ausstellung (die bezeichnenderweise in Mailand stattfand), »hatte zwei grundlegende Ziele: erstens die Verwandlung

Neapels aus einer Konsumstadt in ein Produktionszentrum, und zwar mittels Dezentralisierung der wichtigsten Industriezonen an die Randgebiete (wodurch auch eine weitere Verstopfung der Hauptstadt aufgehalten werden sollte), und zweitens die Organisation und produktive Aufwertung der umgebenden Gebiete, und zwar in einer Verbindung von Landwirtschaft und Industrie, die den Bevölkerungsdruck von Neapel erleichtern, wenn nicht gar aufheben sollten. Dem Stadt-Staat setzten die Bourbonen das Konzept vom Stadt-Territorium entgegen – eine Thematik, die erst sehr viel später, genauer: ein Jahrhundert später, ins Zentrum der Planungsdiskussionen rücken sollte.« Vieles von dem, soweit Architektur und urbanistische Planung das überhaupt erkennen lassen können, kann man noch heute in den Straßen, den eigenartigen Häuserreihen und dem Belvedere, aber auch durch einen Blick ins Innere von Höfen und Gebäuden wiedererkennen – San Leucio ist den Abstecher wert, den Gregorovius vor hundert Jahren wegen der »Banditen« nicht hatte machen können.
Zwei historische Notizen seien jedoch noch angefügt. Die eine betrifft König Ferdinand: der Eindruck, es habe sich hier um einen fortschrittlichen Monarchen gehandelt, ist richtig und falsch zugleich, denn auch ein Projekt wie dieses war natürlich nur zur höheren Ehre des monarchisch regierten Staates gedacht, nicht aber als Vorstufe zu einer wirklichen Gesellschaft der Freien und Gleichen. Derselbe Ferdinand fand nichts dabei, die von der Französischen Revolution ermutigten republikanischen Revolutionäre von Neapel nach der militärischen Liquidierung ihrer »Parthenopeischen Republik« selbstverständlich aufknüpfen zu lassen und seinen Staat zum Musterstaat auch der konterrevolutionären Restauration im Sinne Metternichs und des Wiener Kongresses zu machen.
Die zweite Notiz betrifft noch einmal das Schloß von Caserta selbst. Auf der riesigen Baustelle arbeiteten 1753 bis 1799 regelmäßig zwischen 1 000 und 3 000 Arbeiter, einschließlich Aufsehern und Wachpersonal; die Arbeitszeit war 7–20 Uhr im Sommer, 7–17 Uhr im Winter. Wenn wir uns fragen, warum der Gesamtbau dennoch so relativ billig war (s. o.), so liegt das nicht nur an den niedrigen Arbeitslöhnen als solchen, sondern vor allem daran, daß zwischen einem Drittel der Arbeiter zu Beginn und zwei

Drittel gegen Ende der Bauarbeiten aus regelrechten Sklaven bestanden. Die Mehrheit dieser Sklaven waren Türken, die von der königlichen Flotte entweder beim Kampf gegen die Mittelmeerpiraten gefangengenommen oder aber ganz legal in der Levante eingekauft worden waren. Die Flotte muß damals systematisch das östliche Mittelmeer zu diesem Zwecke durchgekämmt haben, und Karl III. nahm persönlichen Anteil am Türkenhandel, eben weil dieser ihm Sklaven einbrachte. Schwer bewacht von speziellen Armeeaufsehern durften sie nicht einmal zur Essenspause ihre Ketten ablegen, mit denen jeweils zwei von ihnen aneinandergefesselt waren – dieses Privileg genossen nur die christlichen Sklaven. Außerdem war auf der Baustelle auch noch eine nicht unbeträchtliche Zahl von Zwangsarbeitern – Zuchthäuslern – beschäftigt; man möge das bei der Bewunderung für den Bau und seine Architekten, aber auch bei einer reflektierenden Betrachtung über die Fundamente solcher Staatssymbolik, wie sie ein neuzeitlicher Palast darstellt, mit in Rechnung stellen.

E. K.

Apulien

Mehr als ein halbes Jahrhundert lag Apulien im Abseits Italiens – vergessen vom Mittelmeer-Verkehr, dem es einst Zentrum gewesen war, vergessen von den großen ökonomischen und kulturellen Veränderungen auf der übrigen Halbinsel, nicht mehr Ziel oder doch wichtige Etappe für ehrgeizige Eroberer, und auch nicht zum Kanon der klassischen Italienreisenden des 18. und 19. Jahrhunderts gehörend, die, wie Goethe, an der Westküste bis Neapel (und bestenfalls bis zum Tempelbezirk Peastum) kamen und sich von dort nach Sizilien einschifften. Erst seit den 70er Jahren wird Apulien touristisch erschlossen: Ferienkolonien und die vom Wirtschaftswunder der 60er Jahre ermöglichten obligaten Eigenheime am Strand schießen wildwüchsig überall aus dem Boden und zerstören unter unseren Augen die Landschaft; über die bei Bari endende Autobahn ist die Region nunmehr schneller und problemloser erreichbar als ihr guttut. Der **Gargano,** der »sperone« (Sporn) des italienischen Stiefels, ist nicht zuletzt wegen seines einmaligen, an Mitteleuropa erinnernden Laubwaldes bei gleichzeitiger Mediterraneität, neuerdings zu einem »Geheimtip« westdeutscher Urlauber geworden. Bis Brindisi kommen die vielen, die von hier mit der Autofähre nach Griechenland weiterwollen – allerdings werden nur wenige daran denken, daß sie sich auf antiker Route befinden: schon das römische Brundisium war das Ausfallstor nach Griechenland und Kleinasien. Hier endete die Via Appia und dieses Ende war durch zwei Säulen markiert gewesen, von denen die eine noch steht (die zweite wurde im 17. Jahrhundert nach Lecce gebracht, wo sie heute auf der Piazza S. Oronzo die Statue des gleichnamigen Schutzheiligen trägt). Aber von Brindisi und dem Gargano abgesehen, und abgesehen auch von den zahlreichen Ferienkolonien am Meer, ist die Region Apulien für den, der reisen will, noch immer voller nur teilweise erschlossener Entdeckungen.

Einige Daten vorweg: Apulien ist die am wenigsten bergige Region (1 % gegenüber 35 % im italienischen Durchschnitt) und verfügt entsprechend über den größten Anteil am Flachland (54% gegenüber 23% für Italien). Es hat zugleich die längste Küste von allen italienischen Regionen (800 km) und entsprechend haben die apulischen Städte den direktesten Zugang zum Meer: keine ist weiter als 75 km von der Küste entfernt. Wie kaum anderswo dominiert hier die **Landwirtschaft** – 80% der Bodenfläche wird landwirtschaftlich von 36,5% der Beschäftigten (Italien 18%) genutzt, aber mehr als 90% der Bevölkerung wohnt in größeren und mittleren Städten, statt auf dem Lande selbst: Apulien ist eine Region des Großgrundbesitzes, der Latifundien, die Arbeitskräfte werden als Lohn- und Saisonarbeiter in den Städten und städtischen Siedlungen rekrutiert, müssen von hier frühmorgens – wie Fabrikarbeiter – über weite Strecken auf die Felder fahren und kehren spätabends in ihre »Schlafstädte« zurück. Produziert wird vor allem für den Export, und zwar in Monokulturen: Wein, Olivenöl und Getreide. 50% des italienischen Öls, 60% der Tafeltrauben und 20% des Weins stammen von hier – letzterer wird wegen seiner Schwere vor allem nach Norden zum Verschnitt mit leichteren Qualitätssorten exportiert. Unter den Weinexperten gilt das Gesetz des Matriarchats: der männliche Wein ist der des Südens, der weibliche der des Nordens, und nach der Ehe – dem Verschnitt – gibt der weibliche den Namen. Ein Stück Ideologie des internen Kolonialismus? Erst in jüngster Zeit bemüht sich die Region, die Entwicklung eigener **Qualitätsweine** zu fördern, die mit dem Prädikat »denominazione d'origine controllata« DOC versehen sind – z. B. der Moscato di Trani, der Rosso, Bianco und Rosato von Castel del Monte, der Bianco Martina aus Martina Franca, der Locorotondo etc. Mit einer »Bacchus-Woche« – Settimane di Bacco – versucht Brindisi vom 13. bis 21. August so etwas wie ein ›Oktoberfest des Weines‹ zu institutionalisieren. Und noch einige Daten über Apulien als Region des unterentwickelten Südens (diese, wie die vorigen, von 1976): 9,8% Analphabeten (Italien 4%), 7,6% mit Hochschulabschluß (Italien 10,2%), 441 km Straße per 100 000 Einwohner (Italien 530 km), Stromverbrauch pro Kopf 1401 kWH (Italien 2036), 173 Autos per 1000 Einwohner (Italien 250), Beschäftigte in der Industrie 31% (Italien 43,5%) – die Liste ließe sich fortführen und differenzieren. Kein

Wunder, daß Apulien – zusammen mit der Basilikata, mit Kalabrien und Sizilien – eines der großen Emigrationsgebiete geworden ist: während der großen Krise der 90er Jahre des vorigen Jahrhunderts (als der »Zollkrieg« mit Frankreich 1887 abrupt den französischen Markt für Öl und Wein verschloß) nach Südamerika vor allem, in den 50er und 60er Jahren dann in die Schweiz und in die Bundesrepublik.

Apulien besteht aus drei historischen Teilen; wer auf der Autobahn oder mit dem Zug an der Adria entlang einreist, kommt durch die **Capitanata** und deren ausgedehnte Ebene des »Tavoliere« (tavolo = der Tisch) mit der Provinzhauptstadt Foggia. Die Latifundien-Landwirtschaft mit ihren menschen- bzw. gehöfteleeren großen Anbauflächen ist hier besonders eindrucksvoll wahrnehmbar. Wer den mittleren Umweg über **Lucera** nicht scheut, der hat von dort aus einen einmaligen Blick über die Weite und Breite des Tavoliere und seine großflächige Besitzstruktur: nur 4% der Bevölkerung leben hier auf dem bearbeiteten Lande selbst, die übrigen sind in den Städten konzentriert, die, obwohl sie nicht gerade Kleinstädte sind (San Severo oder Cerignola z. B., die beiden ›Grenzstädte‹ des Tavoliere, mit je etwa 50 000 Einwohnern), ihren ländlichen Charakter deutlich zur Schau tragen. Lucera hat aber, abgesehen von dem Ausblick, den man von hier aus hat, auch noch ein sehenswertes Monument aufzuweisen: das Kastell. Dieses stammt mit seinen großen Befestigungsmauern aus der zweiten Hälfte des 13. Jahrhunderts, d. h. aus der Zeit, da die vom Papst gegen die Nachfahren des letzten Staufer-Kaisers bzw. Königs von Sizilien und Süditalien, Friedrichs II. (Manfred und Konradin) ins Land gerufenen und belehnten Franzosen versuchten, hier Fuß zu fassen (sie wurden durch mehrere Volksaufstände, von denen die – von Verdi musikalisch dramatisierten – Sizilianischen Vespern, ›Vespri Siciliani‹ (1282), die berühmtesten sind, schließlich vertrieben und durch die spanischen Bourbonen ersetzt, die sich dann – mit Unterbrechungen – bis 1861 hielten). Eingebaut in den Mauerring sieht man noch heute deutlich einen pyramidenartigen Festungssockel mit glatt abfallenden Seiten: es ist dies die Base eines staufischen Palatiums, das in mehr als einer Hinsicht das militärische und z. T. auch politische Zentrum jener kurzlebigen Staatsmacht darstellte. Um Sizilien zu befrieden, hatte Friedrich II. ab 1223 die dort seit der Araberherrschaft ansässigen und immer wieder gegen die normannische, dann die staufische Zentralgewalt aufbegehrenden Sarazenen schließlich per Zwangsumsiedlung brutal von der Insel entfernt und sie in Lucera angesiedelt: es soll sich um 20 000 bis 60 000 Menschen gehandelt haben. Lucera hat – wie der Rundblick und die Lage des heutigen Kastells beweisen – eine beherrschende strategische Lage, nicht zuletzt liegt es dicht bei dem von Friedrich II. als Hauptregierungssitz vorgesehenen *Foggia.* Hier also siedelte der Kaiser die widerspenstigen Sarazenen an – gab ihnen aber alle religiösen und kulturellen Freiheiten, um die sie in Sizilien vergeblich gekämpft hatten; regiert wurden sie von einem eigenen Sultan und auch ökonomisch entwickelte sich die Kolonie glänzend. Aus diesen Sarazenen, die im Laufe weniger Jahre (Friedrich II. starb 1250) zu den loyalsten Anhängern der Dynastie wurden, rekrutierte er seine Leibwache, das besagte Palatium enthielt den Staatsschatz und galt als der sicherste Platz des Reiches. Im Konflikt mit dem Papst, dem die Nachfolger Friedrichs dann schließlich unterlagen, spielte Lucera nicht zuletzt propagandistisch eine große Rolle: daß hier, mitten im christlichen Abendland, eine Heidenkolonie entstehen und florieren konnte, mit einer Moschee statt einer Kirche und einem (im Palatium vermuteten) kaiserlichen Harem, das bewies für die päpstliche Propaganda einmal mehr, daß der Kaiser ein Werkzeug des Teufels sei. Nachdem die Sarazenen auch den letzten Staufern – Manfred und Konradin – die Treue gehalten hatten, wurden sie schließlich von den christlichen Franzosen in einer Art kleinem Völkermord kurzerhand allesamt massakriert. Das danach errichtete Kastell der französischen Anjou ist dafür ein unfreiwilliges Monument. – Von der kaiserlichen Residenz in Foggia ist außer einem Portalbogen am Palazzo Arpi (mit einer Marmortafel) nichts übriggeblieben; die Stadt selbst gilt – im Sommer – als eine der heißesten Italiens; im Kriege wurde sie durch Luftangriffe stark zerstört, wobei die Zivilbevölkerung besonders hohe Verluste erlitt – zuverlässige Italiener behaupten, die Alliierten hätten bewußt diese Zivilbevölkerung treffen wollen, um die italienische Kampfmoral zu brechen.

Der Tavoliere erschließt sich vielleicht am besten bei einer Fahrt von Foggia in Richtung **Gargano** bzw. **Manfredonia** (letzteres hat seinen Namen von König Manfred, einem Sohn Friedrichs II.; es war einer der wichtigsten Ausgangshäfen für die Kreuzzüge, woran in der näheren Umgebung zahlreiche Kirchen und Klostergebäude erinnern). Was wir heute dort sehen ist auf den ersten Blick »langweilig«: es sind landwirtschaftlich genutzte Großflächen. Erst einige Kilometer vor Manfredonia ändert sich die Landschaft. Man befindet sich fast unvermittelt in einer meist steinigen, mit Büschen und Gras bestandenen halbwilden Weidelandschaft. Zwischen beiden – diesem Streifen Weideland und der kultivierten Ebene – hat sich in der jüngsten Vergangenheit ein historisch-politisches Drama abgespielt, denn noch vor wenig mehr als 100 Jahren sah der ganze Tavoliere etwa so aus, wie er sich heute in den steinigeren und unfruchtbaren Landstrichen wenige Kilometer vor der Küste zeigt. Ferdinand Gregorovius machte 1874 die Reise von Foggia nach Manfredonia – zu einem Zeitpunkt, da dieses seit der römischen Zeit unangetastete Land unmittelbar davorstand, vom jungen Nationalstaat einer Klasse von Latifundisten zum kapitalistischen Nutzen übereignet zu werden. Folgen wir seinen aufschlußreichen Beobachtungen:

„Der Anblick dieser apulischen Steppe versetzt den Reisenden in weit entlegene Länder und in eine vergangene Zivilisation, und doch ist diese wesentlich italienisch und schon den Zeiten angehörig, als das apulische Land noch Daunia hieß. Durch alle Jahrhunderte erhielt sich hier der Urzustand des Hirtenlebens; er begleitete als ein kaum veränderter Naturbestand alle politischen und sozialen Wandlungen Italiens und dauert noch in der Gegenwart fort.

Der Tavoliere umfaßt 800 italienische Quadratmeilen oder 300 000 Hektar. Er dehnt sich durch die ganze Capitanata aus und setzt sich südwärts fort bis in die Provinzen von Bari, in die Basilicata und die Terra von Otranto. Dieses Weideland ist nicht in solcher Ausdehnung, wohl aber zu einem großen Teil, seiner Bestimmung nach älter als die Zeit der Eroberungskriege der Römer in jenen Gegenden, welche sodann, wie man annimmt, unkultiviertes Eigentum des Staates blieben und dazu bestimmt wurden, die Zölle der öffentlichen Weiden zu vermehren. Wie weit der Tavoliere noch während des römischen Kaiserreichs, sodann zur Zeit der Herrschaft der Goten und Byzantiner dem »ager publicus« zugehörte, oder ihm entzogen ward, kann nicht ermittelt werden. Im späteren Mittelalter, zur Zeit der Normannen und der Hohenstaufen, erscheint das apulische Weideland durchaus wieder als königliche Domäne, unter dem Begriff »Rege Difese«. Doch erst am Anfange des 15. Jahrhunderts wurde die Verpachtung der königlichen Weiden systematisch eingeführt. Alfonso I. von Aragon gab das Gesetz, wonach alle Besitzer von Herden in den Berglandschaften gezwungen wurden, jene gegen Abgabe auf dem Tavoliere überwintern zu lassen. Eine darauf bezügliche Verwaltung wurde eingesetzt unter dem Titel »Dogana della mena delle pecore in Puglia«. Sie soll dem Fiskus die jährliche Summe von 300 000 Goldfloren eingebracht haben.

Wanderstraßen für die Herden wurden durch den Tavoliere abgesteckt und wie Chausseen mit Grenz- und Meilensteinen versehen. Sie heißen »Tratturi«.

Nichts ist sonderbarer als diese Tratturi. Sie durchziehen einen großen Teil Süditaliens von den Abruzzen Aquilas, vom Gran Sasso und vom Monte Majella bei Sulmona herab bis zu den Bergen in Kalabrien, wo sie ihr Ende nehmen. Seit Jahrhunderten sind sie dieselben geblieben, und es haben sich Millionen von Schafen und Rindern auf ihnen bis zum heutigen Tage gleichmäßig fortbewegt, wie nur immer die Armeen Roms es auf der Via Flaminia oder Appia getan haben.

So zieht sich der Tratturo hin als ein grüner Streif Erde von 40 bis 80 und 100 Meter Breite. Auf ihm wandern die Herden fort, im Herbst in die Ebene herabsteigend, im Mai zu den heimatlichen Bergen zurückkehrend. Ich bin oft in Etrurien und Latium solchen Wanderzügen von Herden begegnet, wenn sie, zuweilen bis 5 000 Köpfe stark, die gewöhnliche Fahrstraße anfüllten, alles hemmend, was ihnen entgegenkam. Ihr Anblick war seltsam und bisweilen furchterregend, wenn die Herde aus Rindern bestand. Ich werde nie eine Hirtenszene in Cerveteri vergessen, wo ich ein paar tausend gehörnte Rinder vorüberstürmen sah, hinter sich die mit Lanzen hoch zu Roß einhersprengenden Hirten, ihre Generale.

Wie sonderbar muß erst der Anblick der einherziehenden Herden auf dem Tratturo Apuliens sein. Zu ihren Zeiten wandern sie hier Tag für Tag fast ohne Unterbrechung fort. Eine zusammengehörende Herde nennt man hier »punta«; sie besteht aus einer Menge von bisweilen 10 000 Stück. Jede »punta« ist eine wohlgeordnete wandernde Republik; denn sie zerfällt wieder in Unterabteilungen von 300 bis 400 Stück, von denen jede sechs und mehr gewaltige Hunde bei sich hat. Zur Seite reiten die Hirten; den Zug schließt eine Menge von beladenen Maultieren und Pferden. So bewegen sich diese geregelten Massen auf dem Tratturo fort, wo das Vieh auch wandernd immer etwas Gras und Kraut abzurupfen findet.

Von Manfredonia her begleitet ein Zweig des Tratturo in einiger

Entfernung die Fahrstraße. Wir fuhren dort auf ihm eine Strecke entlang, um den Weg abzukürzen. Dann sah ich später den großen Tratturo Apuliens, wo er, von den Abruzzen kommend, an den Mauern der Stadt Andria vorbeizieht und südwärts sich in die Provinz Bari wendet. Dort steht ein Grenzstein mit der Inschrift: »P. T. 1810«, das heißt »Publico Tratturo«. Er stammt demnach aus der Zeit, wo Murat König von Neapel war. Ich betrachtete diesen Stein mit Respekt, wie ein geschichtliches Monument, und zeichnete seine Ziffern in meine Schreibtafel ein. Dieses Zwangssystem der öffentlichen Weiden im Tavoliere (pastorizia sforzata) wurde übrigens schon im vorigen Jahrhundert als ein den Interessen des Ackerbaus schädliches Institut wiederholt angegriffen und die Ansicht aufgestellt: daß jene ausgedehnten Triften in Kulturland zu verwandeln und den Pächtern im Wege des Abkaufs als Privateigentum zu überlassen seien. Unter dem französischen Regiment wurde in der Tat jenes System aufgehoben durch ein Gesetz vom 21. Mai 1806. Aber die bourbonische Regierung führte im Jahre 1817 den alten Zustand im Tavoliere wieder ein. Endlich wurde nach der Annexion Neapels an das Königreich Italien durch Gesetz vom 26. Februar 1865 das Edikt von 1817 wieder aufgehoben und die Befreiung der Weidetriften durch Abkauf festgestellt.

Der Weidezwang soll demnach aufhören, die Tratturi sollen verschwinden, die Pächter Eigentümer werden, und der Hirte soll sich in den Bauern verwandeln. Dieser Plan kam bereits teilweise zur Ausführung, aber er stößt auf vielen Widerspruch und große Hindernisse. Eine Reihe von Schriften ist darüber veröffentlicht worden, von denen ich nur zwei nenne: »Studien und Vorschläge über das Gesetz der Befreiung des Tavoliere Apuliens« vom Deputierten Giuseppe Andrea Angeloni (Neapel 1872), und »Der Tavoliere Apuliens oder die ökonomisch-industrielle Zukunft Italiens und Deutschlands« vom Ingenieur Consolini (Neapel 1872), ein Programm und Statut der internationalen Kreditbank, welches dem Fürsten Bismarck gewidmet ist. Diese beiden Schriften verteidigen die Aufhebung des Weidezwanges, aber andere Stimmen haben sich erhoben und erheben sich noch täglich gegen den Plan der Regierung. So brachte die »Unità Nazionale« Neapels am 1. Juli dieses Jahres einen bemerkenswerten Aufsatz »über die Aufhebung der Tratturi«, worin der Verfasser nachweist, daß diese Maßregel die Viehzucht Süditaliens zerstören, mit ihr auch den Ackerbau beeinträchtigen und ein Chaos von Rechtsverletzungen, von Streitigkeiten und Prozessen erzeugen müsse.

Die große Lebensfrage des Tavoliere, schon seit zehn Jahren Gegenstand des Studiums für die italienische Regierung und der Debatten im Parlament, schwebt demnach noch unentschieden."

Wie heute jeder sehen kann, wurde diese Frage kurz danach entschieden in einer Weise, die an den von Marx für die englischen Einhegungen, die »enclosures« beschriebenen Prozeß der Ursprünglichen Akkumulation erinnert: die Konzentration von Großgrundbesitz, die Aufteilung des Gemeinbesitzes, der »commons«, und die Vertreibung, der »Auskauf« der Kleinbesitzer – nur daß es sich hier vor allem um Vieh- und Schafhirten handelte, deren alte Rechte dem Profitmotiv geopfert wurden. Aufschlußreich ist an der gerafften historischen Darstellung Gregorovius' der Hinweis, daß die ersten Versuche der privatwirtschaftlichen Nutzung des Tavoliere unter dem aufgeklärt-modernistischen Regime des Napoleon-Trabanten Murat als König von Neapel gemacht wurden, daß sich hingegen die 1816 restaurierte Bourbonenmonarchie bis zu ihrem Sturz 1863 für die Altrechte der Hirten und gegen die privat-kapitalistische Nutzung eingesetzt hatte.
Dies erklärt sozialgeschichtlich die sonst schwer verständliche Tatsache, warum die Bourbonen auch und gerade nach ihrer Vertreibung durch Garibaldi und der Einverleibung Süditaliens in den Einheitsstaat 1861 bei den untersten Volksklassen, den Bauern und Hirten vor allem, ihre aktivsten Parteigänger hatten: jene idealistisch-progressiven Intellektuellen, die in der Zeit der Restauration aus dem Norden kommend und an die radikalen bis revolutionären Traditionen der französischen Zeit anknüpfend, in den 40er und 50er Jahren die Bauern zum Aufstand gegen die repressive Bourbonenherrschaft agitieren wollten, fanden hier zu ihrer bitteren Enttäuschung kein revolutionsbereites Landproletariat vor, sondern sie wurden vielmehr von den zu Befreienden sofort beim bourbonischen Militär denunziert, teilweise sogar von ihnen massakriert. Für die Bauern und Hirten waren die Agitatoren aus dem Norden nichts als Fremde, die ihnen ihre kleinen Rechte und ihr kleines Eigentum im Interesse neuer und rücksichtsloserer Herren abnehmen wollten. Später, nach der italienischen Einigung, rekrutierten sich aus diesen Bourbonen-Anhängern die sogenannten »Briganten«, gegen die die *Carabinieri* im Auftrag der sabaudischen Monarchie einen jahrzehntelangen brutalen Bürgerkrieg führten, der mehr Todesopfer forderte als die Schlachten der Einigungskriege selbst. Entweder Brigant oder Emigrant – »o brigante, o

emigrante« – war die Alternative auch der vom Tavoliere Vertriebenen.
Zu Beginn der 80er Jahre des 19. Jahrhunderts war die Aufteilung und latifundistische Nutzbarmachung des Tavoliere abgeschlossen: hinter der Schutzmauer hoher Importzölle und mittels norditalienischen Kapitals und der billigen Arbeitskraft landloser Bauern wurde hier der Getreideanbau in Monokultur betrieben. Ähnlich wie in der Emilia (vgl. Reisebuch I, S. 59) organisierte sich der Widerstand der Landarbeiter in gewerkschaftsähnlichen Organisationen, den »leghe bracciantili«, die ihrerseits um die Jahrhundertwende von faschistischen Schlägerbanden, den »squadre fasciste«, bezahlt und organisiert von den Latifundisten, in einem brutalen Kleinkrieg mit indirekter Unterstützung von Militär und Carabinieri zerschlagen wurden. Das Zentrum dieser Auseinandersetzungen, dieses Klassenkampfes, war *Foggia*. Noch einmal, zu Beginn der 30er Jahre, war der Tavoliere Zentrum einer von Rom gesteuerten ökonomischen Strategie: als das faschistische Regime nämlich versuchte, auf die Weltwirtschaftskrise durch die Propagierung der landwirtschaftlichen (und industriellen) Autarkie zu reagieren mit der großangelegten »Weizenschlacht«. Was immer noch an kleinbäuerlichen Resten und vor allem an Weideland für die Fleisch-, Milch- und Wollproduktion hier übriggeblieben war, wurde von einer zweiten Konzentrationswelle erfaßt und für den Getreideanbau umfunktioniert (die bis heute chronische Importabhängigkeit Italiens für Fleisch – der nach dem Erdöl größte Einzelposten, für den mit Devisen bezahlt werden muß! – datiert u. a. von dieser langfristig katastrophalen Landwirtschaftsstrategie des faschistischen Regimes). Allerdings gab es zu dieser Zeit schon keinen organisierten Widerstand mehr – diesem war bereits durch die großen Auswanderungen der vorangegangenen Jahrzehnte das Rückgrat weitgehend gebrochen worden; 1936 bestand die Hälfte der landwirtschaftlich tätigen Bevölkerung Apuliens aus »freien« Landarbeitern, die aber nur etwa während eines Drittels des Jahres Arbeit fanden – zur Erntezeit kann man sie noch heute auf den Hauptplätzen der kleineren Städte als arbeitsuchende Tagelöhner beobachten. Daß die großbetriebliche, latifundistische Wirtschaft nicht auch zugleich Effizienz und Produktivität bedeutet, geht aus dem Vergleich mit den

entwickelten kapitalistischen Unternehmen hervor: Apulien produziert 22,5 Quintale Weizen per ha, die Lombardei hingegen fast 40. Nur wegen der großen Flächen ist diese Produktion dennoch profitabel für die Großgrundbesitzer, weshalb bislang alle Versuche einer Landreform – was hier u. a. kleinere Produktionseinheiten und Produktdiversifikation hieße – an deren mächtigen Interessen gescheitert bzw. in Ansätzen steckengeblieben sind. Die Alternative heißt nach wie vor Abwanderung, Emigration. –

An die Capitanata, die fast ganz vom Tavoliere beherrscht wird, schließt sich südöstlich die zweite historisch-geographische Region Apuliens an, die **Murge.** Vom relativ schmalen Küstenstreifen mit der Hauptstadt Bari abgesehen, handelt es sich hier vor allem um ein karstiges Plateau, dessen heutige landwirtschaftliche Nutzbarkeit nicht auf vermeintlich gute Bodenbedingungen, sondern auf intensivste menschliche Arbeit zurückgeht, hier befördert durch den Bau des Apulischen Aquäduktes, parallel zur landwirtschaftlichen Nutzung des Tavoliere.

Auf dieser Hochebene finden wir das zurecht berühmte **Castel del Monte,** die »Krone Apuliens«, und, ebenfalls gewissermaßen am Eingang zu Le Murge (zwischen Canosa und Barletta), das Denkmals-Örtchen **Canne della Battaglia.** Hier soll die berühmte Schlacht von Cannae 216 v. d. Z. stattgefunden haben, bei der es den Soldaten Hannibals aufgrund der sogenannten ›schiefen Schlachtordnung‹ gelang, 70 000 römische Berufskollegen zu töten, bei nur 6–8 000 Verlusten der 40 bis 50 000 Mann starken karthagischen Truppen. Neuerdings wird mit fundierten Argumenten bestritten, daß dieser Ort wirklich das historische Cannae sei, und angenommen, daß sich Cannae vielmehr rd. 100 km westlich im Tal des Flüßchens Celone bei der kleinen Ortschaft Castelluccio Valmaggiore nahe bei Troia befunden habe; aber 1938 war, wohl nicht ganz ohne die politisch-ideologische Motivation der Wiederbelebung römischen Erbes und römischer Geschichte im Dienste des faschistischen Regimes, Cannae hier nun einmal lokalisiert worden – es wurde viel Geld investiert, ein kleines Museum eingerichtet und der Name »della battaglia« eingeführt – und so ist es schwer, den möglichen Irrtum einzugestehen.

Das faschistische Regime ließ auf einer römischen Granitsäule die Worte des Livius einmeißeln, dem zufolge

kein anderes Volk ein derartiges Unglück überlebt hätte ...
Vor allem auf den sanfteren Hängen zur Meeresseite hin fallen die großen Haine von wuchtigen Olivenbäumen auf, die hier fast das Aussehen und die Größe nordischer Eichen haben und sich von den vergleichsweise zierlich-verknorpelten Oliven etwa des toskanischen Terrassenanbaus deutlich unterscheiden (etwa 50% der italienischen Ölproduktion stammt aus Apulien). In unmittelbarer Küstennähe überwiegen dann die Mandelbäume (Apulien ist nach Sizilien der größte Produzent), und natürlich finden wir immer wieder den Weinanbau. Auf der Hochebene selbst, deren karge Vegetation unmittelbar ins Auge fällt, dominiert dort, wo der Ackerbau überhaupt möglich ist, der Weizen – angebaut auch hier von den großen Latifundien und ihren saisonalen Landarbeitern; und die Hälfte der Murge ist in der Hand von Großbetrieben von über 50 ha, 43% der Bevölkerung lebt von der Landarbeit. Der karstige Untergrund – bisweilen als »steinerner Schwamm« bezeichnet – produziert stellenweise bizarre Formen: einmal wären da die erst in den 60er Jahren erschlossenen Höhlen, **Castellane Grotte,** zu nennen, die für denjenigen, der an phantasievollen Stalagtiten- und Stalagmitenbildungen seine Freude hat, wohl einen Abstecher wert sind; zum anderen aber wurden in einigen der tiefen Kalkschluchten menschliche Wohnungen eingegraben, die dann später zum Kern von städtischen Siedlungen an ihren oberen Rändern wurden. Die Stadt *Massafra* bietet dafür ein faszinierendes Beispiel. Unbedingt aber sollte man die erst vor wenigen Jahren verlassene Höhlen»altstadt«, den **»Sasso« von Matera** besuchen (auch wenn Matera administrativ nicht zu Apulien, sondern zur Basilikata gehört) – eine Szenerie, vor allem bei untergehender Sonne, die man kaum wieder vergessen wird. Derzeit wird der Versuch unternommen, vor allem den »Sasso« als touristische Attraktion wiederzubeleben – ein Unternehmen, das den Bewohnern vielleicht ökonomischen Nutzen bringt, auch wenn das notwendigerweise auf Kosten der Armutsromantik geht.
Sieht man ab von dem wohl großartigsten historischen Erbe Apuliens aus der Zeit seiner Blüte zwischen der normannischen Eroberung und dem Ende der Stauferherrschaft (rd. 1000 bis 1300), das mit seinen einmaligen romanischen

Kathedralen und Befestigungen* noch eine Ahnung von der einstigen Schönheit dieses Landes vermittelt, das damals vorwiegend bewaldet und überall von weißen Stränden umgeben war (Kaiser Friedrich hatte es nicht nur aus strategischen Gründen zum Zentrum seines Reiches gemacht, er ließ sich auch gern der ›Knabe Apuliens‹ nennen), so ist das zweite »Juwel« (wenn dieser Ausdruck gestattet ist) das kleine Gebiet von **Valle d'Itria** mit seinen Trulli und dem Städtchen **Alberobello.** Wer je sich einen Begriff davon bilden möchte, wie ein ganz und gar traumhaftes Märchenland aussehen könnte, der findet es hier verwirklicht. Keine Beschreibung und kaum eine Fotografie kann diesem einmaligen Stück Kulturlandschaft gerecht werden.

In seiner Besiedlungsstruktur ist es deutlich atypisch für Apulien und für den italienischen Süden überhaupt, eine »Oase der Bevölkerungsstreuung im Mezzogiorno«, aber auch eine »Oase der Gartenbaukultur im Herzen der Baum- und Getreidelandschaft Apuliens«. Der Blick auf das Valle d'Itria von **Martina Franca** – im Vergleich mit dem auf die menschen- und siedlungsleere Ebene des Tavoliere z. B. von Lucera – ist wie der Blick auf einen riesigen Garten voller kleiner fruchtbarer Felder, durchzogen von kleinen weißen Mauern und durchsetzt mit den weißen Spitzkuppeln der Trulli-Gehöfte. Die architektonische Struktur der Trulli (der Name scheint sich vom lateinischen »turris« und vom griechischen »torrulos« bzw. »trulla« für Kuppel herzuleiten) wurde inzwischen auch wissenschaftlich analysiert (Edward Allen: Stone Shelters. The M. I. T. Press, 1969).

In Alberobello findet man die von einem Lokalhistoriker eher liebevoll als kritisch verfaßte Darstellung: »La Storia dei Trulli di Alberobello« von Miriano Marraffa – aber ihre historische Genesis (griechisch? balkanisch?) ist gleichwohl noch immer umstritten. Dennoch gibt es zumindest eine historisch-politökonomische Erklärung, die ein hohes Maß von Glaubwürdigkeit hat und die das Geburtsjahr der Trulli auf 1550 ansetzt, als sie nämlich zum erstenmal in einem Dokument aus der Zeit Karls V. erwähnt werden. Es ist ein Stück Feudalismus-Geschichte und alles andere als die Geschichte eines glücklichen Märchenlandes:

* Ein verläßlicher Führer unter kunstgeschichtlichen Aspekten ist C. A. Willemsen: Apulien – Kathedralen und Kastelle. Du Mont Vlg. 1971.

Diese Geschichte beginnt mit der Rolle, die ein gewisser Graf Giulio Antonio I Acquaviva 1480 bei der Vertreibung der Türken aus Otranto (dazu später mehr) gespielt hatte, wobei er selbst zu Tode kam; seiner Familie wurde dafür das damals so gut wie unbebaute, auch wenig ertragreiche Gebiet des heutigen Valle d'Itria vom König von Neapel als erbliches Lehen verliehen. Die Feudalherren bemühten sich mit Erfolg, Siedler ins Land zu ziehen, unternahmen auch selbst einiges, um das unwirtliche Land attraktiv zu machen durch Bau einer Mühle, eines öffentlichen Backofens, einer Schlachterei, eines Wirtshauses etc. Um das Räuberunwesen zu unterbinden, ermutigten sie auch eine breit gestreute Flächenbesiedlung, die sich bis heute durchgehalten hat. Mit dem Versprechen geringerer Feudalabgaben warb man Bauern aus den angrenzenden Gebieten ab – aber, einmal besiedelt, wurde die Herrschaft drückender als anderswo, besonders unter dem Grafen Gian Girolamo II. (1620-1665). Steuern an den Lehnsherrn in Neapel wurden aufgrund eines Ediktes, »Prammatica de Baronibus«, gezahlt auf der Basis fester, gemauerter Siedlungen – eine Art indirekter Zensus zur Berechnungsgrundlage. Um diese Steuern nun zu umgehen, bestand der Graf darauf, daß die bislang nur als Feldhütten verwendeten Trulli zur ausschließlichen Hausarchitektur wurden: die Trulli sind nämlich (ursprünglich) nicht gemauert, sondern mittels eines kunstvollen Systems geschichtete Rundhäuser aus den Kalksteinen der umliegenden Felder. Als solche nichtgemauerten Häuser meinte der Graf, sie der Besteuerung entziehen zu können; sollte es jedoch dennoch zu einer königlichen Inspektion kommen, so waren diese Konstruktionen mit nur geringer Mühe in Steinhaufen verwandelbar und damit nicht mehr als Häuser erkennbar. 1644 trat dieser Fall auch in der Tat ein: aufgrund einer Anzeige des benachbarten Herzogs von Martina Franca beim spanischen Hofe Philipps IV. wurde ein Inspektor ins Land geschickt – aber der fand, da man von seiner Ankunft Wind bekommen hatte, in der Tat nichts Verdächtiges, nur Steinhaufen vor. Die leidtragenden Bauern mußten anschließend alles wieder aufbauen (später wurde Gian Girolamo für andere Missetaten gegenüber seinen Bauern dennoch nach Spanien vor Gericht zitiert und starb dort im Zwangsexil). Geblieben sind also die Trulli als dominierende Architektur der Ebene um Alberobello – sie zeichnen sich durch eine besondere Funktionalität aus: billig im Material (gleichzeitig wird damit die Erde von den Steinen befreit), kühl im Sommer, warm im Winter, nicht zuletzt günstig für die Speicherung von Vorräten – und geblieben ist der breitgestreute Kleinbesitz (nachdem es 1797 vor dem Hintergrund der Französischen Revolution gelungen war, von Ferdinand IV. von Bourbon die Freiheit zu erhalten, d. h. den letzten regierenden Grafen der alten Familie seiner Rechte zu entkleiden).

Das Land, so wie wir es heute vor uns sehen – hier leben 53% der Bevölkerung auf dem von ihnen bebauten und bearbeiteten Land, verglichen mit den 4-10% im übrigen Apulien – ist nahezu völlig menschliches Produkt, dem Karst und den Steinen über Generationen hinweg abgerungen. Oftmals bis zu einem Meter in die Tiefe aufgegraben, entsteint und mit fruchtbarer Erde aus Flußniederungen und anderen Ablagerungen neu aufgefüllt, hat diese Gartenlandschaft eine gewisse strukturelle Verwandtschaft mit

den großen Terrassen-Kulturen Chinas: sie ist ein Kunstprodukt.
Aber sie hat auch etwas Museales: zuerst waren 1909 Teile von Alberobello unter Denkmalschutz gestellt worden; als 1930 der König die vom faschistischen Regime groß aufgezogene Levante-Ausstellung in Bari (es gibt sie heute noch jedes Jahr) besuchte und bei der Gelegenheit auch zum erstenmal die Trulli sah, wurde Valle d'Itria von Italien überhaupt erst wirklich entdeckt und nunmehr die gesamte Zone per Gesetz zur ›zona monumentale‹ erklärt und strikte Auflagen zur Erhaltung ihres traditionellen Charakters gemacht. So ästhetisch befriedigend, ja begeisternd das für den Besucher sein mag: für die Bewohner selbst bedeutet das auch Stagnation und Rückentwicklung zugunsten eines unkreativen Tourismus, Alberobello als großer Zoo. Die Häuser sind klein (nur ein Fünftel hat mehr als zwei Zimmer), es fehlt ihnen an Komfort (26% sind ohne fließendes Wasser, 35% ohne Bad und Toilette), wer kann, zieht in moderne Wohnungen (das Durchschnittsalter der Familienoberhäupter liegt bei 60 Jahren, die Jungen ziehen aus), man lebt vom Fremdenverkehr. Ein 1960 unter der Ägide der Provinzbehörde für Tourismus im Trulli-Stil erbautes und mit ministerieller Präsenz eröffnetes Hotel der Ersten Kategorie zeigt an, wohin die Entwicklung gelenkt wird: Alberobello und Valle d'Itria auf dem Wege nach Venedig – mit dem täuschenden Unterschied, daß das dazugehörige »Mestre« (vgl. Reisebuch 1, S. 36 f.) hier nicht unmittelbar benachbart ist und die Idylle darum den Anschein des Echten hat.
Dieses »Mestre« Apuliens heißt **Tarent** (Taranto): einst eines der blühendsten Zentren Groß-Griechenlands (das Museum mit seinem besonders reichen Schatz an griechischen Vasen aus den verschiedenen Produktionsperioden legt davon Zeugnis ab), dann – aufgrund seiner geschützten und zugleich strategisch exponierten Lage – Kriegshafen (noch während des Zweiten Weltkrieges), ist heute die einstige Schönheit der Stadt kaum mehr wahrnehmbar. Sie ist verschwunden hinter den Industrieabgasen und den Wüstungen der staatseigenen Stahlwerke Italsider, dem einzigen schwerindustriellen Zentrum nicht nur Apuliens, sondern des Mezzogiorno überhaupt. Hier haben wir eine jener sprichwörtlichen »Kathedralen in der Wüste« vor uns:

eine Industrieanlage, die nicht zum Zentrum der differenzierten Entwicklung einer Region geworden ist. In ihrer Entstehungszeit hatte sie Erwartungen geweckt, bei Auf- und Ausbau Zehntausende angelockt und ihnen vorübergehend auch Arbeit gegeben, sie aber dann zugunsten effizienten, arbeitssparenden Produzierens bis auf relativ wenige qualifizierte Arbeiter wieder abgestoßen – nicht zurück aufs Land, dem waren sie entfremdet worden, sondern in die Emigration. »Der neue Herrscher aus dem Norden«, schreibt der Journalist und Mezzogiorno-Experte Giovanni Russo, »so gefühllos wie der Stahl, den er produziert, hatte das einzige Interesse, sein Unternehmen auf die billigste und ergiebigste Weise zu vergrößern. Tarent hat nun einen einzigen, unerbittlichen Feudalherrscher, der sehr viel starrer ist als die normannischen Krieger, die vor Jahrhunderten Apulien eroberten. Wie eine eiserne Schlange windet sich Italsider um Golf und Stadt.« –
Der Südzipfel Apuliens schließlich, der italienische ›Stiefelabsatz‹, umfaßt den dritten Landesteil Apuliens, den **Salent.** Obwohl kaum mehr als eine gute Autostunde von Brindisi, der großen Hafenstadt, entfernt, liegt da seit Jahrhunderten eine so gut wie vergessene Stadt: **Lecce.** Gregorovius war zwar 1875 da und schrieb, die Stadt läge »wie am Ende der Welt«: »Ich werde kaum irren, wenn ich voraussetze, daß die allermeisten Leser dieser Blätter kaum eine dunkle geographische oder geschichtliche Vorstellung von Lecce haben, und daß sie in einige Verlegenheit geraten, wenn ich ihnen andere uralte Städte dieses Landes nenne, wie Ostuni, Galatone, Nardo, Gallipoli, Oria, Manduria, Francavilla. Denn sind sie aufrichtig, so werden sie bekennen, daß sie davon geradesoviel wissen wie von irgendwelchen Orten in einer Provinz Kleinasiens.« Die Vermutung, daß sich daran – trotz des Gregorovius warmer Fürsprache – bis heute wenig geändert habe, drängt sich auf. Der Lecceser Journalist Ernesto Alvino, der vor kurzem im Auftrag des provinzialen Tourismus-Büros den ersten kleinen Stadtführer schrieb – er nennt sich »Un giorno a Lecce, città inconsueta« und kann kostenlos bezogen werden von der *Azienda Autonoma di Soggiorno e Turismo di Lecce* – (den Gregorovius scheint er nicht zu kennen), zitiert als erste ausländische Entdecker Lecces den englischen Architekten Martin Briggs (1902!) und den französischen Schriftsteller

Paul Bourget (1891!). Und noch immer ist man hier als Tourist noch etwas Besonderes. Das Besondere der Stadt dürfte wohl der in Italien und Europa einmalige »Lecceser Barock« sein: eine ganze Altstadt nahezu homogen im eigenwilligsten Spätbarock gebaut – Fassaden vor allem von Bürgerpalästen und Kirchen, die, nachts in gelblichem Licht angestrahlt, einen unvergeßlichen Eindruck hinterlassen. Im Unterschied zum mitteleuropäischen Barock, dessen Architekten eine internationale Kundschaft bedienten und darum für eine gewisse Einheitlichkeit, eine internationale Austauschbarkeit der stilistischen und architektonischen Elemente sorgten, handelte es sich bei den Schöpfern von Lecce (in einer Zeit des ökonomischen Aufschwungs von Handel und Verkehr unter der Bourbonen-Monarchie, 16. und 17. Jahrhundert) durchweg um lokale Architekten, die sich hier gewissermaßen ihren eigenen, von den großen Vorbildern unvorbelasteten Barock zusammenstellten. In der »Entfaltung eines ungewöhnlichen Reichtums architektonischen Schmuckes, der oft die Grenzen des Schönen überschreitet, und bunt, zapfig, schwerfällig und überladen wird« (Gregorovius), kann man zwar zu Recht einen künstlerischen Provinzialismus konstatieren – andererseits aber auch zugleich die einmalige Erscheinung eines eben genuinen Provinzialismus, der in der Isolation von den großen Kulturbewegungen aus dem gleichen Zeitgeist sich mit eigenen Mitteln seine urbane Landschaft gestaltet und keine Anleihen anderswo macht.
Heute ist die Stadt zweigeteilt in die barocke Altstadt, die, unter weitgehenden Denkmalschutz gestellt, nicht nur wegen ihres weichen Baumaterials, sondern auch sozial zerfällt und sich entvölkert, und zweitens in das moderne Lecce, das sich unvermittelt an den historischen Teil anschließt. Ein drittes, unsichtbares Lecce ist das der Emigration . . . Ernesto Alvino sieht, auch wenn er auf den Tourismus setzt (in seinem sympathisch geschriebenen Büchlein zieht er es vor, von den »Gästen« zu sprechen), die Zukunft der historischen Schönheit von Lecce so ähnlich, wie es das Schicksal z. B. der Trulli von Alberobello zu sein scheint – Entwicklung der Unterentwicklung durch museales Einfrieren von Historischem für den Bildungs- und Erholungsreisenden aus den Metropolen. »Die nun so gut wie unbewohnte Barockstadt scheint nur noch von der Barmherzigkeit der

Zeit vor Verfall und Zusammenbruch geschützt zu werden. Ein Verfall, in dem sich so etwas wie eine ›archäologische Barock-Zone‹ von Lecce ankündigt, eine Art neues Pompeji, das nur noch neugierigen Touristen von morgen geöffnet sein mag: kleine Plätze und Straßen, Gassen, Höfe, Loggien, deren Leben allein aus Erinnerung besteht.«
Lecce ist die Hauptstadt einer Provinz historisch anderen Namens: **Terra d'Otranto** – genannt also nach jener Hauptstadt (auch sie ein wichtiger Ausgangs- und Schlußpunkt des Kreuzzugsjahrhunderts), die, exponiert wie kaum eine andere italienische Hafenstadt, auf Asien hin orientiert ist. Heute ist Otranto Zentrum eines – von der Entwicklungsbehörde »Cassa per il Mezzogiorno« mit Subsidien geförderten – Luxus-Tourismus geschmackvoller Hotels und Ferienkomplexe, Mittelpunkt einer karstigen Küste, deren zahlreiche, meist vom Meer mittels Booten zugängliche Grotten menschliche Besiedlung seit dem Neolithikum nachweisen. Die in regelmäßigen Abständen hier besonders auffallenden Turmruinen stammen aus den 20er und 30er Jahren des 16. Jahrhunderts: zur Abwehr weiterer Sarazeneneinfälle hieß Karl V. seinen neapolitanischen Vizekönig, Süditalien mittels dieses »Frühwarnsystems« zu schützen; insgesamt 365 solcher in Sichtweite errichteter Türme wurden damals gebaut (zuvor hatte Karl V. 1535 gegen die nordafrikanischen Sarazenen-Piraten einen erfolgreichen Feldzug nach Tunis und Algier unternommen, nach seiner Rückkehr wurden ihm dafür Triumphbögen errichtet: z. B. in Lecce und Palermo). Aber Otranto selbst hat im Grunde nur einen Moment historischer Größe und Bedeutung, von dem die Stadt bis heute in ihrer Mythologie, ihrem Selbstverständnis, ihrer Erinnerungssymbolik zu leben scheint: die Eroberung durch die Türken 1480. Vorangegangen war der Fall von Konstantinopel (1453) und das anscheinend unaufhaltsame osmanische Vordringen auf dem Balkan; um der (später tatsächlich eingetretenen) Gefahr zu entgehen, in der Adria eingeschlossen zu werden bzw. um seine eigenen balkanischen Niederlassungen aus der Gefahrenzone zu nehmen, legte die Republik Venedig den Türken einen Angriff auf das Königreich Neapel nahe, das seinerseits u. a. Aspirationen auf das Venedig gehörende Zypern hatte; auch Lorenzo di Medici hatte seine Hand im Spiel, mittels der Türken das Königreich Neapel zu schwächen,

das seinerseits über Siena Florenz bedrohte. Kurz: die Türken wurden von einer rivalisierenden politischen Fraktion gegen eine andere eingeladen, in Italien zu landen – was sie dann mit Erfolg in Otranto taten; ihrerseits hatten sie vermutlich weiterreichende Pläne – nämlich über diesen ersten Brückenkopf hinaus von Süditalien nach Spanien (und von da nach Südfrankreich) vorzustoßen, wo die »Reconquista« noch nicht abgeschlossen, also ein starkes islamisches Element noch vorhanden war und entsetzt werden konnte. Allerdings machten sie bei Otranto vermutlich einen Fehler: ihr Befehlshaber Achmet Bassà, empört über den 15tägigen erbitterten Widerstand der befestigten Stadt, ließ nicht nur den Erzbischof in der Kathedrale auf seinem Thron sitzend erschlagen, sondern Tage darauf auch 800 Gefangene, die sich (so die Legende) nicht zum Islam bekehren wollten, einzeln köpfen. Tatsächlich wurden sie vermutlich deshalb hingerichtet, weil sie (die Türken jener Zeit machten keine Gefangenen) keine Lösegelder aufzubringen vermochten. Mit dieser sofort in ganz Italien propagandistisch verbreiteten Tat verloren die Türken die taktische Unterstützung ihrer insgeheimen italienischen Verbündeten und hatten nun das ganze Land gegen sich – Bassà wurde zurückgerufen, Otranto später zurückerobert. Die Gebeine der Märtyrer finden sich heute hinter Glasfenstern eingemauert in der Krypta der Kathedrale (die übrigens über einen bemerkenswerten Mosaikfußboden aus der normannischen Zeit verfügt: einen riesigen Lebensbaum mit mythologischen und alttestamentarischen Darstellungen), und ihrer Geschichte begegnet man bis heute auf Schritt und Tritt: Otranto versteht sich seitdem als so etwas wie der Vorkämpfer für das christliche Abendland, ohne dessen Martyrium die gesamte europäische und Weltgeschichte ganz anders verlaufen wäre. Folgt man z. B. der Darstellung des Lokalhistorikers Grazio Gianfreda »Otranto nella storia« – man bekommt das Buch am Ort –, so spiegelt sich in der Geschichte Otrantos die gesamte italienische, europäische, ja sogar Menschheitsgeschichte (s. die neolithischen Höhlenzeichnungen).

Im Oktober 1980 fand der Papst die Märtyrer-Legende immerhin wichtig genug, um dem 5 000-Einwohner-Städtchen einen mit großer Publizität begleiteten Besuch abzustatten, wofür die lokale DC-Regierung 600 Millionen

Lire von der Region Apulien (auch sie DC) erhielt (das Geld endete in den Taschen örtlicher Bauunternehmer) – verglichen mit nur 100 Millionen, die die Regionalregierung jährlich für die Altenunterstützung ausgibt.
Tatsächlich hat sich die Stadt von jener Zerstörung im Jahre 1480 nie wieder erholt; das Kastell* wurde im Zuge der erwähnten Schutzmaßnahmen gegen die sarazenischen Piraten unter Karl V. ausgebaut, und zu Beginn des 19. Jahrhunderts erscheint der Name der Stadt noch einmal – aber eher als Farce: Napoleon verlieh seinem berühmten Polizeiminister Fouché (von Stefan Zweig im gleichnamigen Roman als exemplarisches ›Bildnis eines politischen Menschen‹ porträtiert) den Titel eines »Herzogs von Otranto« . . .

E. K.

* Der in der englischen Literatur- und Kulturgeschichte wohl nicht ganz unbedeutende Roman von Horace Walpole (Sohn des großen Politikers Sir Robert Walpole), The Castle of Otranto (1764), der als eine »gotische Geschichte« in den Kontext der Wiederentdeckung des Mittelalters gehört (Ossian, in Deutschland Herder etc.), hat mit der Burg von Otranto nur den Namen gemein und ist ohne lokales Kolorit.

Monopoli, eine Kleinstadt in Apulien

1. Die Anfahrt. Von Neapel nach Monopoli

Die Autobahn Neapel-Bari führt in einem Querschnitt durch die klassischen süditalienischen Agrarlandschaften: durch den arbeitsintensiven Gartenbau der Terra del Lavoro um Neapel; durch die Haselnußwäldchen von Baiano, schon am Fuß des Gebirges; durch die vom armen Kleinbesitz gezeichnete Gegend von Avellino (hier tangieren wir bis Lacedonia das Gebiet der Erdbebenkatastrophe vom November 1980); schließlich, bei Benevent, an der Grenze zwischen Kampanien und Apulien, durch die baumlose, klassische Landschaft des Latifundiums, die dann abfällt zum **Tavoliere di Puglia,** zu einem weiten »Tafelland«, das einst die Winterweide für die riesigen Schafherden des Appennin war und Ende des 19. Jahrhunderts zur Kornkammer Apuliens wurde. Dieses Land gehörte der Krone und gegen geringes Entgelt weideten hier im 17. und 18. Jahrhundert jeden Winter an die 4,5 Millionen Schafe. Als nach der Auflösung der feudalen Besitzverhältnisse – im Kampf um das Eigentum dieser Fläche – das große bürgerliche Privateigentum über die Hirten und ihre Allmenden Sieger wurde, wurde dieses Land zu einem apulischen Amerika: Gehölz, Macchia und Steppe wurden unter den Pflug genommen, die Hirten wurden vertrieben und von nun an entschieden Weltmarktpreise (bzw. die Zölle auf Getreide) über Hunger und Auskommen, über Verbleib oder Auswanderung eines neuen ländlichen Proletariats, das sich in Cerignola, S. Severo, Foggia und anderen Landstädten konzentrierte. Neben der Poebene ist dieser nördliche Teil Apuliens die Wiege der italienischen Landarbeitergewerkschaft (und damit der italienischen Arbeiterbewegung), und es ist kein Zufall, daß aus Foggia der bedeutendste Agrarexperte der Kommunistischen Partei, Ruggero Grieco (1893–1956), stammte und aus Cerignola **Giuseppe Di Vittorio** (1892–1957), bis zu seinem Exil (1928) Landarbeiter und Organisator der Landarbeiterbewegung, nach dem Zweiten Weltkrieg Generalsekretär des kommunistisch-sozialistischen Gewerkschaftsbundes CGIL. Sein Bild hängt auch heute noch in fast allen Gewerkschaftshäusern. In **Cerignola** erinnert am alten Bahnhofsplatz ein heute verblichenes Wandbild an diese populäre Figur, aber die Sicherung von Spuren und Zeichen der Landarbeiterbewegung und ihrer Kultur ist sehr schwierig und hat erst in den letzten Jahren begonnen. In Cerignola z. B. sollen die in den Fels gehauenen Zisternen, in denen das Getreide gelagert wurde, im Jahre 1981 restauriert und geschützt werden. Es handelt sich um ein Areal zwischen Via Delfi und Via Piave mit über 600 Zisternen, das bis heute zugebaut wurde oder als Schuttabladeplatz verkommt.

Andere Zeugnisse, die z. B. Gregorovius liebevoll bemerkte (siehe das schöne Zitat im Krippendorffschen Teil über Apulien), sind unbeachtet geblieben oder verschwunden. Von den großen Landarbeiterkämpfen nach dem Zweiten Weltkrieg (regelrechte Aufstände in S. Severo, Andria und anderen Städten) blieben in **Torremaggiore** (15 km nördlich von S. Severo) die Gräber der drei von der Polizei erschossenen Arbeiter und auf dem Platz eine Marmortafel, die an diese Opfer erinnert. In einer »primitiven« mündlichen Überlieferung leben diese Ereignisse weiter und in dem Bild, das **Paolo Cinanni,** einer der Führer der Landarbeiterkämpfe jener Zeit Jahre später gemalt hat. Natürlich trat in den tragischen und fanatischen 50er Jahren in dieser armen und rebellischen Landschaft auch ein Wunderheiliger auf, der anscheinend stigmatisierte Pater Pio, in dessen riesiges Pilgerhotel und Hospital in **S. Giovanni Rotondo** (am Fuß des Gargano) auch heute noch, lange Jahre nach dem Tod des Wundertäters, Menschen aus aller Welt wallfahren.

Die Landschaft des Tavoliere setzt sich zum Teil auf den Hochebenen der Murge fort, ein zum Meer parallel verlaufender Höhenzug. Die Autobahn durchquert nun das Küstenland zwischen Murge und Meer und die Landschaft ändert sich mit einem Schlag: es dominieren der Ölbaum, Mandelbäume und Reben, die *Culture arboree* (die Rebe wird zu den Baumkulturen gezählt). Bis zur Südspitze Apuliens fährt man Hunderte von Kilometern durch diese von Reben und Mandeln durchsetzten, zuweilen durch Gartenkulturen intensivierten Olivenpflanzungen, die im-

»Das Begräbnis des Lamedica in Torremaggiore« (ein Bild von Paolo Cinanni). Am 29. November 1949 tötete die Polizei in Torremaggiore während eines Streiks den Gewerkschaftssekretär Giuseppe Lamedica und den Landarbeiter Antonio Lavacca: es schoß der Brigadier Claro Riso unter dem Kommando des Capitano Molle. . . . Am 1. Dezember verbot ein Richter durch einstweilige Verfügung die Trauerfeier für Lamedica: die Überführung des Sarges vom Krankenhaus zum Friedhof erfolgte deshalb auf einem Handkarren, dem eine kleine Gruppe, fast ausschließlich Familienangehörige, folgte. Als der Zug sich in Bewegung setzte, »nahm an der anderen Seite des Platzes eine Abteilung der Polizei Aufstellung, mit Stahlhelmen, Pistolen und schußfertigen Maschinengewehren und rückte gegen den Trauerzug vor« (schrieb ein Augenzeuge). Am 2. Dezember traf Giuseppe Di Vittorio in Torremaggiore ein und nahm an einem symbolischen Trauerzug teil, dem Zehntausende Landarbeiter folgten. Aus dem Buch von Paolo Cinanni: »Lotte per la terra nel Mezzogiorno«, Marsilio Editori, Venezia 1979 (vgl. zu diesem Bild auch die Kapitel »Staatsgründung« und »Orgosolo«).

mer knorriger und ärmer werden, je weiter man nach Süden kommt. Es gilt die Faustregel, daß sich Baumkulturen und Latifundium ausschließen, denn je enger das Verhältnis der Bauern zum Boden, desto intensiver wird der Boden gepflegt und Arbeit in langfristig ertragreiche Kulturen investiert. Die Baumkulturen Apuliens sind zu einem großen Teil Ergebnis eines besonderen Pachtvertrages, der *Colonia migliorataria,* den es in verschiedenen Ausführungen gab, je nach Boden, Art der Bebauung, aber vor allem je nach Kräfteverhältnis zwischen Bauern und Grundbesitzern. Das Land wurde den Bauern zur Verbesserung überlassen und fiel nach einer bestimmten Zeit ganz oder zum größten Teil an den Grundherrn zurück, natürlich mit allen Meliorationen, die der Bauer durchgeführt hatte und nur kurz genießen konnte. Im Vertrag war genau festgelegt, welche Bäume oder Reben gepflanzt werden mußten, und die Bauern zerschlugen mit Pickeln und schweren Hacken die karstige Oberfläche und schufen so in jahrzehntelanger Arbeit die großartigen Baumkulturen Apuliens (und mit den ausgehauenen Steinen die langen Mauern, die die Pflanzungen begrenzen). Vor allem die Ölbäume, die in zweijährigem Rhythmus tragen, erforderten, um dem Bauern mindestens etwas für seine Mühe zu geben, längere Pachtzeiten (z. B. die *Colonia perpetua,* eine Art Erbpacht) oder andere Nutzungsrechte. In weiten Teilen der ölbaumbestandenen Regionen Süditaliens genoß der Eigentümer das Ernterecht in der guten Zeit vom 15. Dezember bis 15. Januar, während den Bauern ein Nachleserecht blieb. Bei der Auflösung dieser Arten von feudalem Mischbesitz und bei der Aufteilung der eingezogenen Kirchengüter nach 1861 wurden in einigen wenigen Gebieten des Südens lebensfähige Kleinbauernstellen geschaffen, während anderswo – wie z. B. im Tavoliere bei der Auflösung der königlichen Domänen – die Bauern ihrer Rechte beraubt und proletarisiert wurden. Wenn wir die Autobahn bei Bari verlassen und die Superstrada n 16 in Richtung Brindisi nehmen, erreichen wir nach etwa 45 km die **Zona dei Trulli e delle Grotte,** die Gegend der Trulli und Grotten, wo sich der bäuerliche Kleinbesitz auch durch Landzuteilungen nach 1861 konsolidieren konnte. In dieser, durch Streusiedlung gezeichneten Baum- und Gartenlandschaft geben wir die Superstrada und damit auch die globale, rasch zusammenfassende Autofahrerperspektive auf und fahren nach Monopoli hinein, in das Gewirr von Details einer süditalienischen Kleinstadt.

»Monopoli ist eine Stadt von 10 000 Seelen und die häßlichste von den vielen, die an dem adriatischen Meere liegen« Johann Hermann v. Riedesel, 1768

2. Monopoli: ein erster Überblick

Monopoli gefällt mir, weil der tägliche Markt auf der Piazza XX Settembre jeden Morgen ein mittelstädtisches maßvolles und ländlich reiches Bild an frischem Gemüse, Früchten und allen Arten von Fischen bietet, weil man in den Monaten, in denen es sie gibt, an verschiedenen Ecken Seeigel (*Ricci*) ausschlürfen kann, weil die Bar Roma (am Markt) und die Bar Leoci (an der Piazza Vittorio Emanuele) wunderbare Süßigkeiten produzieren, meist arabischer Tradition wie in Sizilien auch, viele aus Marzipan (Marci panis, Markusbrot, aus Teig von bitteren oder süßen Mandeln und Zucker unter Zusatz von Rosenwasser, oft mit Zuckergelee übergossen oder mit kandierten Früchten belegt) und weil es nichts Besonderes gibt, was man sich unbedingt anschauen muß. Die Küste nördlich der Stadt ist durch Abwässer und Industriegebiet zum Baden ungeeignet geworden, aber die Felsen mit eingestreuten kleinen Sandbuchten südlich der Stadt eignen sich wunderbar zum Baden und der **Lido Bianco** ist ein Restaurant, wo man baden, alle Arten von *Cozze* (Miesmuscheln) und Fisch essen und herrlich im Freien sitzen kann (auch im Winter geöffnet). In der Altstadt gibt es zwei sehr empfehlenswerte und sehr billige Kneipen (sehr guter *pesce fritto misto*): **»da Pierino«** zwischen dem Rathaus und der Chiesa Amalfitana, und unten am Hafen, an der Piazza Garibaldi, die Trattoria del Porto **(»da Orazio«**), ohne Speisekarten, zuverlässig, d. h. ohne Nep, schöne Gewölbe mit großen Steinplatten als Fußboden, Kneipen, wie man sie auch in Apulien immer seltener findet. Ich bin überzeugt, man kann hier nur genußvoll essen, wenn man nicht vom Auto direkt in die Kneipe steigt, sondern vorher an Hand von ein paar Details zuerst einmal ein Verhältnis zum Ort einfädelt, wenn man zunächst einmal die Füße auf den Boden bekommt, übrigens auf historischen Boden, über den viel Geschichte gegangen ist.

Monopoli besteht aus drei klar erkennbaren Stadtteilen: der auf einer Halbinsel vorgelagerten Altstadt (arabischer

Grundriß), dem Borgo Murattiano, d. h. der Muratschen Vorstadt mit dem schachbrettförmigen Grundriß aus der Übergangszeit zwischen neapolitanischer Aufklärung und französischer Herrschaft und aus einem Gürtel von zusammengewürfelten Neubauten aus dem Bau-Chaos der letzten 20 Jahre. Übrigens ist dies genau die gleiche Gesamtanlage, die wir auch in Bari finden, nur daß die Proportionen dort so sind, daß Altstadt und Schachbrett gegenüber dem aufgeblasenen Zement kaum mehr ins Gewicht fallen. In Monopoli hingegen leben noch etwa 5 000 Menschen in der Altstadt, 12 000 in der Muratschen Vorstadt, ebenso viele in den Neubauten und etwa 15 000 in Streusiedlungen auf dem Land. Die Gemeinde hat also rund 45 000 Einwohner, einen Fischerei- und Handelshafen, ein altes Zementwerk, Europas größte Keramikfabrik (600 Beschäftigte) und kleinere Mittelbetriebe. Im Umland herrscht der bäuerliche Kleinbesitz vor (Durchschnittsgröße vier Hektar). Die Art der Bebauung erzeugt Bedarf an meist weiblicher Saisonarbeit (Mandeln, Oliven, Gemüse). Um die Stadt herum liegt ein Ring alter, intensiver Gartenkulturen. Solange Monopoli eine kleine Agrarstadt war, also fast bis zum Ende der 60er Jahre, gab es eine kontinuierliche Auswanderung von Arbeitskräften, vor allem von freigesetzten Bauern und Handwerkern, ohne daß diese Abwanderung jemals einen absoluten Bevölkerungsrückgang verursacht hätte. Es handelte sich also um eine Art von »endemischer Krankheit«, die die Auswanderung bis heute geblieben ist. Um die Auswanderung und Rückwanderung in einer kleinen, blühenden Stadt und nicht in den üblichen desolaten Gebirgsgegenden des Mezzogiorno zu studieren, kam ich ursprünglich nach Monopoli.

Ein Spaziergang durch die Stadt fängt an der Piazza Vittorio

Emanuele an, dem **Borgo,** wie jedermann diesen Platz nennt, weil er das Scharnier zwischen Altstadt und Muratschem Borgo darstellt. Hier findet gewöhnlich der *passeggio* statt, d. h. Monopoli trifft sich und flaniert, wobei jede soziale Gruppe ihre Ecke besetzt oder eine bestimmte Bahn einnimmt. Am Platz eine Gedenktafel für den von den roten Brigaden umgebrachten Staatsmann Aldo Moro, der zu Lebzeiten ein genialer Taktiker des Ausgleichs zwischen Kommunisten und Christdemokraten war, ein Politiker, der durch die Kunst des Zögerns die italienischen Kommunisten zermürbte, aber auch ein großer Lokalpolitiker, ein regelrechter Boss, durch dessen Sekretariat enorme öffentliche Gelder zur Industrialisierung der Region Bari in Bewegung gesetzt wurden. Nach seinem Martyrium wagt kein Mensch mehr, nach der Herkunft und Verwendung dieser Summen oder nach anderen Geschäften, die Moro durch seine Autorität abdeckte, zu fragen. Auf der anderen Seite des Platzes, an der Westseite, hängt an der Ecke der Via Umberto I eine Tafel, die ebenfalls an ein Attentat erinnert, an das »furchtbarste Verbrechen dieses Jahrhunderts«, wie versichert wird, nämlich an den von einem Anarchisten verübten Mord an König Umberto I. im Jahre 1900. Zwei weitere Tafeln an der Südseite erinnern an harmlosere Dinge, an die Zusammenkunft bürgerlicher Verschwörer im Jahre 1848 (»gegen die verhaßte Dynastie der Bourbonen«) und an einen Baron, der sich um die Mitte des vorigen Jahrhunderts ebenfalls Verdienste um die Einigung Italiens erworben hatte. Neben dem Rathaus, an der Seitenwand der Kirche S. Francesco, wird des »größten Sohnes der Stadt«, des Juristen und Abgeordneten Luigi Indelli gedacht, der während der Einigungsbewegung ebenfalls zu den Verschwörern gegen die Bourbonen gehört hatte. Monopoli hat also eine ausgeprägt antibourbonische, liberal-nationale Tradition, die nach der Einigung Italiens nahtlos in einen Kolonialismus überging, der durch die Eroberung afrikanischer Provinzen der Übervölkerung des Südens Raum schaffen wollte. Wie gleich vier Tafeln am Portal bzw. im Hof des Rathauses zeigen, hat Monopoli seinen Blutzoll für die »Zivilisierung der barbarischen Afrikaner« bezahlt. Der Liberalismus in Monopoli, dessen tragende Schicht die Grundbesitzer waren, blieb bis nach dem Zweiten Weltkrieg tonangebend, national und monarchistisch. Bei der Volksabstimmung über Monarchie oder Republik im Juni 1946 stimmten 10 000 Wähler für und ca. 2 000 Wähler gegen die Monarchie. Die Christdemokraten, die in den 50er Jahren auch im Süden trotz Klientelismus und Korruption zu einer modernen Volkspartei wurden (modern und korrupt schließt sich ja nicht unbedingt aus), regieren unangefochten die Gemeinde. Relativ stark sind die Neofaschisten, die Stimmen der PCI liegen bei ca. 10%, und das ist selbst für Süditalien ein magerer Prozentsatz. Monopoli ist also eine Hochburg süditalienischer Bürgerlichkeit.

3. Die Altstadt und Ausflüge

Im **Dom** wird in der ersten Seitenkapelle, unmittelbar nach dem Eintritt rechts, in einem großen Glasschrank eine Reihe von alten Balken verehrt. Mit ihnen hat es folgende Bewandtnis: im Jahre 1107 stand hier, auf dem Boden eines heidnisch-römischen Heiligtums, eine kleine Kirche, die abgerissen wurde, um einer großen Kathedrale Platz zu machen. Der Bischof von Monopoli, Romualdo, trieb den Bau voran, der aber trotzdem ins Stocken kam, da die Mittel fehlten, um den Dachstuhl zu vollenden. Doch die Madonna half. Dreimal mußte sie einem Bürger im Traum erscheinen, ehe sich dieser aufmachte und den Bischof benachrichtigte, daß ein großes Floß mit dem Bildnis der Gottesmutter im Hafen angetrieben sei. In feierlicher Prozession wurde – da sich das Gesicht bestätigte – das dringend benötigte Holz samt Bildnis eingeholt und der Bau vollendet. In den Jahren 1742-1770 wurde die Kathedrale dann völlig umgebaut. Seither werden die Balken in der Seitenkapelle verehrt. Das auf Holz gemalte Bildnis einer byzantinischen Madonna können wir auf der Empore über dem Hochaltar bewundern (zuerst hebt sich ein kostbarer Vorhang, dann eine silberne Hülle und nach diesem Effekt erscheint das Gnadenbild, eine sehenswerte byzantinische Ikone). Die Landung der **Madonna della Madia** (Madia ist ein sonst völlig unüblicher Ausdruck des monopolitanischen Dialekts für Floß) erfolgte am 16. Dezember 1117, und seither wird jedes Jahr an diesem Tag und am 14. August die Madonna in einer großen Prozession gefeiert.

Was steckt hinter der Geschichte? Anläßlich der 800-Jahrfeier des Wunders schrieb der Bischof von Monopoli in einer 1921 erschienenen Broschüre: »Zu jener Zeit entfernten sich die Ostvölker geistig von Rom, darum verließen ihre Heiligen, ihre Bilder und geistigen Schätze auf göttliche Anordnung hin dieses Volk und kamen nach Westen.« Zwischen 1050 und 1150 vollzog sich das Schisma zwischen Byzanz und Rom, zwischen der griechischen und lateinischen Kirche. In den Jahren zuvor war – da es ja nie um bloße Glaubensfragen geht – die ionische Küste Süditaliens, die seit dem siebenten Jahrhundert unter byzantinisch-griechischer Herrschaft gestanden hatte, mit Hilfe der Normannen dem Westen einverleibt worden (in ganz Süditalien, aber vor allem im östlichen Kalabrien, gab es bis vor wenigen Jahren noch geschlossene griechischsprechende Minderheiten). Die Heiligen verlassen den häretischen Osten, das war die Botschaft der Madonna. Die Bilder sprechen, die Bauten, die um sie errichtet werden, verkünden diese Botschaft (»monumento eloquente, storia parlante, wer kann da noch zweifeln?« schreibt der Bischof 1921). Das Wunder von Monopoli war eine Episode, der ein anderer Vorgang von großer Bedeutung für die römisch-katholische Christenheit vorausgegangen war: die Verbringung der Reliquien des hl. Nikolaus aus Kleinasien nach Bari im Jahre 1087. In der Krypta des Doms von Bari, gestützt auf die Autorität dieses Heiligen, wurde 1097/98 ein Konzil gegen das östliche Schisma abgehalten, und es wurde zum Kreuzzug, zur Rückgewinnung des ganzen Ostens aufgerufen. Bari wurde, ähnlich wie Trani und Monopoli, einer der Hauptstützpunkte für die Kreuzfahrerflotten. Noch 1264 brachten Engel auf göttliche Anordnung hin das Haus der Mutter Gottes aus Nazareth direkt nach Loreto, an die Adriaküste südlich von Ancona, wo es auch heute noch unter großem Kommerz verehrt wird. Die Entführung der Reliquien des hl. Marcus im Jahre 828 von Alexandria nach Venedig gehört ebenfalls in diesen Kontext, obgleich diese Tat weniger ein Akt der Ost-West-Polemik war als vielmehr Auftakt eines großen Reliquienhandels, der in der Folgezeit jahrhundertelang blühte. Die Venezianer hatten an der Zuspitzung der Ost-West-Auseinandersetzung wenig Interesse und versuchten immer, sich zwischen den Fronten einen eigenen Handlungs- und Handelsspielraum zu erhalten und auszubauen. Dies gilt übrigens auch für Monopoli, das sich damals trotz der Exil-Madonna weniger als Vorposten Roms, d. h. des Westens, sondern vielmehr als Brücke zwischen Ost und West verstand und aufgrund dieser Funktion eine kulturelle und materielle Blüte erlebte.

Der die Kreuzzüge betreffende Teil der monopolitanischen Geschichte ist eindrucksvoll belegt durch das von Normannen gegründete ehemalige Benediktinerkloster **S. Stefano** (heute Privatbesitz mit anliegendem Campingplatz). Ein angenehmer Spaziergang längs der Südküste führt zum vier km entfernten Kloster, das 1086 an der Stelle einer römischen Befestigung zwischen zwei Buchten, die später den Kreuzfahrern als Häfen dienten, gegründet worden war. Das Kloster kam bald schon in den Besitz eines der Ritterorden, aus denen später der Malteserritterorden hervorging. Es diente als Hospital, Nachschubzentrum und Herberge für Pilger und Kreuzfahrer.

Von S. Stefano sind es nur wenige hundert Meter zur Provinzstraße N. 379, die parallel zur antiken **Via Traiana** verläuft, von der an wenigen Stellen noch Spuren zu finden sind (z. B. bei den neuen Sozialbauten am Kilometerstein 1 und wenige hundert Meter südlich der Abzweigung nach S. Stefano). Auf der Provinzstraße in Richtung Süden finden wir nach etwa einem Kilometer rechts ein gelbes Hinweisschild zur Felsenkirche **Christo Campanarello** mit einem Fresko aus dem 12. Jahrhundert. Felsenkirchen und Krypten finden sich an zahlreichen Orten am Fuß der Murge, wo sich bereits im 8. Jahrhundert in natürlichen Höhlen Flüchtlinge aus dem Osten, Einsiedler oder Gemeinschaften von Mönchen niederließen oder neu bildeten, Anhänger des hl. Basilius, die im religiösen Streit um die Verehrung von Bildwerken in den Westen gegangen waren. Sie brachten das Mönchstum, das sich in Ägypten, Syrien und Kappadozien schon seit Jahrhunderten entwickelt hatte, nach Apulien. In Felsenhöhlen zu wohnen bzw. in ihnen Heiligtümer einzurichten, ist kein besonderer Akt von Kasteiung, sondern Teil einer im Mittelmeerraum überall verbreiteten besonderen Art von Wohnkultur, die jahrhundertelang auch der damaligen »städtischen« Wohnkultur keineswegs unterlegen war und sich in Matera z. B. bis in dieses Jahrhundert hinein, allerdings unter immer armseli-

geren Umständen, erhalten hat. (Die *Sassi* von **Matera** in der Basilicata sind unbedingt sehenswert, vgl. Seite 123.)
Die Höhle Cristo Campanarello liegt auf dem Gelände einer Masseria, eines Gutshofes, wo ich nicht unfreundlich empfangen wurde. Aber man erklärte mir klipp und klar, daß ich Kapelle und Fresko nicht sehen könne, da in ihr gegenwärtig Stroh für das Vieh gelagert werde. Erst wenn das Stroh verbraucht sei, könne ich wiederkommen. Andere Höhlen, die ich aufsuchte, waren verschüttet oder unauffindbar, z. T. von neuen Häusern überbaut. Diese hier war wenigstens noch in Funktion, wenn auch nur für das Vieh. Doch mitten in Monopoli, wenige Schritte vom Dom entfernt, kann man ohne Schwierigkeiten eine solche Höhle, die Kapelle **S. Maria del Soccorso,** betreten, solange sie ein alter Kustos eben noch offenhält. Wirklich großen Eindruck machte mir eine Andacht, die an den Ostern folgenden acht Donnerstagen in der Krypta **Spirito Santo** stattfindet. Eine mehrschiffige kleine romanische Höhlenkirche war durch Kerzen erhellt, und sowohl der Abstieg in die Höhle als auch das Wiederhinaustreten in die Natur waren ein Erlebnis (trotz unmittelbarer Nähe der Superstrada; um zu dieser Kirche zu kommen, wendet man sich vor dem Friedhof stehend nach links und folgt etwa 1 km der kleinen Straße, die zwischen den Gärten aus Monopoli hinausführt).
Nicht nur in Monopoli, sondern überall an der apulischen Küste, finden wir also die Zeichen und Spuren intensiver Ost-West-Beziehungen: Heiligtümer, Reliquien und Kapellen östlicher Tradition; arabische Stadtgrundrisse, Haus- und Gartenanlagen und Konfekt (ich vergaß, in der Zeit nach der Völkerwanderung und einer ersten byzantinischen Herrschaft war Bari von 847-871 arabisches Emirat); Klöster, Burgen und Häfen von Kreuzrittern; in den Städten Paläste, deren wirtschaftliches Fundament auf dem Orienthandel ruhte. Einige Namen und Paläste in Monopoli erinnern an die venezianische Herrschaft um 1500 – damals bewegte sich Monopoli, wie andere Hafenstädte auch, im gefährlichen Spiel der drei Großmächte, der Venezianer, Spanier und Türken, die miteinander um die Kontrolle des Mittelmeeres rangen. Der Ausbau des ursprünglichen Stauferkastells und der Stadtmauern, die im Süden noch erhalten sind, erinnern hingegen an die Herrschaft der Spanier,

die 1530 Monopoli eroberten und von nun an für 200 Jahre Süditalien beherrrschten.
In dieser Zeit, fest einverleibt in das Königreich Neapel, erlebte die Stadt und die gesamte apulische Küste den Niedergang der alten Handelsbeziehungen. Monopoli intensivierte neue Handelsbeziehungen erst wieder im 18. Jahrhundert aufgrund der landwirtschaftlichen Entwicklung im eigenen Hinterland. Die großen Olivenhaine am Fuß der Murge warfen aufgrund einer intensiven Pflege ansehnliche Erträge ab, und so wurde bis zum Ende des Königreichs Neapel Monopoli einer der bedeutendsten Häfen für die Ausfuhr von Olivenöl.
Baulicher Ausdruck dieser Landwirtschaft und Kultur sind die **»Masserie«**, die, oftmals festungsmäßig ausgebaut, die Agrarlandschaft nicht nur Apuliens bis zum 19. Jahrhundert beherrschten. Es handelt sich um Gutshöfe, die als Verwaltungszentren und Vorratslager dienten. Die Gegend von Monopoli und Polignano ist reich an diesen Bauten (über 300!), und auf einige der schönsten Masserie machen gelbe Hinweisschilder aufmerksam.
Zwei habe ich besucht, die Masseria Spina, im Norden der Stadt, und die Masseria Conchia, am Fuß der Murge (zahlreiche andere Masserie sieht man so beim Vorbeifahren).
Die **Masseria Spina** liegt genau zwischen Monopoli und Polignano an der alten Staatsstraße 16, am nördlichen Rand der Industriezone von Monopoli (gelbes Hinweisschild, von Monopoli kommend links). Das Gelände der Plastikfabrik Puglia und der Ceramica Puglia gehörte früher zum Gut, das

Alte Bewässerungsanlage in einer Masseria

heute mit möglichst geringem Arbeitsaufwand kaum mehr bewirtschaftet wird. Eine ältere Bauersfrau empfängt uns am Eingang und erzählt gerne (in der Hoffnung auf eine kleine Nebeneinnahme und tief beeindruckt vom Fernsehen, das schon hier war, vom Film, der hier gedreht wurde, von den Kunsthistorikern, die sich über die Form der Zinnen streiten). Sie führt uns die Stufen hinunter in die alte Ölmühle, die vor ein paar Jahren mechanisiert und dann verlassen wurde, und sie zeigt – da sie unser Interesse erkannte, den Raum, in dem bis vor zwei Jahrzehnten die saisonalen Arbeitskräfte schliefen und aßen (die gemeinsame Schüssel, aus der gegessen wurde, liegt noch in der Ecke). Vor der Mechanisierung der Landwirtschaft gab es auf diesem Gut Pferde zum Pflügen, Dutzende von Männern zum Mähen, Dreschen und zur Arbeit in der Ölmühle. Es gab Hunderte von Frauen, die im Dezember und Januar die Oliven pflückten, während heute die Früchte in riesige, auf dem Boden liegende Netze fallen, was die Qualität des Öls mindert, aber Arbeitskräfte spart.
Interessanter als die zugängliche Kirche und das unzugängliche Herrenhaus aus dem 18. Jahrhundert ist die im Grün versteckte ältere Masseria Spina piccola, auf deren Gelände wiederum Höhlen von Mönchen des hl. Basilius zu sehen sind. Die ältere Masseria besteht vor allem aus einem wehrhaften zentralen Turmbau. Ein Vergleich der älteren und jüngeren Masseria Spina läßt nicht so sehr auf die Fortschritte der Architektur als vielmehr auf die Fortschritte der sozialen Verhältnisse schließen. Aus der befestigten Vorrats- und Kommandostelle des 16. Jahrhunderts wurde im 18. Jahrhundert ein durch Mauern abgesicherter großer Gutshof, und am Ende des gleichen Jahrhunderts herrschten auf dem Land bei Monopoli schon derartig friedliche Verhältnisse und ein derartiger Reichtum, daß sich die Grundbesitzer in der hügeligen Landschaft bei **Cozzana** (etwa 8 km von Monopoli auf der Straße nach Castellana) eine Reihe klassizistischer Villen bauen konnten. Die schönste dieser Villen, die **Villa Meo Evoli,** deren Besitzer auch die Masseria Spina gehört, ist als bescheidenes privates Museum (mit antiker Vasensammlung) zu besichtigen.
Zuerst Piraten und Korsaren (»nach den Reliquien landeten die Türken«), dann Banditen (versprengte Söldner und

arme, entwurzelte Bauern) und oftmals beide zusammen, hatten in vielen Landstrichen Süditaliens bis ins 19. Jahrhundert das Leben auf dem Land unsicher gemacht. Um die zunehmenden Türkeneinfälle abzuwehren (1480 Otranto, 1534 Terracina und Ostia, 1537 Castro in Apulien, 1544 Elba, Giglio, Gaeta) wurden im 16. Jahrhundert die vereinzelten »Sarazenentürme« der italienischen Küste zu einem System von kommunizierenden Signaltürmen ausgebaut, von denen heute an der Küste von Monopoli nur noch dürftige Reste zu sehen sind (Torre Cintola, Torre Equazia usw.). Die Türme der Masserie, wie z. B. der alte Turm der Spina piccola, standen mit diesen Signaltürmen in Verbindung. Die Überfälle türkischer und arabischer Piraten und Korsaren endeten 1830 mit der Einnahme Algiers durch die Franzosen, doch muß gesagt werden, daß die Korsaren (Söldner, die im Dienste einer Macht standen, während die Piraten auf eigene Faust, als eigene Unternehmer losschlugen) zwischen dem 15. und 18. Jahrhundert nur zum Teil aus dem Osten oder von der nordafrikanischen Küste kamen und zu einem anderen Teil im Dienste Venedigs, Genuas, des Papstes oder des Kaisers plünderten.
Die Befestigung der Masserie kann nur z. T. mit der Gefahr, die von außen, vom Meer her drohte, erklärt werden, denn zunehmend traten mit der spanischen Mißwirtschaft des 16. und 17. Jahrhunderts, mit der Krise des Feudalstaates im 18. Jahrhundert und mit der Privatisierung des Gemeinbesitzes und der Kirchengüter im 19. Jahrhundert Banden entwurzelter und enteigneter Bauern auf, die immer wieder die Masserie, die Vorrats- und Kapitalsammelstellen bzw. die Kommandostellen des Großgrundbesitzes angriffen und zerstörten.
Im Gebiet von Monopoli vollzog sich die Auflösung der feudalen Ordnung unter Bedingungen, die die Intensivierung der landwirtschaftlichen Produktion ermöglichten (auch deshalb war im 18. Jahrhundert wieder Geld da, siehe Domneubau, Palazzo Palmieri, Villen usw.) und das kleine bäuerliche Eigentum nicht zerstörten, sondern konsolidierten, so daß mittlere, aber wirtschaftlich sehr rentable Güter (deren größte, die Masseria Conchia, umfaßt 185 Hektar) neben zahlreichen kleinen Bauernstellen koexistierten. Auf der »Ausgewogenheit« dieser Symbiose beruht der soziale Frieden, der die Landschaft um Monopoli ganz im Gegen-

satz zum Tavoliere, zur Hochfläche der Murge oder zu Städten wie Andria bis heute kennzeichnet. In Monopoli kam es weder in den stürmischen Zeiten nach dem Ersten, noch in den Zeiten nach dem Zweiten Weltkrieg zu nennenswerten sozialen Auseinandersetzungen oder gar zu Landbesetzungen. Paolo Cinanni hat gezeigt, daß die örtliche Verteilung, Intensität und Inhalte der Bauernkämpfe in Italien bis zur Periode intensiver Landbesetzungen 1944-1949 unerklärlich bleiben ohne eine Analyse der Bedingungen, unter denen sich die feudalen Verhältnisse vor über hundert Jahren auflösten. Denn das Klassenbewußtsein auf dem Land erwächst nicht nur aus den unmittelbaren Erfahrungen am Arbeitsplatz, sondern in größerem Ausmaß, als dies in der Stadt der Fall sein kann, aus dem langen Gedächtnis auch der vor Generationen erlittenen Enteignungen. (Paolo Cinanni: »Lotte per la terra nel Mezzogiorno 1943-1953«, Verlag Marsilio, Venedig 1979).
Wie groß die Klassenunterschiede aber auch in Monopoli trotz einer etwas ausgeglicheneren Besitzverteilung waren, ist in der **Masseria Conchia** mit einem Blick zu ersehen. Gleich neben dem Eingangstor links sind über den Ställen die Wohnungen der Landarbeiter erhalten, die im Vergleich zum Gutshaus des Pächters bzw. zu den Villen der Grundbesitzer die Unterschiedlichkeit der Lebensverhältnisse dokumentieren. Conchia ist als Anlage und im landwirtschaftlichen Kontext besser erhalten als Spina und lohnt auf jeden Fall einen Besuch (an der Straße nach Alberobello, nach etwa 3 km gelbes Hinweisschild nach links). Der Weg vom unteren Eingangstor des Besitzes zum Gutshof führt

hügelan durch eine für die Masserie klassische Kombination des Anbaus von Ölbäumen und Getreide bzw. Ölbäumen und Weide. Eine Intensivierung des Gemüseanbaus oder der Futtermittelproduktion wurde in der weiteren Umgebung Monopolis erst möglich durch die Bohrung arthesischer Brunnen Ende der 60er Jahre. Auf dem Weg von Monopoli nach Conchia finden wir an mehreren Stellen zwischen den Olivenhainen intensiven Gartenbau, der einen Teil der in der traditionellen Landwirtschaft freigesetzten Arbeitskräfte aufgenommen hat.

Ausflüge und Spaziergänge:
1. vom Borgo (Piazza Vittorio Emanuele) zur Kirche S. Domenico (Rosette), zum Dom, zum Palazzo Palmieri (einem renovierungsbedürftigen schönen barocken Palast) zur S. Maria del Soccorso, zur Piazza Garibaldi und zur Kirche S. Maria degli Amalfitani (einer romanischen Kirche der ehemals amalfitanischen Kolonie über der Krypta einer Höhlenkapelle; wer Zeit hat, holt sich den Schlüssel in der Kirche S. Francesco).
2. Nach S. Stefano und Christo Campanellaro (4 km). Wer Lust hat, kann am Meer weiterfahren zu den Ruinen der antiken Stadt Egnazia (11 km) und nach Savelletri, wo man ebenfalls ausgezeichnet Fisch ißt (14,5 km).
3. Zur Masseria Spina und zur Nachbarstadt im Norden, Polignano (8 km); eindrucksvoll ist, wie die Altstadt von Polignano auf Naturgrotten über dem Meer steht. In einer dieser Grotten, grotta Palazzeschi, Restaurantbetrieb. Wer sich für Tropfsteinhöhlen interessiert, sollte unbedingt die Grotten von Castellano (15 km) besuchen.
4. Zu den Villen von Cozzana und zur Masseria Conchia und anderen Masserie am Fuß der Murge. Einen der schönsten Ausflüge, die man sich vorstellen kann, unternahm ich im Frühling mit dem Fahrrad: Monopoli – S. Stefano – Egnazia und von hier quer durch auf Feldwegen nach Fasano; von hier zurück auf dem alten Feldweg nach Monopoli, vorbei an der Masseria Martucci, Masseria Conchia und der Kirche Christo delle Zolle bis zur Straße Alberobello-Monopoli. Der Weg Fasano-Monopoli (ca. 12 km) ist auch zu Fuß ein wunderbarer Spaziergang.

P. K.

Polignano a Mare
S.Vito
Spina
Monópoli
S.Stéfano
T.re Cintola
il Capitolo
St. Egnázia
T.re Egnázia
EGNÁZIA
S.Procópio
Savelletri
N°16
N°377
N°379
N°634
N°172
N°172 dir.
Mass. Carbonelli
Mass. Tangarelli
Mass. S.Bárbara
Mass. Lamafico
Mass. Due Torri
Mass. Affaitati
Cristo Re
V.la Ostuni
V.la le Torri
C.no de Luca
V.la Miani
Basile
Triggianello
Mass. S.Pietro
Mass. della Zingara
M. S.Nicola
Mass. Conchia
Mácchia di Monte
V.la Antonelli
Impalata
Lóggia di Pilato
Mass. Terminieto
Mass. Guardino
S.Lucia
Mass. Martucci
Fasano Staz.
Fasano
Mass. la Cerasina
M. Scopa
Mass. Cavallerizza
Selva di Fasano
Mass. S.Angelo
Mass. Mazzalorsa
Mass. Badessa
Cocolicchio
Laureto
Mass. d. Chiesa
M.Sério
Coréggia
S.Marco
Salamina
Mass. Balsente
Vaccari d.Contessa
Noci
Alberobello
M. Signora Pulia
Marinello
Trito
Locorotondo
C.te S.Vincenzo
Capo di Gallo
Mass. Cassano
Putignano
S.Michele
Staz. di Cozze

Sardinien

1. Die Costa Smeralda

– Die Fabel

Eines Tages, so wird in Arzachena erzählt, kreuzte ein fremder Prinz mit seiner Yacht vor der sardischen Küste. Müde von tausend Abenteuern entdeckte er in den Inseln und zahlreichen Buchten der östlichen Gallura den Ort, an dem er Ruhe finden könne, ein Paradies des Friedens. Doch bevor der Prinz von dieser Erde Besitz nehmen konnte, mußte er, wie in allen Märchen, ein Rätsel lösen: wie läßt sich ein Paradies bewohnbar machen, nachdem nun einmal nach dem Sündenfall die Menschen sich kleiden und nähren müssen, Licht und Wasser brauchen?

In einem Interview (»Il Mondo«, 28. Dez. 1977) erklärte Prinz Aga Khan, warum er, anstatt der Ruhe, an der Costa Smeralda ein neues Abenteuer fand: »Einige Freunde, unter ihnen einer der Direktoren der Weltbank, hatten in der Nähe von Olbia 40 Hektar Land gekauft. Sie zeigten mir Fotografien und ich beschloß mitzumachen. Ich fuhr nach Sardinien. Um von Olbia aus zu meinem Besitz zu kommen, benötigte ich damals acht Stunden. Ich hatte schlecht investiert, denn bei einem solchen Zeitaufwand war es mir unmöglich, die Schönheit des Ortes zu genießen. Da konnte ich genausogut im Urwald des Amazonas eine Villa bauen. Es gab nichts: kein Wasser, kein Licht, keine Straßen. Wenn wir an diesem Ort Ferien machen wollten, mußten wir zuerst Infrastrukturen bereitstellen. So beschloß ich, mit meinen Freunden weiterzumachen und die ursprüngliche Initiative in eine große Investition zu verwandeln.«

Costa Smeralda, Smaragdküste, nannte der Prinz das Gebiet, das die Hirten bis dahin Monti di Mola geheißen hatten. Die Augen des Prinzen sahen die Küste, die der Hirten die Weiden an den Berghängen. Die neue Benennung bedeutete neue Besitznahme und ein neues Verhältnis der Menschen zu diesem Ort.

Auf der 5 000 Hektar großen Halbinsel zwischen dem Golf von Cugnana und dem Golf von Arzachena hatten bisher 80 Hirtenfamilien gelebt, in primitiven Steinhäusern, den *stazzi,* oder in einer der zahlreichen Höhlungen der Felsen, wie man sie in Sardinien überall antrifft. Ernst Jünger hat auf einem seiner botanischen Streifzüge durch die Insel folgendes von dieser primitivsten Wohnung geschrieben: »Ich stand lange davor, mit Ehrfurcht, denn es war die älteste Wohnung, die ich jemals gesehen hatte, und älter kann keine sein. Sie war längst vor den Steinzeithöhlen und Pyramiden, vor Ilions Mauern und Agamemnons Palast. Sie war, ehe an die Nuraghen und Großsteinbauten gedacht wurde. Sie war nicht nur die erste, sondern ist auch die stärkste; mächtiger als Städte aus Wolkenkratzern und technische Großwunder. Sie ist nicht nur stärker und ehrwürdiger, sondern sie stellt auch eine der großen Fragen, der großen Prüfungen an den Zeitwenden. Zuweilen wird der Mensch im Schicksalszwange aus den Palästen der Geschichte vor diese seine erste Wohnung geführt und gefragt, ob er ihrer noch gewachsen, ihrer noch würdig ist. Hier wird er gerichtet und ausgerichtet vom Unveränderlichen, das der Geschichte zugrunde liegt.
Der Mensch neigt dazu, dieses Unveränderliche, wie hier den Inbegriff der Wohnung, in die ferne Vergangenheit zu rücken, an seine Anfänge. Das ist ein Augentrug. Es liegt im Mittelpunkt, im Innersten des Waldes, und die Kulturen kreisen darum herum. Demgegenüber liegen die großen Zerstörungsmittel nur am Rand.« (»Am Sarazenenturm«, Frankfurt 1955, S. 74).

Die Abgesandten des Prinzen, der europäischen Banken und Versicherungsgesellschaften traten vor die Wohnungen der Hirten und schlugen einen Tausch vor, Geld gegen den Boden und alles, was darauf wächst. In Arzachena kursieren noch viele Erzählungen über diesen Tausch.

Ein Notar fragt einen Ziegenhirten, wieviel er für seine Weiden verlange. »Viel Geld«, sagte der Hirte. »Eine Milliarde Lire?« fragte der Notar. »Millionen und aber Millionen Lire«, sagte der Ziegenhirt, überlegen lächelnd.

Die größte vorstellbare Summe waren Millionen, eine unvorstellbare Summe waren Millionen und aber Millionen.

Die Antwort wollte bedeuten, das Land ist unverkäuflich.

Triumph des Rechtsstaates: die großen Banken und Versi-

cherungen, die Prinzen und Jet-set-Abenteurer mußten mit den Ziegenhirten der Monti di Mola von gleich zu gleich verhandeln, Aequivalente tauschen. Für die Hirten von Arzachena hatte dieser Tausch den Charakter der Einmaligkeit, für den Wert des Objekts gab es kein Maß. Es war karges, unproduktives Land, das sie besaßen und hergeben sollten, aber es umschloß ihr Leben, hatte ihre ganze Existenzweise geformt. Daher ihre Vorstellung, es gäbe keine Äquivalente und keine mögliche Gleichheit, eine erste Reaktion, die bald überwunden wurde.
Für das Konsortium lag die Sache einfach: mochten auch die Monti di Mola unverkäuflich sein, d. h. keinen Marktwert haben, so gab es doch vergleichbare Böden relativ unproduktiven Weidelandes, und diese Böden hatten ihren Preis, so sehr war Sardinien nun doch nicht von der Welt abgeschnitten. Auch die Hirten lebten im Bereich der Warenzirkulation, aus der sie ihre Armut nur teilweise herausgehalten hatte. Über lokale Mittelsmänner war der Ankauf des gesamten Bodens nur eine Frage des Taktes und der Zeit. 100 Lire pro Quadratmeter in den Jahren 1955-1960 entsprachen 70 Pfennig und waren ein guter Preis für nichts als Macchia und Steine. Von diesem Standpunkt aus gesehen lachten sich auch die Hirten ins Fäustchen, denn sie hatten den Fremden den wertlosesten Boden der ganzen Umgebung verkauft. »Für die Hirten war dieser Verkauf Wunder und Raub, die Käufer waren Wohltäter und Diebe zugleich.« (Bachisio Bandinu: »Costa Smeralda«, Verlag Rizzoli, 1980, ein ausgezeichnetes Buch über den Kulturzusammenstoß an der Costa Smeralda).

– Die Entwicklung

Vorsicht vor den falschen Alternativen wie: die archaische Welt Sardiniens oder moderner Fremdenverkehr, Rückständigkeit oder Entwicklung, Fremdenverkehr oder kein Fremdenverkehr. Sie verhüllen die eigentlichen Fragen nach der Qualität der Entwicklung und des Fremdenverkehrs und nach dem Verhältnis des Früheren zum Heutigen.
Im Jahre 1961 wird das Projekt »Costa Smeralda« der Öffentlichkeit vorgestellt. An dieser unberührten Küste soll eine neue Côte d'Azur entstehen, eine neue Oase der Erholung für die, denen die Côte d'Azur durch Massentourismus verleidet ist. Die vielfältigen und leichten Spuren des

Lebens und der Arbeit von 80 Hirtenfamilien und ihrer Vorfahren wurden nicht einmal wahrgenommen. In den Augen der Neuankömmlinge, der Bierkönige, Filmschauspieler, Adligen und Finanzleute konnte inmitten einer unberührten Natur und einer geschichtslosen Umwelt ein neues Modell erholsamen Zusammenseins entwickelt werden. Auch die Reichen pflegen ihre sozialen Utopien.

In seinem Buch »Costa Smeralda« analysiert Bandinu das Modell dieser Erholung der oberen Zehntausend: die Liturgie ihres Tagesablaufs, die Hierarchie ihrer Architektur, die Symbole ihrer Erholungszeremonien, ihre Initiationsriten und Verhaltensvorschriften. Doch nicht einmal die Costa Smeralda wurde zu einem reinen Paradies für Reiche. Denn Geld ist Geld, Grundstücke sind Waren, und die Grundstückspreise stiegen.

Hatte das Konsortium den Quadratmeter zu 70 Pfennigen gekauft, konnte es nun, nach einer ersten Infrastrukturausstattung – für die der Staat erhebliche Mittel zuschoß – den Quadratmeter baureifen Bodens für ein Vielfaches verkaufen. Nachdem die Pioniere des Unternehmens in der ersten Reihe ihre Villen und Gemeinschaftseinrichtungen hingesetzt hatten, verkauften sie den zweiten, dann den dritten Rang usw. (mit der Entfernung vom Meer, dem Hafen, den Clubs usw. sinken die Preise) und holten auf diese Weise ihre Ausgaben wieder herein. Die zweit- und drittrangigen Kapitalanleger durften nun ihrerseits kaufen und verkaufen, vermieten, Geschäfte und Boutiquen eröffnen, so daß in würdiger Hackordnung die Beute verteilt wurde.

Was von der ursprünglichen Utopie blieb, sind einige Luxusvillen und First-Class-Hotels mit Yachthafen usw., die heute zunehmend als Köder für die Touristengruppen dienen, die einmal im Schatten des großen Lebens ihre Ferien verbringen wollen. Es blieb außerdem eine besondere »Unberührtheit«: in der Entwicklungslogik der Costa Smeralda spielen die Einheimischen keine Rolle. Das Feriengebiet hat extraterritorialen Charakter, selbst der Tod ist verbannt, denn in diesem Paradies, das im Sommer die Bevölkerung einer mittleren Stadt beherbergt, gibt es keinen Friedhof.

Aber die Costa Smeralda spielt für die hinter den Bergen, im Hinterland liegenden Dörfer eine Rolle. Anfang der 60er Jahre ging es in Arzachena zu wie in den Goldstädten

des vorigen Jahrhunderts. Das Spekulationsfieber hatte auch die Einwohner ergriffen. Geld zirkulierte und floß in die seltsamsten Taschen. Das bisherige Sozialgefüge wurde aufgelöst, alte Spielregeln und Lebensweisen wurden von einem Tag auf den anderen in Frage gestellt.
Die Tatsache, daß die Monti di Mola zur Costa Smeralda wurden, daß in einem Jahrzehnt an Stelle der Höhlen und stazzi der Hirten Luxuswohnungen entstanden, daß neue, komplexere wirtschaftliche Abhängigkeiten geknüpft wurden, die außerhalb aller bisherigen Erfahrung lagen, mußte auf das Umland und Hinterland der Costa Smeralda eine ungeheuere Wirkung ausüben. Wieder einmal hatte sich das alte sardische Sprichwort bewahrheitet: »furat chie venit da' e su mare«, »es stiehlt, wer über das Meer kommt«.
Allenthalben wurde die sardische Küste auf diese Weise kolonisiert. Belgisches Kapital, das aus dem Kongo floh, »erschloß« z. B. die Costa del Paradiso und schuf eine »extraterritoriale« Villensiedlung mit eigenen »guardiani« und »pistoleros« und eigenen Autonummern (zumindest in der »Gründerzeit«, 1966). Die relativ unbesiedelte sardische Küste wurde Anfang der 60er Jahre zu einem Eldorado für Abenteuerkapital. Sardisch blieben nur die Arbeitskräfte und einige lokale Kollaborateure. Auch die Banden, die sich auf Menschenraub und Erpressung spezialisierten, sind sardisch. Sie haben sich auf ihre Art und außerhalb des Rechtsstaats das Prinzip von der »Gleichheit« der Tauschpartner und Tauschwerte zu eigen gemacht.

2. Orgosolo

Das Gegenstück zur Costa Smeralda ist Orgosolo, ein Dorf mit etwa 5 000 Einwohnern im Innern der Insel, das heute als Symbol steht für den Widerstand des archaischen Sardiniens gegen die Kolonisierung von außen.
Orgosolo ist bekannt als das Dorf, in dem bis in die 60er Jahre hinein die Blutrache und der Banditismus in ihren archaischen Formen (also nicht in den modernen Varianten des Menschenraubs und Killertums) überlebt hatten. Aus diesem leicht gruseligen Grund fahren im Sommer täglich Touristenbusse von der Küste aus hoch; alternative, politisch angehauchte Kleintouristen besuchen das Dorf und

finden sich im Petit Hotel ein, dem einzigen empfehlenswerten, bescheidenen Hotel des Ortes. Das Petit Hotel organisiert für die Busse ein Picknick im Freien: Spanferkel werden am Feuer gebraten, eine Quelle plätschert unter Korkeichen, gegessen wird auf den traditionellen Korkplatten, Weinflaschen kreisen ununterbrochen, bis schließlich die zur Familie gehörenden »Köche« und »Führer« eine Musikkassette mit sardischen Liedern abfahren lassen. Ein an die Autobatterie angeschlossener Lautsprecher hängt in den Bäumen, und es wird getanzt, zuerst nur die Sarden, dann nach und nach auch die Touristen. Claus, Jutta und ich haben an diesem Picknick zweimal und jedes Mal sehr gerne teilgenommen, denn das Essen war hervorragend, der Platz war hübsch; aber vor allem haben wir bewundert, mit welcher Liebenswürdigkeit, wobei ich vor allem die in diesem Wort enthaltene »Würde« unterstreiche, die Orgolesen mit den Omnibusgästen umgingen.
Orgosolo wurde zuerst von der Polizei, dann von Wissenschaftlern und Intellektuellen, dann von der NATO und schließlich vom Fremdenverkehr entdeckt.
Bevor die Polizei ins Innere Sardiniens einrückte, also vor dem Entstehen des italienischen Staates – ein Ereignis, von dem die sardischen Hirten nichts wußten, mit dem sie nichts zu tun hatten, dessen Folgen sie aber bitter zu spüren bekamen – lebten die Hirten nach jahrtausendealten Regeln (das ist keine Übertreibung) zusammen. Es gab genaue Normen, auf welche Weise und unter welchen Umständen ein Viehdiebstahl erfolgen konnte (das ganze Altertum ist voll von heroischen Kuhhirten und Viehräubern) und auf welche Weise er zu ahnden war. Es war festgelegt, wie man sich nach bestimmten Beleidigungen zu verhalten habe. Die Weiden waren Gemeineigentum, und feste Gebräuche bestimmten ihre Nutzung. Das Gesetz der Gastfreundschaft war »heilig«, was sehr komplexe Rechte und Pflichten beinhaltete. Der Zusammenstoß dieses Normensystems mit den von außen aufgezwungenen, staatlichen Normen schuf den »Banditismus«. Mehr noch, die Tätigkeit des Staates und die fortschreitende kapitalistische Entwicklung lieferten mit der Privatisierung des Gemeineigentums und mit der Bedrohung der Existenz der nomadisierenden Viehwirtschaft neue Konfliktstoffe, so daß der Banditismus mit zunehmender Modernisierung der Insel zunahm statt ab-

nahm. Im Jahre 1820 wurde der sogenannte »Erlaß zur Einfriedung« von Gemeineigentum herausgegeben, der in den folgenden Jahren den Bauern und Hirten gestatten sollte, das von ihnen bewirtschaftete Gebiet mit Hecken, Mauern oder Gräben einzuzäunen und als Eigentum zu übernehmen. Dieses Edikt wurde zum Freibrief für die Starken, sich möglichst viel Land zusammenzuraffen. Ein zeitgenössisches Lied sagt:

»Tancas serradas a muru
fattas a s'affera afferra,
si su chelu fit in terra,
l'haian serradu puru.«

Der Boden wird mit Mauern verschlossen / errichtet im Raffen und Raffen / wäre der Himmel hier Boden / wäre auch er schon verschlossen.

In Orgosolo widerstand die alte Ordnung den neuen Gesetzen. Leute, die einzäunen wollten, »bekamen Pulver zu riechen«. Aber weiter unten im Land, in den Hügeln und Ebenen, wurde eingezäunt. Die Hirten aus den Bergen, die im Winter ihre Schafe in niedere Höhenlagen trieben, verloren ihre Weidemöglichkeiten oder mußten teure Pachten zahlen. Der Banditismus nahm damit seinen eigentlichen Aufschwung; die von den Grundbesitzern gerufene Polizei veranstaltete regelrechte Menschenjagden auf flüchtige Hirten (berühmt ist ein Foto, das Soldaten um einen erlegten »Banditen« gruppiert zeigt), und die brutale Repression schuf neue Banditen.

Das war nicht nur im 19. Jahrhundert so. Noch nach dem Zweiten Weltkrieg gab es im Innern Sardiniens zahlreiche Überfälle auf Polizeistationen, reiche Grundbesitzer, Geldtransporte und Kollaborateure. Aus der damaligen Presse läßt sich das Vorgehen der Polizei ablesen. Der Präfekt von Nuoro, Dr. Volpes, erklärte am 1. Dezember 1953 vor der Presse: »Die Orgosolesen sind wie wilde Tiere. Ruhe und Ordnung lassen sich nur herstellen, wenn man nach Mussolinis Beispiel die Banditen von Orgosolo kurzweg auf dem Dorfplatz hängt und die übrigen Einwohner deportiert.« Die römische Tageszeitung »Il Messaggero« schlug den Einsatz von Flammenwerfern vor und eine Strafexpedition, »ähnlich der, die Marschall Graziani seinerzeit in Libyen unternahm«.

Es war tatsächlich ein Kolonialkrieg, den Italien im Innern

Sardiniens führte. Die italienische Öffentlichkeit wußte nichts oder wollte über die Grausamkeiten dieses Krieges ebenso wenig wissen wie die französische Öffentlichkeit über den beginnenden Algerienkrieg. »Im Jahre 1945 blieben die Toten von Cétif unbemerkt«, schreibt Frantz Fanon zur Vorgeschichte des Algerienkrieges, »1947 gaben die Toten von Madagaskar eine kleine Meldung in den Zeitungen ab. Noch Anfang der 50er Jahre nahm die Welt ziemlich gleichgültig Notiz von der Unterdrückung in Kenia, Bizerta, Elisabethville, im algerischen Bled. . .«.
Die großen Bauernkämpfe in Süditalien zwischen 1945 und 1953, der sizilianische und sardische Banditismus und Separatismus, die Massaker von Melissa, Torremaggiore und Portella della Ginestra waren letztlich Kämpfe der Dritten Welt in Europa (siehe das Bild von Paolo Cinanni auf S. 175). Das Ziel der Landreform und einer eigenständigen Entwicklung verband diese Kämpfe mit der antikolonialen Bewegung, die in den gleichen Jahren das ganze südliche Mittelmeer erfaßt hatten. Heute sehen wir Süditalien und die Inseln vorwiegend als Südspitze Europas. Anfang der 50er Jahre konnte man diesen Süden ebensogut als die nördliche Verlängerung Nordafrikas bezeichnen. Der sizilianische Bauer und der sardische Hirte standen, gemessen an ihrer Kultur und an ihren spezifischen Bedürfnissen dem algerischen Fellachen näher als einem Mailänder Industriearbeiter oder römischen Handwerker.
Nicht die Politiker, wohl aber Ethnologen und Schriftsteller erkannten diesen Zusammenhang.
Franco Cagnetta, Arzt und Ethnologe, der in den Jahren 1950-1954 am Beispiel Orgosolo die archaische Hirtengesellschaft Sardiniens untersuchte, schrieb in seinem Buch »Die Banditen von Orgosolo« (im Econ-Verlag, Düsseldorf-Wien, 1964, vergriffen, lohnt aber den Gang zur nächsten Bibliothek:) »Orgosolo bietet dem Ethnologen ein in Italien und im Europa der Gegenwart einzigartiges Forschungsfeld. Historische Ursachen und damit verbundene Milieubedingungen . . . führten dazu, daß dieser Ort heute eine kleine, völlig isolierte Welt darstellt. Von den Dörfern Sardiniens, die in ihrer Geschichte alle eine ähnliche Phase durchlaufen haben, hat Orgosolo seine ursprüngliche soziale Struktur und seine Ideologie am reinsten bewahrt. Sie wurzeln in einem der ältesten Kulturkreise

Europas« (S. 50). Und ferner: »Orgosolo ist eine der ältesten Ortschaften in ganz Italien und vermutlich im ganzen Mittelmeerraum« (S. 24). In jenen Jahren schrieb Pasolini Gedichte, in denen die Präsenz der Dritten Welt in Italien, die »Präsenz von Millionen dunkler Seelen, für die das Christentum die Schale des Heidentums ist, die die bürgerliche Welt der Städte als unerlöste Masse belagern« (»Le ceneri di Gramsci«, deutsch im Piper Verlag), eine entscheidende Rolle spielt. Die Gleichzeitigkeit des Ungleichzeitigen drückt Pasolini folgendermaßen aus:

». . . das ist Italien
und das ist Italien nicht.
Mit der Urgeschichte ist die Geschichte.
Zusammen leben sie, wenn Licht
die Frucht ist eines dunklen Kerns.«

Die erbarmungslose Vernichtung des Früheren im Heute, die das Bürgertum mit allen zur Verfügung stehenden Medien zu vollziehen versuchte, nannte Pasolini später Genozid, Völkermord.

Cagnetta war Augenzeuge der Polizeieinsätze in Orgosolo und schrieb: »Diese Methoden eines Kolonialkrieges, deren sich die italienische Regierung Orgosolo gegenüber bedient, müssen das Gewissen jedes zivilisierten Menschen verletzen. Nach allem, was ich während meiner Studien in Orgosolo gesehen und gehört habe, darf ich mit der Wahrheit nicht länger zurückhalten. Länger zu schweigen wäre ein Verbrechen.« (S. 218).

Nach dem Bericht von Franco Cagnetta drehte Vittorio De Seta den Film »Banditi a Orgosolo«, der 1961 auf der Biennale in Venedig preisgekrönt wurde. Gegen Ende der 60er Jahre setzte das italienische Parlament eine parlamentarische Untersuchungskommission ein, die »das Phänomen der sardischen Kriminalität« untersuchen sollte. Nach den Fallschirmjägern schickte der Staat nun »Experten«, ein erster großer Sieg der Vernunft.

Aber auch die NATO kam nach Orgosolo. Unter militärischen Gesichtspunkten sind Inseln wie Sizilien und Sardinien so etwas wie ideale Flugzeugträger. Außerdem waren die Militärs, ähnlich wie schon Aga Khan, von der »Unberührtheit« der Insel begeistert. Pratobello, eine Hochebene über Orgosolo, wäre ein idealer Truppenübungsplatz. Peppino Marotto, Sekretär der Camera di lavoro von Orgosolo

(Gewerkschaftshaus der CGIL), einer der Führer der Kämpfe um Pratobello, sagte dazu: »Die Militärs wurden angezogen von der Einöde, die sie in dieser Landschaft sahen. Für uns hingegen ist diese Landschaft voller Leben. Wir sehen in ihr unsere Zukunft. Wir sehen sie voller Tiere und Weiden, eine Garantie, daß Orgosolo überlebt.«
Auf einer Kassette, die man in Nuoro und Orgosolo kaufen kann, singt Peppino Marotto das Kampflied von Pratobello, das den passiven Widerstand der gesamten Bevölkerung (Frauen, Kinder, Greise, der Pfarrer, der Kommunisten, der Gewerkschaften usw.), die Besetzung von Pratobello gegen Panzer und Polizei und schließlich den Abzug des Militärs schildert. Dieser Sieg wäre nicht möglich gewesen, wenn nicht überall in Italien Studenten und Arbeiter in jenem Sommer und Herbst 1969 ähnliche Kämpfe geführt hätten und wenn Orgosolo in den 60er Jahren nicht eine tiefgreifende Entwicklung durchgemacht hätte, die die Anwendung neuer Kampfformen (passiver Widerstand) und ein neues Bewußtsein mit sich brachten.
Das ist das Spannende an Orgosolo: untersuchen, wie aus dem mythenbedeckten, archaischen Ort, den Cagnetta beschrieb, ein modernes Dorf wurde, ein »normales«, sardisches Dorf, dessen Besonderheit nicht in der Rückständigkeit seiner Hirtenkultur und in den Resten eines Banditismus besteht, sondern in der Art, wie das Dorf seine eigene Geschichte und die Geschichte der Neuzeit aufgearbeitet hat. Orgosolo ist bewußt und mit offenen Augen in die Geschichte eingetreten.
Jeder, der nach Orgosolo fährt, kann diese Behauptung nachprüfen. Die Häuserwände der wichtigsten Straßen sind mit Bildern aus der jüngsten Geschichte bemalt. Deutsche Analphabeten haben ihre Bildzeitung, sardische Dörfer – vor allem die Dörfer im Norden von Cagliari in der Nähe des NATO-Stützpunktes Decimomannu – haben ihre *Murales,* ihre Wandbilder. Diejenigen Orgosolos wurden im ausgezeichneten Bildband »Corazzu, Bilder des Widerstandes an den Mauern Orgosolos« (Prometh-Verlag, Köln, Huhnsgasse 4) von Granzer und Schütze ausführlich dokumentiert.
Die Themen der Wandbilder von Orgosolo sind: die sardische Geschichte, das Leben Gramscis, die sozialen und wirtschaftlichen Probleme der Hirten, Antimilitarismus,

internationale Politik. Aber von allen Wandbildern, die ich in Sardinien sah (die schönsten gibt es in den Dörfern um den NATO-Stützpunkt Decimomannu bei Cagliari) hat mich am meisten das Gedicht eines jungen Lyrikers, Antonio Sini, ergriffen, der in seinem Dorf San Sperate zum Tod des mexikanischen Freskenmalers Siqueiros, 1975, an die Wand schrieb: »parti serenu Alfaru / non ti dies pena / pro s'istoria nos abarra sempre / un muru biancu«. »Geh heiter Siqueiros, geh ohne Sorgen – für die Geschichte bleibt uns immer eine weiße Wand«.
Auch die »heroischen Zeiten« Orgosolos sind heute Geschichte geworden.

3. Mit der Eisenbahn durch Sardinien

Sardinien bietet mehr als die Costa Smeralda und die Ferienghettos an der Küste; der sardische »Widerstand« und die besondere kulturelle und soziale Eigenart der Sarden drücken sich in vielen Formen aus und an vielen Orten, nicht nur in Orgosolo.
Wie Sardinien kennenlernen? Bereits die Wahl des Transportmittels scheint mir entscheidend zu sein. Es mag schwer sein, auf der Insel ohne eigenes Auto zu reisen. Aber es lohnt sich, den Wagen nicht mitzunehmen, das Blechgehäuse zu sprengen, das uns zu autonom und zu kontaktarm durch die Landschaften und vorbei an den Menschen trägt. Mehr als anderswo in Italien muß man sich in Sardinien auf das Land einstellen, um es kennenzulernen. Die Freiheit des

Die sardischen Eisenbahnen

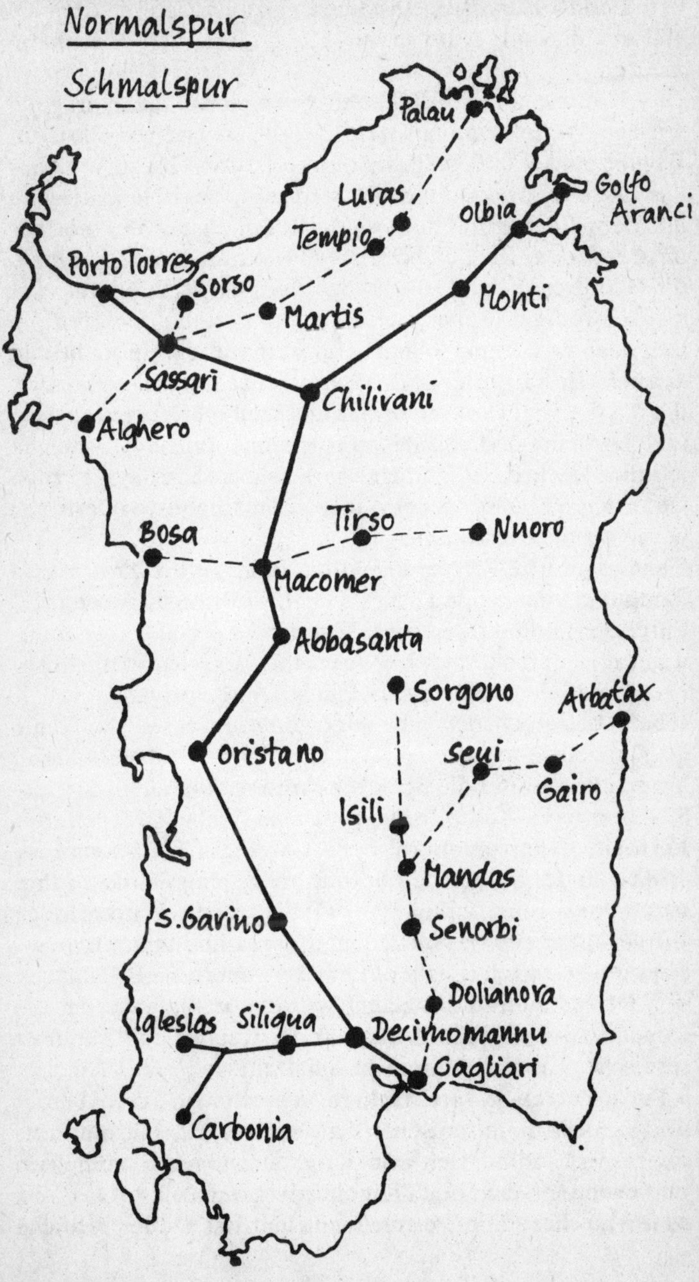

Autos – anderswo ein Genuß – beeinträchtigt unsere ohnehin schwache Fähigkeit, Rhythmus und Art der Reise dem Land anzupassen, uns dem Land auszusetzen. Aber ich will nicht vom Auto abraten, sondern zur Eisenbahn zuraten.
Die Hauptsehenswürdigkeiten Sardiniens, die Nuraghen (riesige Wohntürme aus dem 2. Jahrtausend vor Christus. Es gibt etwa 7 000, z. T. sehr gut erhaltene Nuraghen über die Insel verstreut), und die sardisch-pisanischen Kirchen aus dem 12. Jahrhundert, sind mit der Eisenbahn, notfalls auch mit dem Bus, erreichbar. Das schönste an Sardinien, die Landschaft und die Menschen, lernt man auf den weitschweifigen Schmalspurbahnen, deren Linienführung sich noch ganz dem Gelände anpassen muß, wohl am besten kennen. Bestärkt durch D. H. Lawrence und Elio Vittorini, die das Lob der sardischen Bahnfahrten schrieben (in: »Sea and Sardinia« und »Sardegna come un 'infanzia«), versuche ich die Beschreibung einiger Strecken und Ausflüge, auch wenn ich sie selbst nicht alle gemacht habe, sondern nur gerne machen würde.
Cagliari, Porto Torres und Olbia bzw. Golfo Aranci sind Endpunkte der großen staatlichen Linie, die die ganze Insel durchzieht und die von zwei Querlinien privater Eisenbahnen (aber unter staatlicher Aufsicht) gekreuzt wird: Bosa-Nuoro und Alghero-Sassari-Palau. Diese »private« Gesellschaft betreibt auch im Südosten der Insel die Linie Cagliari-Arbatax bzw. Cagliari-Sorgono. Landschaftlich am schönsten sind die Strecken Arbatax-Mandas, Mandas-Sorgono und Tempio-Palau. Diese Nebenstrecken der Ferrovie Complementari della Sardegna (FCS) sind ab 1985 von der Stillegung bedroht, fast genau hundert Jahre nach ihrer Inbetriebnahme. »Italia Nostra« und einige Bürgerinitiativen versuchen, diese einzigartigen Gebirgsstrecken zu retten (nachdem bereits andere Teilstrecken in den letzten Jahren stillgelegt wurden, unter anderem die Linie Tirso-Ozieri-Chilivani, auf der Reimar und ich unser sardisches Eisenbahnurerlebnis hatten).
– **Porto Torres-Sassari-Alghero.** Wer in Porto Torres landet und sich für die pisanischen Kirchen des 12. Jahrhunderts interessiert, sollte sich unbedingt San Gavino anschauen und eventuell auch noch den Spaziergang nach S. Gavino a Mare machen. Die Petrolchemie hat das früher hübsche

Hafenstädtchen ruiniert. Sassari, die zweitgrößte Stadt Sardiniens, besitzt ein sehr schönes Museum für Volkskunde und Archäologie. Schöner Dom in der Altstadt. Man fährt am besten gleich weiter nach Alghero, einer spanischen Stadt, in der heute noch eine Minderheit katalanisch spricht und die, auch wegen ihrer wunderbaren Umgebung, einen längeren Aufenthalt lohnt. Am Capo Caccia und in der Bucht von Porto Conte gibt es auch gediegene bessere Hotels, und wer es sich leisten kann, sollte in Alghero Aragoste (Hummer) essen, so wie sie hier zubereitet werden.

– **Sassari-Tempio-Palau,** mit der Eisenbahn quer durch die Korkeichenwälder und Felsenlandschaften der Gallura. Ideal wäre, die 150 km lange Strecke in zwei oder mehreren Tagen zu fahren (Übernachtung z. B. in Tempio).

Für die 90 km lange Strecke Sassari-Tempio braucht der Dieseltriebwagen zwei Stunden. Die Zeit liegt über der sonstigen Durchschnittsgeschwindigkeit von 30-35 km, bei der man die Hasen neben dem Zug herlaufen sieht. Unter den Nebenstrecken ist diese die modernste. Sie wurde 1932 eingeweiht. Fast an jedem Bahnhof hat man Lust auszusteigen und Spaziergänge zu unternehmen. In Osilo bereits, kaum 18 km von Sassari entfernt, würde sich das lohnen (hübscher Ort, berühmte Trachten, Burg der Malaspina mit Ausblick, sardische Teppichkunst, Ausflug zur Kirche Nostra Signora di Bonaria mit Blick über die Gallura bis nach Korsika). Auf jeden Fall aber würde ich in Laerru (km 54) aussteigen und zu Fuß zur etw6 km entfernten Kirche S. Pietro delle Immagini gehen, entweder entlang der Hauptstraße oder auf Pfaden über den Monte Ultana (ca. 90 Minuten, wenn man sich zurechtfindet). Auf dem Weg über den Monte Ultana begegnet man prähistorischen und frühgeschichtlichen Gräbern und einigen »domus de ianas« (»Feengräber«) aus dem 2. Jahrtausend vor Christus. Neben der Kirche San Pietro delle Immagini (oder San Pietro di Simbranos) Reste heidnischer Opferstätten und eines Nuraghen. Die Kirche aus dem 13. Jahrhundert ist wie alle sardischen Kirchen kein blendendes Kunstwerk. Aber solche Spaziergänge, Landkirchen, menschliche Spuren aus Jahrtausenden, gehören für mich zum schönsten, was Sardinien bietet. Von hier aus kann man auf Feldwegen Perfugas erreichen und wieder den Zug nehmen. Übernachtung in Tempio Pausania und von hier gibt es Gelegenheiten zu Wanderungen in den Naturpark des Monte Limbara. Der TCI-Führer empfiehlt den Aufstieg von Calangianus aus, an dem Kirchlein S. Paulu vorbei, über den Punkt »la Signora« (636 Meter ü. d. M.), ein großer Fels, der von Ferne einer Frau ähnelt, durch das Tal des Razzucciu zum Gipfel M. Biancu (1150 Meter ü. d. M.) und von hier zum eigentlichen Gipfel (1359 Meter).

Von Tempio fährt der Zug die 59 km bis Palau in 100 Minuten. Ich kann keine Landschaften beschreiben, das muß man selbst sehen. In Palau erreicht man die Inselwelt zwischen Sardinien und Korsika. Man kann auf die Insel La Maddalena übersetzen – inzwischen Stützpunkt für atomgetriebene U-Boote – und von hier auf einer Brücke auf die Insel Caprera (6 km), wo Garibaldi lange Jahre als Bauer lebte und 1882 starb. Sein einfaches Haus mit verschiedenen Wirtschaftsgebäuden, sein Grab und die Vegetation der Insel (mit 34 km Küste) sind sehenswert.

– **Bosa-Macomer-Nuoro,** von der Westküste ins Innere, auf der ältesten Strecke, die 1888 dem Verkehr übergeben wurde. Für die erste Teilstrecke Bosa-Macomer (48 km) braucht der Zug 1 Stunde und 30 Minuten, während die Straße nach Macomer nur 33 km lang ist und von einem Autobus in 60 Minuten zurückgelegt wird. (Nachtrag September 81: Diese Strecke soll inzwischen stillgelegt sein.)

Bosa ist ein kleines, zauberhaftes Städtchen, am Fluß Temo, der vom Meer bis zur Stadt schiffbar ist, an dessen Ufer deshalb auch in der Stadt Fischerboote anlegen. Am Fluß liegen vergessene ehemalige Gerbereien aus der Frühzeit der Industrialisierung. Spaziergang zur Burg und zur sehenswerten Kirche S. Pietro Extramuros auf der Südseite des Temo (11. bis 12. Jahrhundert). Nach Bosa Marina, zum Meer, sind es etwa 2,5 km. Die Oma, die im Film »Lina Braake« die Bank beklaut und nach Italien ausbüchst, wollte sich hier in Bosa niederlassen, was meine volle Billigung findet. In den Kellern der Stadt ein vorzüglicher Malvasier!

Die Bahnlinie Bosa-Macomer macht zuerst eine abenteuerliche Schleife nach Süden, um uns ein Stück Küste und die Täler zu zeigen, in denen der Malvasier wächst. Die Bahn steigt und erreicht in Sindia die Höhe von 509 Metern. Hier

kann man aussteigen und sich im Dorf die Kirche S. Pietro (12. Jahrh.) anschauen bzw. einen Spaziergang zur ehemaligen Zisterzienserabtei S. Maria di Corte machen (Schlüssel in der Pfarrkirche von Sindía). Kenner bewundern burgundische Einflüsse dieser nicht durch spätere Zutaten veränderten, ursprünglich gebliebenen Zisterzienserarchitektur (12. Jahrh.). Von Sindía aus Spaziergang (ca. 1 Std.) auf den Monte Rughe (666 Meter ü. d. M.).
Zwischen Sindía und Macomer sieht man vom Zug aus mehrere Nuraghen. Von Macomer aus empfiehlt sich ein Spaziergang zum Nuraghen S. Barbara (1 Std., in der großen Autobahnschleife), am Westhang des Marghine, eines langen Gebirgszuges, auf dessen Kamm, vorbei an zahlreichen Nuraghen, schöne Höhenwanderungen möglich sein sollen (schreibt der sehr gründliche, vor allem kunsthistorisch fundierte Rainer Pauli: »Sardinien«, DuMont Kunstführer, Köln 1978, S. 274).
Die Eisenbahn Macomer-Nuoro, 61 km, benötigt für die Strecke 90 Minuten. Etwa 25 km folgt sie dem Gebirgszug des Marghine, so daß Höhenwanderer ohne große Probleme zur Bahnlinie und zu einem der Bahnhöfe hinuntersteigen können. Sehenswert in Silanus, 13,5 km von Macomer entfernt, die Kirche S. Sabina. In der Nähe der Kirche

Die verlassenen Gerbereien von Bosa am Temo

ein *tomba di giganti,* ein »Gigantengrab«, und ein Nuraghe. Wer große Kunstwerke traditioneller Art sucht, wird enttäuscht sein. Hier gibt es eben nicht viel mehr als eine bescheidene Landkirche aus dem 12. Jahrhundert mit einem einzigartigen, seltsamen Grundriß und einen Megalithbau aus dem 2. Jahrtausend vor Christus, Zeugnisse menschlicher Kontinuität in einer kargen und weiten Landschaft, neben der Landstraße und nur 15 Minuten vom Bahnhof entfernt. Im Dorf selbst, im Kirchgarten von S. Lorenzo, stehen 5 Bätylen (kultisch-religiöse Steinmale der Megalithkultur). Nuoro, die Endstation der Linie, war bis vor ein paar Jahrzehnten ein verschlafenes Provinznest, das nun ohne Chance auf Erlösung zu Zement und Beton erstarrt ist, mit einem Trachtenmuseum und dem Geburtshaus der Schriftstellerin Grazia Deledda. Weiter Blick nach Oliena und zum Sopramonte. Von hier nach Orgosolo sind es nicht einmal 30 Kilometer. Aber ich würde auf einem anderen Weg nach Orgosolo fahren: mit der Bahn von Mandas nach Sorgono und von da zu Fuß oder mit dem Autobus durchs Gebirge.

– **Cagliari-Mandas-Sorgono** und **Arbatax-Mandas.** Von Cagliari nach Mandas (68 km) benötigt die Bahn ca. 100 Minuten. Die eigentlich reizvolle Strecke in das gebirgige Innere der Insel ist Mandas-Sorgono (97 km). Für sie benötigt die Bahn fast 3 Stunden (nur zwei Züge am Tag!).
Von Mandas aus kann man einen Ausflug zum größten Nuraghen-Komplex Sardiniens, Barumini, machen (ca. 20 km), bevor man den Zug ins Innere nimmt. Bei Aritzo erreicht die Bahn das Massiv des Gennargentu. Wer wirklich gut zu Fuß ist und sich orientieren kann, kann von hier aus auf den Gennargentu (ca. 5 Stunden) bis zum Bruncu Spina (1829 Meter) und von da nach Fonni wandern. Vor Jahren bin ich noch vor dem Br. Spina abgebogen, zum Übernachten nach Desulo abgestiegen, am nächsten Tag von Desulo nach Fonni und von Fonni über Pratobello nach Orgosolo gewandert. Trotz einiger Skilifte (am Monte Spada) und einiger geteerter Straßen bleibt dieses Gebiet mit seiner freundlichen Hirtenbevölkerung eines der schönsten Gebiete zum Wandern, das ich kenne. Auch Sorgono eignet sich als Ausgangspunkt für Wanderungen und als Aufenthalt. Empfehlenswert ist die Jugendherberge in Tonara, auf deren Gelände man auch zelten kann.

– **Arbatax-Mandas** (159 km in sechseinhalb (!) Stunden, 1 Zug pro Tag). Diese fast schon legendäre Strecke durch die schönste Gebirgslandschaft, die man sich vorstellen kann, wurde 1894 eingeweiht und steht heute vor der Stillegung, wenn sich nicht Italia Nostra und ökologische Gruppen doch noch durchsetzen.

– An der großen Strecke **Olbia-Sassari-Cagliari** lohnt ein Halt in Chilivani, dem Knotenpunkt, an dem die große Linie nach Cagliari abzweigt. Etwa 7 km vom Bahnhof entfernt liegt die eindrucksvolle Kirche S. Antioco di Bisarcio aus dem 12. Jahrhundert. Auf der Linie Chilivani-Cagliari kommt 20 km nach Chilivani, im Valle dei Nuraghi, der Bahnhof von Torralba. Nur 1,2 km vom Bahnhof entfernt liegt der zusammen mit Barumini bedeutendste Nuraghen-Komplex Sardiniens, San Antine. Von hier aus Wanderung – leider muß man die Autobahn überqueren – zum Kloster S. Pietro di Sorres, das zu den ersten romanischen Bauten der Insel gehört und heute noch von Mönchen bewohnt wird.

Wer mit wenig Gepäck, mit Lust zu Spaziergängen und mit der Eisenbahn nach Sardinien fährt, kann nichts falsch machen, die Insel ist überall wunderbar. *P. K.*

Nachschrift Sommer 1981: Inzwischen hat die italienische Presse das Thema der sardischen Eisenbahnen aufgegriffen und deren Verstaatlichung (der private Hauptaktionär der FCS verlangt anscheinend als Entschädigung horrende Summen) und Modernisierung verlangt (Hitze, Staub, Verspätung usw. seien für normale Reisende nicht zum Aushalten). *Ferner:* in einer bisher vom Tourismus völlig unberührten Felsenlandschaft an der Ostküste kann man vom Dorf Baunei aus nach einem drei- bzw. sechsstündigen Marsch Cala Sisine oder Cala Luna erreichen. In den beiden Buchten hat eine Jugendkooperative einen freien Campingplatz eingerichtet und sorgt für Verpflegung. (Auskünfte in Baunei, man fragt nach der Straße nach S. Pietro, der Weg führt durch eine großartige Landschaft). Mit dem Boot erreicht man die beiden Buchten entweder von S. Maria Navarrese vom Süden oder von Cala Gonone vom Norden aus. Ob und wie der Versuch gelingt, daß Jugendkooperativen und nicht Hotelketten und Ferienwohnungsgesellschaften die Natur erschließen?

Waldbrände

Wer im Sommer – im Juli und August vorzugsweise – reist, dem werden unvermeidlich die Rauchwolken über den bewaldeten Hügeln, sei es im Apennin, sei es an den Küsten, auffallen, die bei Nacht meist einen spektakulären Anblick bieten: Waldbrände. Aber auch ihre Spuren sieht man überall: die oft riesigen braunen Flächen inmitten grüner Busch- und Waldzonen zeugen von vergangenen Bränden. Es handelt sich hier um ein Problem von katastrophalen Ausmaßen.

Italien ist ein Land der Gebirge, Berge und Hügel – nur 23 Prozent seiner Oberfläche bestehen aus (landwirtschaftlich leicht nutzbarer) Ebene. Einst war das Land reich an Wäldern, aber sein Baumbestand wurde rücksichtslos dezimiert von den schiffbauenden Römern des klassischen Altertums ebenso wie von den Handelsrepubliken der Renaissance. Was damals der diesem Raubbau folgenden Erosion zum Opfer fiel, ist offensichtlich nicht wieder gutzumachen: die Busch- und Gehölzlandschaften des toskanischen und emilianischen Apennin etwa sind Zeugen davon. Aber die die Grenzen des ökologisch Erträglichen überschreitenden Zerstörungen gehören der Gegenwart an. Zu Beginn des 19. Jahrhunderts besaß das Land noch 15 Millionen ha Wald, heute sind davon nur noch 6 Millionen ha übriggeblieben. Z. T. galten diese Abholzungen dem Gewinn von zusätzlichem Land für die Landwirtschaft, waren sie diktiert vom Straßen- und Eisenbahnbau oder vom Landhunger der Städte und insofern »unvermeidlich«. Dem hat sich jedoch neuerdings das Abbrennen von Wald zum Zweck der Ansiedlung von Luxusvillen und Sommerhäusern hinzugesellt (besonders in den Küstenzonen und auf Sardinien), außerdem der Waldbrand als sozialer Protest. Allein von 1968 bis 1978 gingen 800 000 ha – darunter auch Nutzbaumbestände wie Olivenhaine – durch Feuer verloren. An der Spitze der Statistik liegt mit Abstand Sardinien (1978 ca. 50% aller Waldbrände), gefolgt von Sizilien, Apulien und Kalabrien, also den

unterentwickeltsten Regionen des Landes, was einen Zusammenhang nahelegt zwischen dem Ausbrechen dieser Brände und einem möglichen (wie auch immer kurzsichtigen) Zweck, nämlich der Verwendung des so zerstörten Landes für andere Zwecke.
Nach langjährigem Tauziehen und unter größten Schwierigkeiten kam erst 1975 ein Gesetz zustande, das der bewußten Zerstörung von Wald durch Brandlegung einen Riegel vorschieben sollte: bis dahin war es möglich gewesen, daß ein Waldgebiet dann von der Gemeinde für die Bebauung freigegeben werden konnte, wenn dieses durch Brand zerstört worden war und keine Mittel für die Wiederaufforstung zur Verfügung standen; bei der oft engen Verflechtung der ökonomisch Potenten mit DC-Kommunalregierungen kam es so in den 70er Jahren oft zu spektakulären Großbränden in bevorzugten Erholungsgebieten, wie an der Riviera oder am Monte Argentario nordwestlich von Rom (hier explizit gegen den Versuch der Agnelli-Schwester Susanna, einer engagierten Republikanerin und Bürgermeisterin, der Bodenspekulation Einhalt zu gebieten). Aber auch dieses Gesetz erfüllte seinen Zweck nur mangelhaft, denn es stellte weder genügend Mittel zur Brandbekämpfung noch solche zur Wiederaufforstung bereit, obwohl es letztere bindend vorschrieb.
Holz ist für das waldarme Land als Rohstoff eine Mangelware von größter ökonomischer Bedeutung: der Import von Zellulose und Holzderivaten im allgemeinen steht an dritter Stelle (nach Erdöl und Fleisch) der Einfuhrkategorien; drei Viertel des italienischen Bedarfs an Holzproduktion muß importiert werden. Aber während der jährliche Brandschaden an vernichtetem Holz allein sich um 20 Mrd. Lire herum bewegt (d. h. 6–7% der für den Import auszugebenden Summe), hat das Gesetz nur 4 Mrd. für die Brandbekämpfung bereitgestellt: für 4 Hubschrauber und ein Flugzeug vom Typ Herkules C 130 (wegen der mittels Bestechung getätigten Anschaffung dieser in Pisa vor allem stationierten Transportmaschinen der amerikanischen Fa. Lockheed war 1979 erstmals in der italienischen Geschichte ein Ex-Minister ins Gefängnis gewandert). Für diese Einsatzgruppe waren allein 1979 mehr als 10 000 Brandmeldungen aus allen Regionen – und konzentriert auf die kritischen Sommerwochen – eingegangen; buchstäblich ein Tropfen

auf den heißen Stein. Kein Wunder, daß in jenem Jahr wiederum mehr als 113 000 ha Gras- und Buschland und mit knapp 40 000 ha Wald 0,63% des nationalen Waldbestandes vernichtet wurden.

Zwar gehen viele der Brände auf Unachtsamkeit und Rücksichtslosigkeit der Picknick-Touristen zurück: wie jeder Besucher feststellen kann, haben die Italiener ein geradezu »unterentwickeltes« Umweltbewußtsein, und Vereinigungen wie der Automobilclub ACI etwa haben bisher keinerlei Erziehungsanstrengungen unternommen, um diese Umweltverschmutzung und die Brandgefahr zu bekämpfen; mindestens 38% aller Brände gehen auf Fahrlässigkeit zurück, der relativ größte Teil bricht an Sonntagen aus. Aber daneben steht doch die große Zahl der trotz des 1975er Gesetzes noch immer häufigen Brandlegungen – laut Angaben des Ministeriums für Landwirtschaft und Forsten waren es 1979 mindestens 27,10% (bei weiteren 33% konnten die Ursachen nicht mit Sicherheit festgestellt werden). Dramatisch geradezu – und insofern typisch – die Situation auf der für den Villenbau begehrten Insel Elba, wo (Sommer 1979) von 117 Bränden 102 zielbewußt gelegt worden waren. In Sardinien wurde sogar (1980) ein Löschhubschrauber durch Steinwürfe zum Rückzug gezwungen – aber die Urheber der Brände werden natürlich nie gefaßt. Wirklich geklärt sind die Motive der Brandstifter nicht in allen Fällen; aber mit Sicherheit darf vermutet werden, daß auch die Brandlegungen nach 1975 davon ausgehen, daß jenes Gesetz, weil nicht ausführbar (eben wegen der fehlenden Mittel zur Aufforstung), langfristig die wilde Bebauung nicht verhindern kann, und es sich darum lohnt, heute schon abzubrennen. Zwar stellen die Regionen gesetzlich vorgeschriebene Mittel zur Aufforstung abgebrannter Bestände zur Verfügung – aber in der Praxis einer Region wie Latium sah das 1978/79 etwa so aus wie eine Tragikomödie all'italiana: 800 Millionen Lire bereitgestellt, verteilt auf 365 Gemeinden ergibt 4–7 Millionen pro Gemeinde, davon lassen einige die notwendigen Löcher graben, aber für die Pflanzen ist dann kein Geld mehr da; andere graben die Löcher und setzen junge Bäume, aber für deren Schutz durch Zäune etc. steht dann nichts mehr zur Verfügung, so daß die aufgeforsteten Stücke innerhalb kürzester Zeit vom Wild und vom weidenden Vieh aufge-

fressen oder einfach zertrampelt werden. Mit vorhersagbarer Regelmäßigkeit berichten die Zeitungen um Mitte August, wenn die erste große Gewitterwelle das Ende des Sommers einleitet, von Überschwemmungen, abgerutschten Hängen, verschütteten Straßen und Schienensträngen – Folgeerscheinungen der zerstörten Vegetation und der Bodenerosion.
Geht der Prozeß der Zerstörung des italienischen Waldbestandes so weiter wie in den letzten Jahren, so wird es – wie die Statistiker berechnet haben – in 100 Jahren kaum mehr ein Stück geschlossenen Waldes geben.

E. K.

Zwei deutsch-italienische Kriege

Auch das gehört dazu – wir sollten es nicht verdrängen und so tun, als ginge uns das nichts an – deutsche Kriegsgräber in überdimensionalen Friedhöfen gesammelt. Es sind mehr als einhunderttausend zu Helden stilisierte Opfer der modernen Staatlichkeit und ihrer/unserer Führung, die in Italien begraben liegen. Der Logik der Staatsraison (raison = Vernunft) folgend, haben die herrschenden Klassen sich gegenseitig Kriege erklärt und haben die Beherrschten ihnen gehorcht, der Staatsraison vernünftige Zwecke und Ziele unterstellend. 1916 war es die italienische politische Führung, die Deutschland (ein Jahr nach Österreich) den Krieg »zur Vollendung des Kampfes um die Einheit« erklärte; 1943 waren es die deutschen Führer, die behaupteten, den »deutschen Freiheitskampf« nun auch in und um Italien führen zu müssen. Nach beiden Kriegen waren es die jeweiligen Regierungen, die den Opfern ihrer jeweiligen Vernunft die Friedhöfe ausrichteten – als Heldengedenkstätten nach dem Ersten, als Ehrenfriedhöfe nach dem Zweiten Weltkrieg. Bis zum 19. Jahrhundert war man da noch weniger pathologisch verlogen: die Tausende und Zehntausende (vgl. Cannae: 70 000!) von Schlachtopfern älterer Kriege und Feldzüge wurden in der Regel mehr oder minder unzeremoniell verbrannt oder verscharrt – die Toten waren nichts mehr wert, die waren, wie es im 18. Jahrhundert dann richtig hieß, »Kanonenfutter«. Selbst von den Feldzügen des 19. Jahrhunderts gibt es allenfalls gelegentliche Denkmäler und Wegzeichen irgendwo in der Landschaft. Den großen Monumentalfriedhof scheint erst unser Jahrhundert erfunden zu haben (ein Vorläufer: der amerikanische Bürgerkrieg), nachdem zuvor mit dem ersten Bewußtsein vom Barbarismus modernen Massentötens (vgl. Kapitel Solferino) zumindest überparteilich-christlich-barmherziges Erinnern durch gemeinsame »Beinhäuser« praktiziert worden war. Erstaunlich, wie sie sich in Stil und Pathos alle gleichen, die deutschen und die italienischen Soldatenfriedhöfe, die nach dem Ersten und die nach dem

Zweiten Weltkrieg angelegten. Oder vielleicht doch nicht ganz so erstaunlich, wenn wir bedenken, daß sie nicht von den Betroffenen, d. h. den Angehörigen, sondern *für* diese angelegt wurden, um dem Massensterben einen nachträglichen Sinn zu geben: die Ehre, fürs Vaterland (*right or wrong*) getötet worden zu sein, auch nach 1945, versteht sich. Nicht zufällig gehört die Bundeswehr zu den wichtigsten Unterstützern des »Volksbundes Deutsche Kriegsgräberfürsorge«. Dessen Aufstellung der von ihm in Italien errichteten und betreuten Friedhöfe sieht so aus:

		Gefallene aus dem 2. Weltkrieg	Gefallene aus dem 1. Weltkrieg
Bozen	Veteranenfriedhof St. Jakob	174	1 942 Österreicher
Brixen	österr. Soldatenfriedhof 1914/18	106	1 226 Österreicher
Bruneck	Waldfriedhof	19	793 Österreicher
Cagliari auf Sardinien	deutscher Ehrenteil auf dem Stadtfriedhof San Michele	424	
Cassino	3 km nördlich von Cassino	20 043	
Costermano	4 km östlich Garda	21 935	
Feltre	an der Straße Trient–Primolano–Belluno		202 Deutsche u. 68 Österreicher
Futapaß	an der Apenninstraße Florenz-Bologna	30 642	
Meran	neben dem Stadtfriedhof	1 043	
Milis auf Sardinien	Ehrenteil auf dem Stadtfriedhof	16	
Motta Sant Anastasia auf Sizilien	8 km westlich Catania, bei Misterbianco	4 561	
Pomezia	25 km südlich Rom	27 432	
Pordoi	am Pordoijoch (Dolomitenstraße)	842	8 582 Deutsche u. Österreicher
Quero	an der Straße Treviso–Montebelluna–Feltre		229 Deutsche u. 3 232 Österreicher

Im Ersten Weltkrieg hatten die Österreicher die Hauptlast des Krieges zu tragen und folglich in Italien auch mehr Gefallene zu beklagen (allerdings meinen apologetische italienische Historiker, daß ohne das Eingreifen der deut-

schen Einheiten Caporetto nicht passiert wäre und die Österreicher sich nicht über 1917 hinaus hätten halten können). Im Zweiten Weltkrieg gab es dann nur deutsche – »großdeutsche« – Opfer.

Auf italienischer Seite kostete der Erste Weltkrieg knapp 700 000 Tote; im Zweiten Weltkrieg wurden insgesamt 600 000 Italiener (einschließlich Zivilisten) getötet, davon 75 000 während der deutschen Besetzung bzw. während dem Quasi-Bürgerkrieg 1943-1945 (davon 62 000 Partisanen und etwa 13 000 als Repressalie von den Deutschen ermordete Zivilisten oder Gefangene). Ungefähr 33 000 Partisanen (1943-1945) blieben Invalide.

Die geographische Lage der drei größten Friedhöfe entspricht auch sehr grob den tatsächlichen Kampfhandlungen, obwohl diese natürlich erst sehr viel später in ihrer heutigen Form angelegt wurden durch Zusammenziehung vieler Hunderter von Feldfriedhöfen und Einzelgräbern. Um die Geschichte zu rekapitulieren:

10. Juli 1943: Landung der Alliierten in Sizilien;

25. Juli 1943: Absetzung und Verhaftung Mussolinis, aber formal bleibt Italien auch unter Gen. Badoglio im Bündnis mit dem Deutschen Reich;

8. September 1943: Nach offizieller Bekanntgabe des italienischen Waffenstillstandes besetzen die deutschen Truppen schlagartig (aber seit langem vorbereitet) das gesamte Festland;

9. September 1943: Landung der Alliierten bei Salerno, deutscher Rückzug auf die sog. Gustavlinie nördlich von Neapel;

12. September 1943: Befreiung Mussolinis und Gründung der Repubblica Sociale Italiana (RSI), der Republik von Salò, 23.–28. September 1943; monatelange schwere Kämpfe südlich von Rom;

22. Januar 1944: Landung der Alliierten im Brückenkopf von Anzio, aber ohne Durchbruchserfolg – bis Mai Kämpfe an der Gustavlinie, Montecassino;

4. Juni 1944: Einzug der Alliierten in Rom, deutscher Rückzug auf die Gotenlinie im Apennin; diese hält – wieder unter schweren Menschenopfern – bis April 1945;

25. April 1945: Aufruf der gemeinsamen Befreiungsfront der Partisanen (Comitato di Liberazione Nazionale, CLN) zum Generalaufstand mit dem Ziel der Selbstbefreiung;

28. April 1945: Erschießung Mussolinis bei Dongo (Gardasee), als er in die Schweiz zu fliehen versuchte;

29. April 1945: Deutsche Kapitulation in Italien.

E. K.

Lektüre für unterwegs

Wie im Reisebuch 1 soll auch hier keine »Bibliographie« geliefert, sondern es sollen Bücher vorgestellt werden, mit denen man unterwegs etwas anfangen kann. Reisebegleiter also, zusätzlich zum Reiseführer, und zwar solche, die irgendwie auf der »Linie« unseres Reisebuches liegen.

E. K.

Ruggiero Romano u. a.: Die Gleichzeitigkeit des Ungleichzeitigen. Fünf Studien zur Geschichte Italiens. edition suhrkamp 991, 1980.
Die Kenntnis der chronologischen Geschichte Italiens wird hier vorausgesetzt: es handelt sich bei diesem (gescheit eingeleiteten) Suhrkamp-Band um einige der Essays, die der großangelegten Geschichte Italiens (Einaudi) als Grundlagenband vorangestellt wurden. Man könnte sagen, daß sie sich bisweilen wie vertiefende Kommentare zu dem lesen, was wir oftmals mehr angedeutet und vom Objekt her angesprochen haben: die »Osterfeste« z. B. wird man noch besser verstehen, wenn man Ginzburg dazu liest; die Grammatik zum Lesen von Landschaften (wie vor allem im Reisebuch I anhand von Toskana und Emilia-Romagna dargestellt) wird wissenschaftlich entwickelt von Lucio Gambi (mit zahlreichen Kartenskizzen); was wir an Kunst- und Architektursoziologie (mit den Stichworten »Florenz« und »Palladio« bezeichnet) alles nicht leisten können und wollen, das findet man in den »Prämissen der italienischen Kunst« von Argan (dem ersten kommunistisch gewählten Bürgermeister Roms nach 1976) und Fagioli; für Marxisten mit mitteleuropäischen Kategorien ist Ruggiero Romanos Gesamtinterpretation der italienischen politischen Ökonomie (auch in Italien selbst heftig umstritten) sicherlich eine Herausforderung – aber doch eine, die sich lohnt. Kurz: wer sozialwissenschaftliche Italien-Interessen hat, der sollte sich das Buch sicher einstecken.

Hilde Spiel: Mirko und Franca. München: Nymphenburger, 1980.
Auf dem Umschlag dieser 137seitigen »Erzählung« heißt es: »Eine zarte Liebesgeschichte, zugleich das Bild einer sterbenden Stadt: Triest.« Fast hat man den Eindruck, daß die Autorin eigentlich eine Geschichte und Physiognomie der Stadt Triest schreiben wollte, ihr das aber – aus guten Gründen – zu mühsam und professionalistisch erschien (sie ist freie Schriftstellerin in Österreich), weshalb sie sich eine Liebesgeschichte dazu erfand, um dasselbe besser und wirksamer darstellen zu können. Und das ist ihr gelungen: ein Buch über Triest, das wirklich mit leichter Hand Geschichte, Kultur und etwas Politik dieser sonderbaren Stadt vermittelt, das man geradezu als Stadtführer lesen kann, so genau ist es in seinen Ortsangaben, und das zugleich auch zeitgeschichtlich höchst präzise informiert, bis hin zu den Wahlen vom Juni 1978 und dem aufregenden, auch in der BRD aufmerksam verfolgten Experiment des demokratischen Psychiaters Basaglia, die sog. »Irrenhäuser« aufzulösen – Franca, die zweite Titelheldin, war seine Patientin. Für Triestbesucher eigentlich unverzichtbar und für alle anderen eine sehr empfehlenswerte Lektüre.

Fulvio Tomizza: Eine bessere Welt. Roman. Köln: Kiepenheuer & Witsch, 1979.
Während Hilde Spiel über die Stadt Triest und vorwiegend aus der Perspektive ihrer österreichischen Vergangenheit schreibt, führt uns der im heute jugoslawischen Dorfe Materade geborene Italiener Tomizza (Jg. 1935) in das Hinterland der Stadt, nach Istrien selbst. Er schildert anhand von sieben Pfarrer-Generationen die Problematik dieser Grenzbevölkerung zwischen Habsburg, Jugoslawien, Tito und dem heutigen Italien als Opfer der Großen Politik der Staaten, die mit den wirklichen, konkreten Problemen dieser Landbevölkerung nichts eigentlich zu tun haben und für sie nur mehr Unglück und von außen geschaffene Konflikte bringen. Der Autor erhielt für diesen Roman 1979 einen österreichischen Literatur-Staats(!)preis.

Uwe Nettelbeck: Der Dolomitenkrieg. Verlag Zweitausendeins, 1979.
Das Buch hat konkrete Schauplätze – rings um Cortina d'Ampezzo, den Ski-Urlaubsort für Playboys und andere Gutbestückte – und ist ein Stück Dokumentar-Literatur, das seinesgleichen sucht. Nettelbeck schildert mit minuziöser Genauigkeit die über-, bzw. un- bzw. eben letztlich doch nur bei Menschen denkbaren »-menschlichen« Anstrengungen, mit denen sich Österreicher und Italiener auf den unzugänglichsten Bergen 1915-1917 gegenseitig in die Luft zu sprengen versuchten, sich mit Bajonetten und Morgensternen gegenseitig umbrachten, von Stein- und Schneelawinen erschlagen ließen, dabei oft an den eigenen Sprengungen erstickten oder in der Kälte erfroren. Wenn's nicht alles wahr wäre, würde man von »schwarzem Humor« oder »absurdem Theater« sprechen. Mit diesen Schilderungen von »grausiger Komik« (so die FAZ) wird man die Dolomiten kaum mehr ganz unbefangen sehen können.

Wolfgang Koeppen: Der Tod in Rom. Suhrkamp Taschenbuch, 1977.
Alfred Andersch, selbst sensibler Italienkenner, nannte diesen knappen Roman »eines der mutigsten Bücher, das wir je gelesen haben« – diese Schilderung westdeutscher Restauration auf dem Hintergrund Roms in den fünfziger Jahren: die Stadt war, was wohl bis heute noch unaufgehellt blieb, in den ersten Nachkriegsjahren die Anlaufstelle, über die sich vor allem SS-Größen ins sichere Ausland absetzen konnten. In der Figur des seine Rückkehr vorbereitenden SS-Offiziers Judejahn deutet sich die Umkehrung dieser Absetzbewegung an, die heute abgeschlossen ist – was aber sicher nicht abgeschlossen ist, das ist die deutsch-nazistisch-faschistische Präsenz in dieser Stadt (die z. B. noch einem Kappler 1977 die Flucht mit ermöglicht hat).

Klaus Stiller: Die Faschisten. Italienische Novellen. München: dtv, 1979.
Eine spezifische geographische Verortung haben diese vier Kurzgeschichten aus dem Leben von vier faschistischen Größen nicht – allenfalls wird man die Episode vom Fenstersturz D'Annunzios mit besonderem Verständnis lesen vor dem Hintergrund eines Besuches seiner Museums-Villa am Gardasee, dem Vittoriale: aufgeblasener Mystizismus und hohles Pathos kennzeichnen (u. a.) das Selbstverständnis der faschistischen »Großen«, das Stiller gewissermaßen von innen her diese selbst aussprechen läßt.

Ann Cornelisen: Frauen im Schatten. Leben in einem süditalienischen Dorf. Fischer Taschenbuch, 1978.
Die Autorin, eine amerikanische Archäologin, hat mehr als ein Jahrzehnt in Süditalien gelebt, vor allem in der Provinz Lucania. Man mag ihre allgemeineren Schlußfolgerungen über das geheime Matriarchat überzeugend finden oder nicht – aber in der Genauigkeit der Schilderung des familiären Innenlebens süditalienischer armer Familien dürften diese Kurzbiographien von vier Frauen derzeit kaum Ihresgleichen haben. Daß diese Armut psychisch verkrüppelt und verbittert und alles andere als solidarische Beziehungen auf der sog. »menschlichen Ebene« hervorbringt, das kann man hier verstehen lernen. Im Hintergrund steht immer die Emigration des Mannes (nach Deutschland oder in die Schweiz) und die versuchte Flucht nach dem Norden, wo auch noch der einfachste Fabrikarbeitsplatz als Ort der Befreiung empfunden werden kann. Das Buch enthält hervorragende Fotografien, die, mit dem Text gelesen, dagegen immunisieren, Optisches – auch und vor allem das der touristischen Erfahrung – ästhetisch zu konsumieren.

Tommaso Di Ciaula: Der Fabrikaffe und die Bäume. Wut, Erinnerungen und Träume eines apulischen Bauern, der unter die Arbeiter fiel. Berlin: Wagenbachs Taschenbücherei, 1979.
Der italienische Titel ist weniger fabel-haft: er heißt einfach »Tuta blu«, blauer Arbeitsanzug, und sagt darum weniger als der deutsche über das Buch, das eigentlich kein »ordentliches« Buch ist, sondern eine Fülle von Reflexionen, Beobachtungen, eigenen Erfahrungen eines Arbeiters in einem der vielen mittleren Betriebe in Apulien enthält, in jener Landschaft, die von uns nicht nur touristisch, d. h. unter landschaftlich-ästhetischen, sondern auch und gerade unter den menschlichen Aspekten wahrgenommen werden will. Das ist natürlich nicht einfach: den Bauern auf dem Feld, besser noch: auf seinem Esel auf der Straße reitend, den sehen wir – den Arbeiter am Arbeitsplatz einer Fabrik in dieser noch immer wie ein großer Garten erscheinenden Landschaft (er liegt in diesem Falle ziemlich genau lokalisierbar in der Nähe von Bari, nämlich in Modugno), den sehen wir in der Regel nicht, und schon gar nicht erfahren wir, was so ein Arbeiter denkt, worüber er mit seinen Kollegen spricht, welches Verhältnis er zu seiner Familie hat, usw. Dieses Buch ist unprätentiös und ehrlich, es gibt uns ein Stück Einsicht in eine Welt, die sich dann in ihren täglichen Plackereien, den Ärgern und den Freuden als so verschieden von der unseren gar nicht herausstellt.

Carlo Ginzburg: Der Käse und die Würmer. Die Welt eines Müllers um 1600; Frankfurt/M.: Syndikat, 1979.
Die Geschichte »spielt« im Veneto, nicht weit von Pordenone entfernt; ihr Hauptdarsteller ist ein 1601 wegen Ketzerei verbrannter Müller, die Textvorlage sind die ausführlichen Protokolle, die das Inquisitionsgericht hatte anfertigen lassen, und die der Historiker Ginzburg aufgefunden und zu einem lesbaren, nach Themen gegliederten Buch verarbeitet hat. Wie dieser überzeugend entwickelt, handelt es sich hier um eines der seltenen Zeugnisse jener mündlichen Überlieferung oder Volkskultur, die gewissermaßen prä-historisch ist und sich bis in unsere Gegenwart unter der Decke der offiziellen, christlichen Kultur noch in Spuren durchgehalten

hat, auch wenn sie sich bisweilen deren Sprache und Begrifflichkeit bedient, so wie jener Müller sich subjektiv als Christ empfand und ausdrückte. In den modernen bzw. rascher und gründlicher modernisierten Industriestaaten ist diese mündliche Kultur systematischer und gründlicher ausgerottet worden; in Italien, in so vielem ein Nachzügler, wo sich das Ungleichzeitige gleichzeitig nebeneinander befindet (eines von Pasolinis Leitthemen), gelang das nie so vollständig; die Heftigkeit, mit der gerade die Kirche die Ketzerei angriff, ist nur in diesem Kontext zu verstehen. Aber was dort zerstört wurde (und heute noch weiterhin zerstört wird, vor allem in den von oben modernisierten Gesellschaften außerhalb Europas), welche Progressivität und zwischenmenschliche Toleranz zugunsten von staatsreligiöser Dogmatik, das kann uns das Zeugnis des Müllers aus Venetien lehren.

Carlo Ginzburg: L'Italia. Zanichelli, Bologna 1976.
Machen wir eine Ausnahme und nehmen wir einen italienischen Titel in unsere Lektüreliste auf: es handelt sich hier um ein Geographie-Schulbuch für die Mittelschule, das von einem bekannten linken Historiker und Anthropologen geschrieben wurde und mit seinem reichhaltigen Bild-, Karten- und Tabellenmaterial leicht lesbar ist. Das Buch ist nach den einzelnen Regionen gegliedert und behandelt schwergewichtig soziologische und ökonomische Aspekte der »Erdkunde«. Ein nützliches Nachschlagebuch, das keine ausgereiften Sprachkenntnisse verlangt. Man findet es vor allem in Buchläden, die sich auf Schulbücher – »libri scolastici« – spezialisieren.

Zur italienischen Gastronomie:
Wir haben bei unseren Hinweisen und Empfehlungen ziemlich konsequent Hotels und vor allem Restaurants ausgespart. Das ist ein Terrain, auf dem sich Berufenere bewegen. Deshalb sollen hier kurz die drei wichtigsten Führer vorgestellt werden. Da ist zunächst der international berühmte **Michelin** (nicht zu verwechseln mit dem »grünen«, dem Reiseführer), der ziemlich vollständig ist, also für fast alle, auch die kleineren Städte Eintragungen aufweist. Seine Zeichensprache ist leicht verständlich (viersprachig), und er enthält nicht nur Restaurants, sondern auch Hotels aller Kategorien, einschließlich Übersichtskarten, anhand deren man gewissermaßen kulinarische Geographie betreiben kann, außerdem Stadtpläne, Weinregionen etc. Italienische Kenner vermerken allerdings kritisch, daß der Michelin durchweg französische Kriterien zur Beurteilung anlege und die eigentliche italienische Küche nicht verstehe, folglich bei aller scheinbaren internationalen Objektivität ungerecht und verzerrend informiere. – Seit einigen Jahren gibt es nunmehr den von einer Mitarbeitergruppe der Zeitschrift ESPRESSO erarbeiteten Führer: **»La Guida d'Italia – L'Espresso«**, ohne aufwendige Karten etc., nach Regionen (von Norden nach Süden) und innerhalb dieser alphabetisch nach Orten gegliedert. Nicht nur, aber doch schwergewichtig werden Restaurants vorgestellt, mit kürzeren oder längeren Beschreibungen und Hinweisen auf die jeweiligen Spezialitäten. Die Bewertung erfolgt nach einem Punktsystem (maximal 20 Punkte), die höchste Punktzahl (17) erhalten derzeit fünf Restaurants und, um die Neugierde gleich zu befriedigen, haben die Autoren die besten bzw. höchst bewerteten Eßlokale gleich am Anfang aufgelistet. – Der dritte

Führer ist explizit subjektiver Art, nämlich von nur einem (berühmten) Kulinarius geschrieben, darum ohne Anspruch auf Vollständigkeit: **»i Ristoranti di Veronelli«** (Rizzoli Editore). Die Anordnung ist alphabetisch, jedes Restaurant wird kurz – einschließlich seiner Spezialitäten und bisweilen auch der Eigenarten von Küchenchef und Bedienung – beschrieben, bewertet werden nicht nur die Küche, sondern auch die Weinauswahl, die Liköre, und mit Sternchen etwas besonders Charakteristisches. Für ein besonders liebevoll geführtes Lokal hat Veronelli neuerdings ein Herz eingeführt. Vielfach fügt er dann noch hinzu, was man bei welchem Bauern oder in welchem Laden in der jeweiligen näheren Umgebung an Spezialitäten erwerben kann – Honig, Käse, Reis, Kastanien, Salami etc. – Während man den Michelin auch in Deutschland kaufen kann, gibt es den Guida-Espresso sowie den Veronelli wohl nur in Italien, dafür aber in jedem Buchladen.

Für **Sprachkurse** gibt es neben dem im *Reisebuch 1* erwähnten »Centro Koiné« noch ein zweites linkes, progressives Kollektiv, mit dem einzelne uns Bekannte gute Erfahrungen gemacht haben: *Cooperativa di Insegnanti »Academia N. Machiavelli«,* Piazza Santo Spirito 4, 50125 Firenze (Tel. 296966).

Register

Stichwort Italien

Sophie G. Alf, *Leitfaden Italien.* Vom Antifaschistischen Widerstand bis zum Historischen Kompromiß.
Rotbuch 127. 320 Seiten. DM 16 (15)

Giuseppe Fiori, *Das Leben des Antonio Gramsci*
Biographie. Aus der Reihe. 272 Seiten. DM 25

Fernando Claudin, *Die Zukunft des Eurokommunismus*
Rotbuch 183. 160 Seiten. DM 9 (8)

Dario Fo, *Bezahlt wird nicht.* Eine Farce
Rotbuch 166. 96 Seiten. DM 7

Dario Fo, *Einer für alle, alle für einen! Verzeihung, wer ist hier eigentlich der Boß? / Zufälliger Tod eines Anarchisten.*
Rotbuch 188. 192 Seiten. DM 10

Franca Rame und Dario Fo, *Nur Kinder, Küche, Kirche.*
Dario Fo, *Mamma hat den besten Shit.*
Rotbuch 202. 240 Seiten. DM 12

Dario Fo, *Hohn der Angst*
Eine Farce über die Entführung einer hochgestellten Persönlichkeit.
Rotbuch 252. 144 Seiten. DM 9

Klaus Hartung, *Die neuen Kleider der Psychiatrie*
Vom antiinstitutionellen Kampf zum Kleinkrieg gegen die Misere
Berichte aus Triest.
Rotbuch 231. 224 Seiten. DM 13 (12)

Peter Schneider, *Lenz*
Eine Erzählung.
Rotbuch 104. 96 Seiten. DM 7

Peter Schneider, *Die Wette*
Erzählungen.
Rotbuch 186. 112 Seiten. DM 8

Birgit Pausch, *Die Verweigerungen der Johanna Glauflügel*
Erzählung.
Rotbuch 164. 96 Seiten. DM 7

Stichwort Reisen

Gerhard Armanski, *Die kostbarsten Tage des Jahres*
Massentourismus – Ursachen, Formen, Folgen.
Rotbuch 181. 112 Seiten. DM 8 (7)

Erich Köhler, *Reise um die Erde in acht Tagen*
Phantastische Erzählung. Rotbuch 204. 106 Seiten. DM 10

F. C. Delius, *Ein Bankier auf der Flucht*
Gedichte und Reisebilder. Rotbuch 144. 72 Seiten. DM 7

Stichwort Reiseerfahrungen

Maria Antonietta Macciocchi, *Der französische Maulwurf*
Eine politische Reise. Aus der Reihe. 360 Seiten. DM 29

Helga M. Novak, *Die Landnahme von Torre Bela*
Rotbuch 150. 72 Seiten. DM 7

Fred Halliday, *Iran,* Analyse einer Gesellschaft im Entwicklungskrieg. Rotbuch 203. 320 Seiten. DM 16 (15)

Stichwort Abreisen

Aras Ören, *Der kurze Traum aus Kagithane.*
Ein Poem. 96 Seiten. DM 6

Tilbert D. Stegmann (Hg.), *Diguem no – Sagen wir nein!*
Lieder aus Katalonien. Rotbuch 214. 160 Seiten. DM 11

Vera Kamenko, *Unter uns war Krieg.* Autobiographie einer jugoslawischen Arbeiterin. Rotbuch 180. 112 Seiten. DM 8

Hersch Mendel, *Erinnerungen eines jüdischen Revolutionärs*
Aus der Reihe. 272 Seiten. DM 25

Charles Denby, *Im reichsten Land der Welt*
Ein schwarzer Arbeiter erzählt sein Leben
Aus der Reihe. 320 Seiten. DM 29

Stichwort Traumreisen

Ernest Callenbach, *Ökotopia.* Notizen und Reportagen von William Weston aus dem Jahre 1999.
Rotbuch 200. 224 Seiten. DM 12

Dietmar Sous, *Glasdreck*
Roman. Rotbuch 237. 144 Seiten. DM 10

Karin Reschke, *Memoiren eines Kindes*
Rotbuch 228. 160 Seiten. DM 10

Jürgen Theobaldy, *Sonntags Kino*
Roman. Rotbuch 194. 160 Seiten. DM 10

Erich Köhler, *Kiplag Geschichten*
Rotbuch 243. 136 Seiten. DM 10

Peter-Paul Zahl, *Die Glücklichen*
Schelmenroman. Aus der Reihe. 528 Seiten. DM 28

Gerhard Seyfried, *Invasion aus dem Alltag*
Comic. 96 Seiten vierfarbig. DM 14

Über unser *vollständiges Verlagsprogramm* informiert Sie unser kostenloser Almanach „Das kleine Rotbuch".
Bitte anfordern: Rotbuch Verlag, Potsdamer Straße 98, 1 Berlin 30